中国特色社会主义审计理论研究

◆刘家义 主编

中国时代经济出版社

China Modern Economic Publishing House

图书在版编目（CIP）数据

中国特色社会主义审计理论研究／刘家义主编．
——北京：中国时代经济出版社，2013.5
ISBN 978-7-5119-1506-1

Ⅰ．①中… Ⅱ．①刘… Ⅲ．①审计理论-研究-中国
Ⅳ．①F239.22

中国版本图书馆 CIP 数据核字（2013）第 101485 号

书　　名：中国特色社会主义审计理论研究
主　　编：刘家义

出版发行：中国时代经济出版社
社　　址：北京市丰台区玉林里 25 号楼
邮政编码：100069
发行热线：（010）68320825　88361317
传　　真：（010）68320634　68320697
网　　址：www. cmepub. com. cn
电子邮箱：zgsdjj@ hotmail. com
经　　销：全国新华书店
印　　刷：北京嘉恒彩色印刷有限责任公司
开　　本：787×1092　1/16
字　　数：212 千字
印　　张：15.5
版　　次：2013 年 5 月第 1 版
印　　次：2013 年 5 月第 1 次印刷
书　　号：ISBN 978-7-5119-1506-1
定　　价：46.00 元

前　言

　　中国特色社会主义审计理论、道路、制度分别是中国特色社会主义理论、道路、制度的组成部分，是中国特色社会主义审计的指导、途径和保障，统一于中国特色社会主义审计实践。

　　自1983年成立以来，新中国审计机关已走过30年的历程。其间，各级审计机关和广大审计人员忠实履行法律赋予的职责，艰苦奋斗、探索创新，在开创中国特色社会主义审计道路上不断前行；审计工作逐步深入发展，为推动完善国家治理做出了积极贡献。特别是在维护人民根本利益、推进民主法治建设、维护财政经济秩序、提高财政资金使用效益、维护国家经济安全、惩治腐败和促进反腐倡廉建设、促进深化改革和制度创新等方面发挥了主要作用。这一切成绩的取得，都离不开对我国审计工作规律性认识的不断深化，离不开中国特色社会主义审计理论的逐步积累和有力指导。为了深刻总结我国审计工作基本经验，完善中国特色社会主义审计理论，不断推进我国审计事业科学发展，从2009年起，审计署启动了中国特色社会主义审计理论课题研究工作。

　　审计署党组高度重视这一课题研究。审计署党组书记、审计长刘家义担任课题组组长，原副审计长令狐安，副审计长董大胜、余效明、石爱中，总审计师孙宝厚，副审计长侯凯，原驻署纪检组长安国，审计署党组成员、办公厅主任陈尘肇，中国审计学会会长瞿熙贵担任课题组副组长或成员。课题组成员还有审计署有关司局、单位，有关地方审计厅（局）的领导和同志，以及有关高等院校的教授，他们是：刘达朱、尹平、王小龙、左敏、

1

张立民、王智玉、胡利民、王秀明、陈太辉、崔振龙、王本强、郭彩云、刘绍统、刘力云。参与课题研究报告撰写及其组织工作的同志有袁野、马晓方、雷达、肖振东、曾俊、牛洪斌、王长友、王刚、王彪华等。

课题研究分为九个专题，分别是审计本质、审计功能、审计目标、审计基本特征、审计方式、审计管理、审计规范化、审计信息化、审计文化。在课题研究过程中，始终把握研究的出发点和着眼点，那就是：以中国特色社会主义理论为指引，对国家审计的重要问题从理论上作深入阐述，以利于统一广大审计人员的认识，更好地指导审计实践，同时满足社会各界关注了解审计和向国外审计同行宣传我国审计理念的需要。在课题研究中，既充分借鉴利用审计理论研究已有成果，又突出对当今正在做的审计工作的理论思考，不囿于已有认识和观点而力求符合客观规律，不脱离实际而力求以实践为根基，不盲目照搬而力求体现中国特色。

为了保证研究成果的质量，课题组制订了详细的研究方案，并据此进行了周密安排；多次召开课题组全体会议，课题、专题讨论会，课题报告稿阅审会等，对课题研究进行布置、检查，讨论、分析，策划、指导。课题组同志对所承担的专题研究任务都极其负责，多方听取、吸纳意见和建议，潜心进行思索、研究，反复修改课题报告稿，付出了极多精力和艰辛。可以说，现已取得的研究成果，是中国特色社会主义审计理论的最新篇章，为进一步研究、发展这一理论奠定了基础。

当然，这一课题研究的成果，还会有不足和不妥，诚盼广大审计干部、专家学者和读者提出意见，以期中国特色社会主义审计理论不断完善、发展。

中国特色社会主义审计理论研究课题组

2013年1月

目　录

第一专题　审计本质研究

本质即事物的根本属性，是一事物区别于他事物的根本性质。从审计的内在属性看，审计本质主要是回答审计"是什么"的问题，即审计本身所固有的、相对稳定的、决定其面貌和发展的根本属性，是区别于他事物的基本特征；从审计的外在联系看，审计本质是回答审计"为什么"的问题，即审计的出发点和立足点，包括审计的职责、功能、作用及其发挥途径等。研究审计本质，对于构建中国特色社会主义审计理论体系，发展和完善中国特色社会主义审计事业具有十分重要的意义。

一、对审计本质认识的发展和深化

列宁曾经说过，人对事物、现象、过程等的认识是从现象到本质，从不甚深刻的本质到更深刻本质的深化的无限过程[1]。人们对于审计本质的认识，也会随着审计实践的发展变化、对审计本质的探索和认识程度的提高而由表及里、不断深入。只有在深入分析和研究已有的对于国家审计本质认识的基础上，认真总结和提炼审计工作的经验和规律，才能准确地概括出中国特色社会主义国家审计的本质。

从国家审计产生与发展的过程来看，国家审计作为一种制度安排，是为满足某种客观需要而产生和发展起来的。由于经济社会发展的需求不同，不同国家在不同的经济社会发展阶段，其审计制度安排是不同的，审计在经济社会发展中承担的责任和发挥的作用，以及审计工作的表象具有很大差异。新中国的审计事业始于1982年宪法的规定，回顾审计工作近三十年的发

1　《列宁选集》第二卷，人民出版社1995年版。

展历程，审计制度不断完善，审计工作的指导思想、中心任务、工作重点以及在经济社会中所发挥的作用也发生了很大的变化。人们基于在审计工作不同的历史发展时期所呈现出来的不同表象，对国家审计本质从不同视角和层次上进行了概括，形成了关于国家审计本质的不同认识。人们对审计本质的不同认识来源于不同时期的审计实践，在推动实践不断深化的同时，这些认识自身也得到了发展。可以说，这些认识分别反映了对一定时期审计本质的探索和认知，具有鲜明的时代特征，它们之间的关系是一脉相承、相互衔接、不断发展深化的。概括起来，对审计本质的认识主要有以下五种：

（一）经济监督论

经济监督论认为，国家审计的本质是一种经济监督行为。其基本解释是：所有权与经营权、管理权相分离所形成的受托经济责任关系是审计产生的基础，审计是基于所有者对经营者、管理者受托经济责任履行情况进行监督的需要而产生和发展起来的；审计就是评价、确认和证明受托经营者、管理者是否履行了其所负经济责任的一项经济监督活动[2]。

经济监督论在20世纪八九十年代得到了我国审计界的广泛认可。1989年全国审计基本理论讨论会提出，审计是由专职机构和人员，依法对被审计单位的财政、财务收支及其有关经济活动的真实性、合法性和效益性进行审查，评价经济责任，用以维护财经法纪，改善经营管理，提高经济效益，促进宏观调控的独立性经济监督活动。1995年全国审计定义研讨会，将简明审计定义概括为：审计是独立检查会计账目，监督财政财务收支真实、合法、效益的行为。这两个对于审计理论和实践的发展都产生深远影响的审计定义，都是建立在审计的本质是经济监督这一观点的基础上提出的。

经济监督论是从审计行为本身的角度来认识审计本质的。将国家审计的本质定位于经济监督，强调国家审计在经济领域的重要作用，强调国家审

2　参见娄尔行主编的《审计学概论》，上海人民出版社1987年版；阎金锷的《审计定义探讨》，载于《审计研究》1989年第2期。

计的监督职能，强调国家审计要着眼于具体经济行为和经济事项，强调查处违法违规问题，符合我国恢复建立审计制度之初审计环境的要求和审计机关工作的实际，对于人们尽快认识审计、接受审计和审计机关全面开展审计工作发挥了积极的促进作用。但是随着经济社会的发展，我国国家审计实践发生了很大变化，特别是近年来我国审计机关拓宽审计工作领域，注重在政治、经济、文化和社会建设等经济社会运行的各个方面发挥积极的建设性作用。经济监督论，仅仅从审计具体行为的角度，而不是从审计作用领域和功能来界定审计的本质，导致了其对审计实践的这些发展变化和所发挥的建设性作用抽象概括不够。

（二）经济控制论

经济控制论认为，国家审计的本质是一种经济控制[3]。其进一步的阐释是：审计是基于受托经济责任关系产生和发展起来的，审计人在接受所有者委托对受托人进行审计后，针对审计过程中发现的问题直接进行处理处罚，实施"纠偏"，同时将受托责任履行情况的信息反馈给委托人，由委托人进行判断和实施"纠偏"，发挥信息在系统运行控制中的重要作用。因此，审计特别是国家审计是监督保证受托者受托责任履行的控制机制。

经济控制论强调了审计是保证受托责任有效履行的控制机制的组成部分，其中对于审计组织直接实施"纠偏"行为的抽象描述，符合我国国家审计制度安排的实际。赞成审计本质是一种经济控制这种观点的学者认为，控制包容监督，监督只是控制的一个要素，虽然控制与监督的客体都是信息，但在行为主体的态度上有很大差别，控制处于一种积极主动的地位，而监督则是相对被动的，目的是为控制服务的。因此"经济控制论"比"经济监督论"要科学，能够更深刻、更准确地揭示审计的本质[4]。

3　Flint D，Philosophy and Principles of Auditing—An Introduction, Macmillan Education, Ltd，1988。

4　蔡春等：《审计理论结构研究》，西南财经大学出版社1993年版。

经济控制论是在承认审计行为是一种监督行为的基础上提出来的，是在审计直接发挥的作用层面对审计本质进行的概括。它与经济监督论一样，仍然强调国家审计在经济领域的重要作用，强调审计要着眼于具体的经济行为和经济事项，因此仍然是在微观层面看待审计，对于审计在政治、文化和社会建设领域的重要作用强调不够。审计机关目前广泛开展的绩效审计工作，其审计项目目标已经从真实性、合法性扩展到经济性、效率性和效果性方面，审计工作的目的除了"掌握、支配，使之不超出一定范围"的控制之意以外，还要为国家宏观决策提供信息和建议，为经济社会健康运行发挥建设性的作用，而经济控制论不能为绩效审计的实践和发展提供更为合理的解释和说明。

（三）权力制约论

权力制约论认为，国家审计的本质是一种权力制约工具。权力制约论源于18世纪法国思想家孟德斯鸠在《论法的精神》中表述的这样一种思想："一切有权力的人都容易滥用权力，这是万古不易的一条经验。有权力的人们使用权力一直到遇有界限的地方才休止……从事物的性质来说，要防止滥用权力，就必须以权力制约权力。"根据这一观点，可以认为：国家审计通过对政府权力行使过程中公共资源的管理和使用情况进行监督，最终目的是实现对政府权力的控制，防止腐败和权力滥用；国家审计通过对行政机关履责情况进行审计，并将审计结果报告给立法机关，由立法机关依据审计结果追究行政机关的责任，国家审计事实上是立法权与行政权之间相互制衡的手段和机制；如果将审计监督权也看作是一种权力的话，那么国家审计机关实施审计的过程就是以一种权力来制约另一种权力的过程。

权力制约论突破了经济监督论和经济控制论将国家审计定位在经济领域的局限性，从政治学角度在政治制度安排层面对国家审计的本质进行了概括。将国家审计的本质定位于权力制约，强调了作为权力制约工具或者过程的审计，是一种政治制度的安排，主要是用来制约和防止权力被滥用和腐败的，对于从政治学视角研究和构建国家审计理论，引导审计人员从经济领域跨越到政治、社会等领域思考审计问题、拓宽审计工作领域起到了积极作用。

但权力制约论并未得到人们的一致认可。有的学者提出权力制约论强调了审计的制约性作用，对于国家审计帮助和促进权力更好、更加有效运行的建设性作用重视不够。还有的学者认为，权力制约论对嵌入行政系统内部的国家审计制度设计和运行不能提供十分合理的解释。

（四）民主法治论

民主法治论认为，现代国家审计的本质是民主与法治的产物，同时也是推动民主与法治的工具[5]。其基本观点是：民主与法治是国家治理的基础，从审计的起源和发展看，只有建立健全的法治，独立的国家审计制度才能建立并良好运行；法治对现代国家审计最大的支撑在于维护国家审计的独立性，提供审计的依据和标准，维护审计成果的有效性和审计尊严。民主法治论强调现代国家审计是推动民主与法治的工具和手段，主要理由有三个方面：第一，国家审计产生于法，又作用于法。很多国家的审计地位都由宪法规定，现代国家审计在推动法治、维护国家法治尊严方面的作用：一是监督法律法规的执行，违法必究，维护法律的严肃性；二是督促依法行政；三是通过审计揭露问题，促进法律法规的健全和完善。第二，我国的国家审计来之于人民民主，又要服务于人民民主，是民主的工具。国家审计机关受权力机关的委托，代表广大人民群众、代表纳税人监督政府责任的履行，并向人民报告，这个过程就是落实民主、维护民主的过程，因此国家审计是推动民主的工具。第三，国家审计作为民主与法治的工具，充分体现在其建设性上。民主与法治相辅相成、密不可分。要平衡个人、团体和全体人民的利益，构建和谐社会，静止地看问题、僵化地执行法规，无法达成真正的民

---

5 李金华主编：《中国审计25年回顾与展望》，人民出版社2008年版，第3~5页。

主。所以国家审计不仅要开展常规的财政财务收支审计，监督政府部门和国有企业，而且要开阔视野，更多地反映民众的诉求，更多地关心人民的根本利益。从这个角度看，国家审计作为推动民主法治的工具，是主动的、创造性的、建设性的。

与权力制约论相比，民主法治论不仅从政治角度看到国家审计与民主的关系，还从建立法治国家的高度，说明了国家审计与法治的关系，不仅强调了国家审计的制约作用，还强调了国家审计的推动和促进作用。因此，民主法治论是从更高层面、更宽范围对国家审计作为一种制度安排所进行的抽象和概括。

（五）"免疫系统"论

"免疫系统"论认为，国家审计是国家治理的重要组成部分，人民通过法律，把权力、责任赋予和委托给人民意志的代表——国家，国家再用法律形式把这些权力和责任分解给代表国家在某个方面行使权力、履行责任的公共权力机关。这些公共权力机关及其权力人对于这些权力行使得如何、责任履行得如何，国家又通过法律授权由专门的机关对其进行监督，这个专门机关进行的监督就是国家审计。因此，在国家治理中，审计实质上是国家依法用权力监督制约权力的行为，其本质是国家治理这个大系统中的一个内生的具有预防、揭示和抵御功能的"免疫系统"，国家审计的目标和任务的核心是推动实现国家的良好治理，促进经济社会健康运行和科学发展，从而更好地保障人民的利益。从深层次原因看，国家审计的产生和发展源于国家治理，国家治理的需求决定了国家审计的产生，国家治理的目标决定了国家审计的方向，国家治理的模式决定了国家审计的制度。国家审计在特定历史条件下遵循自身的内在规律不断演进，其目标、任务、重点和方式，都随着国家治理的目标、任务、重点和方式的转变而转变，始终在国家治理中发挥着不可替代的作用。其基本解释是：根据马克思主义国家学说、系统论和科学发展观，国家审计是国家政治制度的重要组成部分，是依法用权力监督制约权力的制度安排，是整个国家治理大系统中的一个重要组成部分；借用医学上的概念，如果把国家治理比作人体这个大系统，那么国家审计就是这个大系统中的"免疫系统"，因为在这个系统中，国家审计发挥的作用及其作用机理都与"免疫系统"有高度的相似性，即国家审计在审计过程中能够感受到经济社会运行中病害侵蚀的风险，能够揭示这些病害侵蚀可能带来的危害，能够运用法定权限去抵御和查处这些病害，也能够及时调动各方面力量，包括建议政府或相应的权力机关，运用各种资源消灭这些病害，保障了国家经济社会的健康运行。因此，加强审计监督是完善国家治理的重要途径和方式。

"免疫系统"论从国家审计发挥的功能作用层面，即满足经济社会发展需求的角度，回答了审计是什么、为什么审计和应该怎样审计的问题。"免疫系统"论内涵丰富，它吸收和借鉴了经济监督论、经济控制论、权力制约论和民主法治论等观点的科学成分，充分考虑了我国近年来审计实践的发展变化，以及经济社会发展对国家审计的需求，是对中国特色社会主义国家审计本质的最新概括。新中国国家审计经过近三十年的发展，逐步明确了通过发挥审计"免疫系统"功能，把"推进法治，维护民生，推动改革，促进发展"作为出发点和立足点，实现维护人民群众的根本利益的目标，从而清晰地确立了其在国家治理中的定位。保障国家安全和实现社会稳定，要求国家审计关注国家安全问题；维持国家内部秩序和实现依法治理，要求国家审计履行用权力制约权力、维护法律秩序尊严的神圣职责；实现国家和社会科学发展，要求国家审计不断地为国家治理的完善和改进发挥建设性作用；国家治理的顺利运转和公民民主权利的实现，要求国家审计为公民参政议政提供真实可靠的信息，并督促政府明确责任、落实责任。

通过上述分析可见，从经济监督、经济控制到权力制约工具、民主法治产物和推动民主法治的工具，再到保障国家经济社会健康运行的"免疫系统"，这些关于审计本质的不同认识，是基于不同历史时期的审计实践，从不同的视角和层次得出的，其中每一种观点，都对审计工作的发展起到了积极的理论指导作用。总的来说，这几种认识之间呈现了一种继承、发展以及不断深化的关系。相对而言，"免疫系统"论比其他几种认识更加全面和深入，是对其他认识的批判性的继承，更加贴近了审计的根本属性和审计实践的发展深化，更多地体现了审计的外在联系，并从审计的功能、作用、目标及其实现途径着眼去认识审计本质的问题。从近年来我国审计工作实践看，在"免疫系统"论的指导下，各级审计机关牢固树立科学审计理念，全面履行审计监督职责，充分发挥国家审计在推动完善国家治理中的积极作用，主动性、宏观性、建设性、开放性和科学性不断增强，法治化、规范化、科学化和信息化程度不断提高，审计队伍、审计理论和审计文化建设取得了新进展。这些也表明，关于国家审计本质是保障国家经济社会健康运行的一个"免疫系统"的认识，是符合中国特色社会主义政治、经济、文化和社会发展实际的，对完善中国特色社会主义审计制度，促进审计事业科学发展具有重要意义。

二、"免疫系统"论的理论和实践基础

对国家审计本质的深入认识，需要从经济学、政治学和哲学等多视角予以探讨和剖析，从国家审计服务于国家政权建设和经济社会发展的角度来思考和研究，来回答"什么是审计""为什么要审计""为谁审计""靠谁审计"和"怎样审计"等一系列问题。国家审计是国家治理大系统中的一个"免疫系统"，这一理论是在马克思主义基本原理和中国特色社会主义理论包括科学发展观的指导下，在总结国家审计发展历史和我国经济社会发展现状的基础上形成的。

具体地说，"免疫系统"论的提出主要基于以下方面：

（一）基于马克思主义国家学说

国家理论属于政治学的研究范畴。对于什么是国家，国家的本质是什

么等问题，马克思主义国家学说主要从三个方面进行了深入揭示：

1. 国家的起源和本质理论

一是工具论。马克思在《黑格尔法哲学批判》中，从国家与市民社会的关系这一角度来揭示国家的起源。他提出，"国家不是从来就有的。……在经济发展到一定阶段而必然使社会分裂为阶级时，国家就由于这种分裂而成为必要了"[6]，即社会内部各利益集团的冲突使国家产生并成为维护某个阶级统治的工具。二是仲裁人角色理论。恩格斯曾就马克思关于国家的起源及其性质的观点进行阐述，"国家是表示：这个社会陷入了不可解决的自我矛盾，分裂为不可调和对立面而又无力摆脱这些对立面。而为了使这些对立面、这些经济利益互相冲突的阶级，不致在无谓的斗争中把自己和社会消灭，就需要有一种表面上驾于社会之上的力量，这种力量应当缓和冲突，把冲突保持在'秩序'的范围以内，这种从社会中产生但又自居于社会之上并且日益同社会脱离的力量，就是国家"[7]，即国家作为一个表面的调停者，在特殊时期，促使相互冲突的阶级之间取得一种暂时的平衡，成为避免社会崩溃或解体的基础。

2. 经济基础与上层建筑关系理论

马克思在《德意志意识形态》中指出，"市民社会这一名称始终标志着直接从生产和交往中发展起来的社会组织。这种社会组织在一切时代都构成国家的基础以及任何其他的观念的上层建筑的基础"[8]。马克思还认为，"那些绝不依个人'意志'为转移的个人的物质生活，即他们的相互制约的生产方式和交往形式，是国家的现实基础，而且在一切还必须有分工和私有制的阶段上，都是完全不依个人的意志为转移的。这些现实的关系绝不是国家政

6　《马克思.恩格斯全集》第1卷，人民出版社1956年版，第338页。

7　《马克思恩格斯选集》第4卷，人民出版社1972年版，第166页。

8　《马克思恩格斯选集》第1卷，人民出版社1972年版，第78~79页。

权创造出来的，相反地，它们本身就是创造国家政权的力量"⁹，即认为国家作为上层建筑的组成部分，是由经济基础决定的。

3．国家职能与异化理论

马克思认为，国家的职能"既包含一切社会的性质所产生的各种公共事务，又包含由各种特殊的因政府与人民大众互相对立而起的职能"¹⁰，即国家既执行着维护统治权威、迫使反对者就范的任务，同时又是社会管理和文化教育的公共事务管理部门。从人类社会发展的进程看，国家专治职能将逐步萎缩，社会公共事务管理职能将逐渐扩大。但在现实中，国家职能尤其是社会公共事务管理职能往往因部分统治阶级追求自身利益而被异化，国家往往异化为谋取部分阶层利益的工具，而非捍卫公民社会固有的普遍利益。"就单个的官僚来说，国家的目的变成了他的个人目的，变成了他升官发财、飞黄腾达的手段。"¹¹马克思还对黑格尔提出的"靠官僚机构内部的等级制监督可以避免国家权力被滥用"的观点进行了批判，并认为仅仅依靠官僚机构内部监督，恰如监守自盗。要防止权力者由社会公仆变成社会主人，必须以政治公开性为原则，打破国家权力的神秘性和垄断性，并在民主制基础上建立起有效的外部监督。

按照马克思的国家理论，在国家演进发展的过程中，国家的各种权力必须处于一种相互制衡状态，国家的健康运行必须得到财政、政策和法律等方面支持；为避免国家职能异化为谋取部分阶层利益的工具，防止国家权力被滥用，必须建立起有效的监督系统。国家审计作为国家机器的重要组成部分，正是充当着促进完善国家治理、加强权力监督、保障国家经济社会健康运行的"免疫系统"的角色。这一点可以从国家产生的历史进程中得到充分印证。

9　《马克思恩格斯全集》第3卷，人民出版社1956年版，第377页。

10　《马克思恩格斯全集》第25卷，人民出版社1956年版，第132页。

11　《马克思恩格斯全集》第1卷，人民出版社1956年版，第302页。

最初，从氏族社会发展起来的国家，规模小、职能单一，且在原始的民主基础上形成，政府官员由公民选举产生，主要是为了保障国家领土的安全和社会秩序的安定。由于生产力低下，取自公民的财政收入必须保持在尽可能相对较低的水平，同时政府官员行为受到更多的直接监督。政府官员行为符合社会道德水准是判断政府（官员）执政合法性的决定性因素，由此产生了类似雅典社会的财产审计制度安排。通过对官员当选时和卸任时的财产进行审计，判断其在职时是否存在贪污公款的问题，对发现问题的官员给予严厉惩罚[12]。在当时的社会制度中，每个公民都可以被选为政府官员，因而每个人都有可能成为审计的对象。官员财产审计制度安排意味着不能容忍贪污公共财产成为公认的社会价值观，这种审计制度也就成为保证政府有限的财政收入不被滥用、完善国家治理和协调政府官吏与资源提供者——公民之间矛盾的基础。

随着社会生产力的发展，国家的规模逐步扩大。社会分工的发展导致社会阶层的进一步分化，政府的官僚体制逐步形成，政府官员也逐步形成了独立的利益群体。提供国家机器财政来源的社会阶层，以财政审计作为控制的工具，尽可能减少他们为维护国家机器需要付出的经济代价，迫使代表其利益的政府官员能够按照一定的行为规范履行其责任，即使是最高统治者也不能够毫无节制地挥霍。审计成为政府取得统治阶级信任、取得所需财政来源的必要条件。

随着国家规模的进一步扩大，形成了高度集权的封建社会国家官僚体制。在概念上，皇帝具有至高无上的权力，普天之下莫非王土。在体制上，皇室与各级政府官僚的多层次授权产生了更为复杂的委托代理关系。从维护国家机器运转的要求出发，通过审计对各级政府官僚行为形成有效制约，要求他们提供应该上缴收入方面的真实数据，成为保证中央政府取得必要财政

---

12 文硕：《世界审计史》，中国审计出版社1990年版，第20页。

收入、维护财政安全的制度基础。

随着资本主义革命的成功和科学技术发展带来的生产力水平的不断提高，民主成为政府执政合法性越来越重要的基础。同时，两次世界大战和不断发生的经济危机，使得国家的职能和范围不断扩大，国家取得和支配、使用的公共资源规模不断增加。虽然纳税是每个公民的义务，但不断增加的税收负担强化了公民要求控制政府开支的要求。在这一时期，国家审计成为控制政府开支、保证权力合理行使的直接手段，在保障国家机器正常运转方面发挥着至关重要的作用。

从国家发展的历史过程分析，无论国家政治制度怎样发展变化，国家审计都是其不可或缺的重要组成部分，是国家治理结构中保障国家经济社会健康运行的重要环节和工具。

（二）基于系统论

"系统"一词，来源于古希腊语，带有组合、整体和有序的含义。对于系统的概念，现代系统论创始人贝朗塔菲认为，"系统是处于一定相互关系中的与环境发生关系的各组成成分的总体"；《现代汉语词典》对"系统"的解释是"系统是同类事物按一定关系组成的整体"；而《中国大百科全书》则认为，系统是"由要素组成的彼此相互作用的有机整体"。系统管理学大师、美国的弗莱蒙特·E·卡斯特认为："系统是能与其他系统划分明确界限的一个有组织的，并由两个或者两个以上相互依存的部分、成分或者分系统组成的整个单位。"[13] 综合上述观点，系统应具有四个基本含义：一是系统由若干相互关联的系统要素组成；二是系统拥有一个系统共同的目标；三是系统是由若干系统要素共同组成的有机整体；四是系统时刻与环境发生着一定的关系。

按照系统论的要求，国家是一个大系统，是由财政、金融、审计等若

13　弗莱蒙特·E·卡斯特，詹姆斯·E·罗森茨韦克：《组织与管理：系统方法与权变方法》，中国社会科学出版社2000年版，第127页。

干系统要素或子系统共同组成的有机整体，其目标是经济社会健康发展。要实现这一目标，就要通过每一个子系统来配置和使用其政治资源、经济资源、社会资源、自然资源。如果资源配置和使用不恰当，就会出现对抗性矛盾，而随着矛盾由小而大，就会从量变到质变，带来社会经济的不稳定，乃至巨变。在资源配置过程中，每一个子系统都有其特有的功能，比如财政子系统的特有功能是制定和实施有效的财政政策，金融子系统的特有功能是制定和实施有效的金融政策，而审计子系统的特有功能就是揭示问题、查出问题、预防问题，促进国家这个大系统增强"免疫力"，促进整个社会和谐发展，达到和维持一种平衡状态。从审计"免疫系统"功能发挥的途径来看，国家审计检查和监督公共资源取得、占有、使用及效果等情况，强化了政府及其官员的报告责任，倡导了诚实守信的社会风尚，促进了政府科学决策和国家机器有效运行，也为改善公共资源的配置和使用效率、维护国家的稳定和社会的发展提供了基础条件。

从上述基于系统论的分析，不难看出，在国家机器的架构设计中，国家审计围绕公共资源的来源、管理、分配、使用及其与之相关活动的合法性、真实性以及效果进行监督，促进政府的立法、司法和执法职责的有效履行，促进国家经济社会的发展。在这个过程中，国家审计的"免疫系统"特性得到充分体现，国家审计在经济社会发展中的地位得到不断提升。

（三）"免疫系统"论的实践基础

马克思主义认为，生产力与生产关系、经济基础与上层建筑的矛盾是社会的基本矛盾，生产力决定生产关系、经济基础决定上层建筑，生产关系反作用于生产力、上层建筑反作用于经济基础，社会基本矛盾的运动变化最终决定着社会的发展与进步。国家审计是上层建筑的组成部分，按照生产力和经济基础的发展要求，要不断促进生产关系和上层建筑的完善，在推进民主法治和完善国家治理等方面发挥重要作用。

从近三十年来中国特色社会主义审计实践看，国家审计作为国家政治制度的一个组成部分，随着经济社会的快速推进，不断发展壮大，取得了很大成就，为"免疫系统"论提供了坚实的实践基础。为适应政府转型、经济一体化和民主进程加快等审计环境的发展变化，国家审计依法履行审计监督职责，紧紧围绕经济社会大局和特定时期的中心工作，不断调整工作目标、范围，拓展审计领域，提高工作层次和水平，在推动完善国家治理、促进经济社会健康发展、保障国家安全等方面发挥了越来越重要的作用。在推动审计工作实践不断向前发展的过程中，审计机关和审计人员不断深化对审计本质及审计工作发展规律的认识，走出了一条在实践中探索、在探索中创新、在创新中发展的成功之路。

新中国成立以后一段时期内，我国没有设立独立的审计机关，对财政财务收支的监督主要由财政、税务等部门结合行业或业务管理进行。1978年，党的十一届三中全会作出了把工作重心转移到经济建设上来的战略决策，在客观上要求加强财政经济管理，建立健全经济监督机制，维护国家财经法纪。1982年宪法规定设立审计监督制度，1983年审计署正式成立，两年间全国县级以上地方各级人民政府普遍建立了审计机关。在之后的一段时期，围绕我国经济建设战略目标、战略重点、战略步骤和方针政策，审计机关积极创造工作条件，围绕增收节支、平衡财政收支等经济工作重点开展工作，在严肃财经法纪、纠正账目差错、促进加强管理等方面发挥作用，积极保障经济建设的顺利开展。

随着改革开放的进一步深化，我国逐步从传统的计划经济体制向社会主义市场经济体制转变，并实行依法治国方略，加快了建设社会主义法治国家的历史进程。面对更为有利的发展环境，审计工作在总结以往经验、逐步走向规范化方面取得重大进展，审计工作的层次和水平不断提升。在这一时期，审计机关围绕国家整顿经济秩序等重大部署，有计划地开展了行业审计、专项资金审计、专项审计调查，逐步形成了经常性的审计制度。审计领域由企业向政府部门、财政金融机构、基建投资、农业资金和利用外资等方面拓展，审计内容以真实合法性为主，同时尝试向管理和效益方面延伸，并强调以微观审计为基础、从宏观着眼，审计监督在严肃财经法纪、促进治理整顿、保障经济体制改革顺利进行等方面发挥了重要作用。1994年《中华人民共和国审计法》和1997年《中华人民共和国审计法实施条例》的颁布实施，标志着我国审计监督的基本原则、审计机关职责和权限、审计程序、法律责任等基本制度得到进一步明确，审计工作初步实现法制化、制度化、规范化，反映出我国审计机关和审计人员对审计工作及其发展规律认识的不断深化。

党的十六大提出，"加强对权力的制约和监督"。按照这一要求，审计机关调整了审计工作定位、目标和重点，继续坚持"依法审计、服务大局、围绕中心、突出重点、求真务实"的审计工作方针，结合2006年修订后的审计法的贯彻落实，以提升审计成果质量和水平为核心，坚持以真实性为基础、以打假治乱为重点，加大了对严重违法违规问题和经济犯罪的查处力度，加强了对权力的制约和监督，推进了审计结果公告制度和绩效审计，并不断深化和完善财政审计、金融审计和企业审计，积极探索经济责任审计，构建了"3＋1"的审计业务格局。与此同时，着力加强"人、法、技"建设，审计队伍的整体素质不断提高，审计准则体系更加完善，审计技术手段的现代化进程加快。在这一时期，审计监督在维护经济秩序、促进改革发展、强化权力制约、推动民主法治等方面发挥了积极作用，审计工作的公信力、权威性和社会影响力进一步提高。

党的十七大以来，审计机关深入学习贯彻科学发展观，牢固树立科学审计理念，进一步深化对审计本质的认识，自觉将审计工作融入经济社会发展大局，紧紧围绕党和国家的中心工作，全面开展审计队伍建设、法治化建设、信息化建设、文化建设和理论建设五项基础建设，进一步提升审计工作的层次和水平，不断深化财政、金融、企业、经济责任、资源环境、外资等各项审计。在监督财政财务收支的真实、合法和效益性的基础上，更加注重增强审计的主动性、宏观性和建设性，更加注重突出对重点领域、重点资金和重点事项的审计监督，更加注重揭露和查处重大违法违规问题，更加注重反映体制机制制度方面的问题，更加注重在更高层面发挥审计监督的作用，充分发挥"免疫系统"功能，当好公共财政"卫士"，积极促进我国政治、经济、文化、社会和生态文明建设，在推动完善国家治理、维护国家安全、维护财经秩序、完善宏观调控、加强廉政建设、推进依法治国，促进深化改革开放和经济社会发展等方面发挥了积极作用。

党的十八大深刻总结了过去五年和十年党和国家取得的新的历史性成就，明确了科学发展观的历史地位，阐释了中国特色社会主义的丰富内涵和夺取中国特色社会主义新胜利的八项基本要求，提出了全面建成小康社会和全面深化改革开放的目标，提出了社会主义经济建设、政治建设、文化建设、社会建设、生态文明建设五位一体总布局等重大部署，提出了全面提高党的建设科学化水平的重大任务。审计工作要以党的十八大精神为指导，以推进法治、维护民生、推动改革、促进发展作为出发点和落脚点，依法履行审计监督职责，推动五位一体总布局的全面实施，推动全面建成小康社会目标的如期实现，切实发挥国家审计保障国家经济社会健康运行、推动完善国家治理的作用。重点是突出十个方面的工作：(1) 加大对重大经济政策和宏观调控措施贯彻落实情况的审计力度，促进政令畅通；(2) 加大对重大违法违规、经济犯罪和腐败问题的查处力度，推进反腐倡廉建设；(3) 加大对权力运行的监督和制约力度，促进责任追究和问责机制的健全完善；(4) 加大对经济社会运行中突出矛盾和潜在风险的揭示力度，维护国家安全；(5) 加大对环境保护和资源能源利用情况的审计力度，服务生态文明建设；(6) 加大对重点民生资金和民生项目的审计力度，保障惠民强民富民政策落实，维护人民群众的根本利益；(7) 加大绩效审计和绩效评估力度，促进效益、速度和质量的统一，推动经济发展方式转变；(8) 加大对有法不依、执法不严问题的揭示力度，促进依法行政和民主法治建设；(9) 加大对审计信息的依法公开力度，促进公开透明，让权力在阳光下运行；（10）加大从体制机制制度层面揭示问题、分析原因和提出建议的力度，促进深化改革和制度创新。

多年来，审计机关始终坚持立足于我国国情和审计工作实际情况，创造性地开展工作：从明确"审计是独立检查会计账目，监督财政、财务收支真实、合法、效益的行为"，到提出审计是国家的经济卫士，再到提出国家审计是国家经济社会运行的"免疫系统"；从以真实性、合法性为目标，到与效益审计并重，再到全面推进绩效审计，促进提高经济效益、扩大社会效益和保护生态效益；从企业审计、行政事业单位审计，到财政"同级审"、社会保障审计、经济责任审计，再到开展环境资源审计、联合国审计；从最初以核对账目为主要方式的审计，到运用经济活动分析、内部控制测评、审计抽样等现代技术，再到探索信息化环境下的审计方式；从单一的事后审计，到对特大型投资项目、重大突发性公共事项等进行全方位、全过程跟踪审计；从单个单位、项目的审计，到跨地区的行业审计，再到统一组织全国性跨地区、跨部门的大型专项审计；从审计结果仅向人大常委会报告，到项目结束后将审计结果向社会公告，再到对审计情况实行阶段性公告，走出了一条适合我国国情的中国特色审计之路。在理论体系方面，科学审计理念全面树立，基本形成了对国家审计本质、充分发挥"免疫系统"功能、国家审计与国家治理的关系等方面的统一认识，并在审计实践中自觉主动深入贯彻落实；在管理体制方面，建立了适合我国国情的审计管理体制以及由审计署、地方各级审计机关构成的审计组织体系，基本建成了全面覆盖经济社会发展各个领域的审计监督网络；在法律规范方面，基本形成了以宪法为依据、以审计法及其实施条例为主体、以国家审计准则为基础的审计法律规范体系，逐步探索完善审计结果公告和政务公开制度，建立起比较健全的机关管理制度；在审计队伍和作风建设方面，大力弘扬"责任、忠诚、清廉、依法、独立、奉献"的审计人员核心价值观，树立了依法审计、文明审计、勇于奉献、廉洁自律的精神风貌和社会形象，造就了一支坚强有力的审计干部队伍。同时，中国审计的国际影响日益增强，中国审计署目前是联合国审计委员会主席、世界审计组织第一副主席和亚洲审计组织及其环境审计委员会主席，在国际审计舞台上发挥着越来越重要的作用，中国审计的经验得到越来越多国际同行的重视、认可和借鉴。

新中国审计制度实行近三十年来，审计机关认真履行审计监督职责，推动了改革开放和民主法治建设，充分发挥了"免疫系统"功能，为中国特色社会主义建设做出了应有贡献。这些作用的发挥，可以说既是"免疫系统"论存在和发展的实践基础，也是在"免疫系统"论的引导、规范和推动下不断探索、不断实践、不断提升的结果。

一是始终把预算执行审计作为第一位的任务，促进依法理财、依法行政，推动财政体制改革。经过多年的探索和实践，审计机关逐步推进"同级审"和"上审下"相结合的预算执行审计监督制度，实行了向政府作审计结果报告、受政府委托向人大常委会作审计工作报告的"两个报告"制度，使预算执行审计嵌入了国家财政管理机制，成为其中一个不可缺少的环节。近年来，进一步深化对政府财政管理情况的审计，提出了关于推进财政管理体制、转移支付和部门预算、国库集中支付和"收支两条线"等方面的改革，严格土地管理，确保财政资金安全等建议，取得了良好的审计成效。

二是着力监督检查党和国家政策措施的贯彻落实情况，促进政令畅通，维护人民群众的根本利益。这些年来，审计机关始终把监督检查党和国家政策措施的贯彻落实情况作为重要内容，深入检查各项政策措施的协调配合和实施效果，及时揭示和反映政策执行中出现的新情况、新问题，严肃查处有令不行、有禁不止等违规违纪行为，有力地推动了国家宏观调控政策目标的实现，确保中央决策和部署落实到位，促进人民的权益得到切实保障。近年来，审计机关组织了涉及"三农"、教育、卫生、社会保障、救灾扶贫、环境保护、扩大内需等众多方面的专项审计和审计调查，更好地保障了人民群众的根本利益，推动经济社会科学发展。同时，深入开展对重大公共事件和重大投资项目的跟踪审计，特别是2008年以来发生汶川、玉树、舟曲等重大自然灾害后，审计署及时组织对抗震救灾资金物资和灾后恢复重建工作进行全方位跟踪审计，积极推动抗震救灾和灾后恢复重建工作的合规有效、规范有序、公开透明和顺利开展，确保经济效益和社会效益的充分发挥，取得了良好的社会反响。

三是围绕健全完善市场经济体制，注重从体制机制制度层面分析原因提出建议，促进制度创新和深化改革。这些年来，审计机关着眼于深化改革、规范管理和推动问题彻底解决，一方面着力反映被审计单位在预算执行、财务管理等方面的管理不严格、制度执行不到位、会计信息质量不高等问题，促进强化管理和内部控制；另一方面，着力反映体制障碍、机制扭曲、制度缺陷等方面问题，促进完善体制机制制度。如2012年上半年，审计署组织全国各级审计机关四万多名审计人员，按照"摸清现状、反映成效、查找问题、揭示隐患、分析原因、促进改革"的工作思路，对全国社会保障资金进行了全面审计，在摸清全国各项社会保障资金收支和结余规模的基础上，深入查找在筹集、管理、分配、使用社会保障资金和业务管理过程中存在的突出问题和风险隐患，注重从体制机制制度层面分析问题，进一步推动完善了社会保障制度体系，取得了良好的社会效益。

四是着力监督检查重点专项资金管理使用和重大投资项目建设情况，促进提高财政资金使用效益，推动社会和谐发展。根据审计法有关规定和审计工作发展形势的要求，审计机关在全面开展财政财务收支审计的基础上，始终坚持探索符合中国国情、尊重客观规律和借鉴各国有益经验的思路，大力推进绩效审计，既关注财政资金使用的效益、效率和效果，揭示工程建设、资金使用、公务消费等活动中的损失浪费问题，又关注社会效益和生态效益。2003年以来，通过重大投资项目审计共核减工程概算和结算额1000多亿元。如在对京沪高铁建设项目的跟踪审计中，从资金管理、投资控制、招投标等问题着手，着重从体制机制层面深层次反映问题，并对京沪高铁工程质量、运营安全等情况开展深入调查，发现在该项目建设中有177公里风屏障被取消，施工企业欠付83亿元材料劳务款和沿线单位套取截留征地拆迁资金4.91亿元等问题，有力地推动了项目建设的顺利开展，促进了项目投资效益的提升。

五是着力强化对权力运行的制约和监督，推动责任追究制和问责机制的建立。随着经济体制和政治体制改革的深化，探索建立了在国际上尚无先例的经济责任审计制度。初期主要进行国有企业厂长经理离任审计、承包经营审计，后来发展到党政领导干部的经济责任审计。1999年以来，按照中共中央办公厅、国务院办公厅关于经济责任审计工作的规定，各级审计机关进一步深入探索和积极推进经济责任审计，特别是2010年中共中央办公厅、国务院办公厅下发《党政主要领导干部和国有企业领导人员经济责任审计规定》以后，经济责任审计进一步走上制度化、规范化、科学化的道路，逐步成为加强干部管理的重要方式，为监督和考核干部提供了重要依据，促进了领导干部守法守纪守规尽责，在贯彻依法治国方略中发挥了积极作用。

六是着力揭露和查处重大违法违规问题，维护财经秩序，促进经济和社会健康发展。审计机关从成立之日起，就一直积极参与打击经济领域犯罪的活动，围绕整顿和规范市场经济秩序，坚持原则，敢于碰硬，对发现的问题一查到底，在经济领域打假治乱，不断加大对重大违法违规问题和经济案件的查处力度，为配合有关部门严厉打击经济领域的违法犯罪活动提供了重要线索，帮助国家挽回了大量经济损失，推动了反腐败斗争的深入发展，被媒体和社会公众誉为"审计风暴"。近年来，审计机关进一步严肃揭露和查处重大违法违规问题，深入研究和分析新形势下腐败案件发生的特点和规律，有重点地加强审计监督，坚持将查处大案要案与工程建设领域突出问题治理、"小金库"治理等专项工作相结合，改进完善与纪检监察、公安、检察等部门的协调配合机制，建立健全审计移送案件的跟踪和查处公告制度，查处重大违法违规问题的能力、水平和成效得到进一步提升，社会影响力日益扩大。

七是围绕经济社会健康运行，着力揭示突出矛盾和潜在风险，维护国家经济安全。在总结多年审计工作实践经验和深入分析经济社会发展规律的基础上，审计机关积极深化转变工作思路，把维护国家经济安全作为首要任务，重点关注和及时反映了财政、金融、国有资产管理、信息、民生、环境、战略资源和社会稳定等方面的一些苗头性和倾向性问题，并组织了国际金融危机对我国商业银行、实体经济和地方财政收入状况的影响及中央企业从事金融衍生品业务情况等多项审计和调查，促进有关方面及时完善了防范和保障措施。特别是按照国务院的部署和要求，2011年上半年审计署组织全国审计机关四万多名审计人员，以"见账、见人、见物，逐笔、逐项审核"为原则，对全国省、市、县三级地方政府性债务进行了全面审计，涉及部门机构单位8万多个、项目37万多个和债务187万多笔，时间跨度从1979年至2010年，通过审计摸清底数、反映成效、揭示问题、提出建议，为中央建立规范的地方政府举债融资机制、完善财政管理体制等重大决策奠定了基础。

"免疫系统"论的提出，还有一个非常重要的历史背景。那就是在我国改革开放取得了初步成功后，社会与经济发展进入了一个新的历史时期。一方面，人们的温饱问题基本得到解决；另一方面，由于许多深层次的制度方面的问题还没有真正得到解决，民众之间收入差距进一步拉大带来了许多新的社会问题。与此同时，国际经济环境的恶化，又使得我国经济社会发展中的不稳定因素影响愈显突出。在这重要的历史发展转变时期，中央提出了将科学发展观作为新的历史时期经济社会发展的基本指导思想。科学发展观提出要以经济建设为中心，在改革中实施可持续发展战略；在经济发展的基础上，促进社会全面进步，不断提高人民生活水平，保证人民共享发展成果。这些进一步明确了经济体制和政治体制改革包括政府职能改革的方向，它同样为国家审计今后的发展方向明确了目标。国家审计在评价政府职责履行状况时，在检查评价财政财务收支活动及其结果时，都要以科学发展观为指导，以能否促进经济社会可持续健康发展为根本标准。

我们正是以科学发展观为指导，在总结中国国情和国家审计实践创新、分析国际形势和发达国家审计实践经验的基础上，在整个社会发展的大趋势下，加深对国家审计应承担使命的认识，提出了国家审计是"免疫系统"的观点。它反映了我国目前对生产力与生产关系、经济基础与上层建筑有效加以调节，使之相互适应的这一状况，反映了国家审计发展、特别是中国社会变革过程中国家审计发展的基本规律。从政府与国家经济社会发展联系更加紧密的基本发展趋势看，"免疫系统"论对指导国家审计的未来实践将具有十分重要的意义。

三、"免疫系统"论的核心思想

"免疫系统"论的提出是在继承和发展原有关于审计本质的各种认识的基础上，对中国特色社会主义审计理论的重大创新，其思想深刻、内涵丰富，对中国特色社会主义审计实践具有很强的指导意义，对中国特色社会主义审计事业的发展具有深远意义。"免疫系统"论的核心思想主要包括以下内容：

——国家审计是国家政治制度的重要组成部分，是国家治理这个大系统中一个内生的具有预防、揭示和抵御功能的"免疫系统"。

——国家审计是国家治理的重要方面，加强审计监督是完善国家治理的重要途径和方式。国家治理的需求决定了国家审计的产生，国家治理的目标决定了国家审计的方向，国家治理的模式决定了国家审计的制度。

——国家审计是国家治理系统中内生的监督控制系统之一，通过依法用权力制约权力，服务于国家治理的决策系统，对国家治理的执行系统实施监督和约束。

——国家审计是民主法治的产物和推动民主法治的手段，是维护国家安全的重要工具。

——审计工作必须坚持以科学发展观为灵魂和指南，牢固树立科学审计理念。

——审计工作的根本目标是维护人民群众的根本利益，现阶段具体体现为"推进法治、维护民生、推动改革、促进发展"。

——审计工作的首要任务是维护国家安全，现阶段具体体现为维护国家经济安全，保障国家利益，推进民主法治，促进全面协调可持续发展。

——审计工作必须始终坚持"依法审计、服务大局、围绕中心、突出重点、求真务实"的二十字方针，立足建设性、坚持批判性，立足服务、坚持监督，立足宏观全局、坚持微观查处和揭露，立足主动性、坚持适应性，立足开放性、坚持独立性，坚定不移地揭露和查处重大违法违规和经济犯罪案件线索，坚定不移地深入揭示体制机制上的问题，坚定不移地提出完善制度和规范管理的建议，充分有效地发挥保障国家经济社会健康运行的"免疫系统"功能。

——审计工作必须充分发挥预防功能，及时发现苗头性、倾向性问题，及早感受风险，提前发出警报，促进国家政策措施的贯彻落实，推动依法行政，维护人民群众的根本利益；必须充分发挥揭示功能，揭露和查处违法违规、经济犯罪、损失浪费、奢侈铺张、损坏资源、污染环境、损害人民群众利益、危害国家安全、破坏民主法治等各种行为，注重揭示体制障碍、制度缺陷、机制扭曲和管理漏洞，以维护国家财政经济秩序，保护经济社会安全运行，促进经济社会健康发展；必须充分发挥抵御功能，从体制机制层面深入分析原因、提出建议，调动积极因素，防止消极因素入侵整个经济社会系统，促进改革体制、健全法制、完善制度、规范机制、强化管理、防范风险，提高经济社会运行质量和绩效，推动经济社会全面协调可持续发展，增强经济社会运行的"免疫力"。

——审计机关必须始终坚持加强审计队伍建设、审计规范化建设、审计信息化建设、审计理论建设和审计文化建设五项基础建设，为审计事业科学发展提供保障。

参考文献

［1］邓利维，奥利里．国家理论——自由民主的政治学[M]．欧阳景根，
　　等，译．杭州：浙江人民出版社，2007．

［2］佛朗西斯·福山．国家建构——21世纪的国家治理与世界秩序
　　[M]．黄胜强，许铭原，译．北京：中国社会科学出版社，2007．

［3］文硕．世界审计史[M]．北京：中国审计出版社，1990．

［4］李金华主编．审计理论研究[M]．北京：中国审计出版社，2001．

［5］娄尔行主编．审计学概论[M]．上海：上海人民出版社，1987．

［6］萧英达．比较审计学[M]．北京：中国财政经济出版社，1991．

［7］阎金锷．审计定义探讨[J]．审计研究，1989（2）．

［8］C W Schandl．审计理论[M]．汤云为，等，译．北京：中国财政
　　经济出版社，1992．

［9］American Accounting Association. Statements of Basic Auditing
　　Concepts[M]．American Accounting Association，1973．

［10］David Flint. Philosophy and Principles of Auditing-An Introduction
　　[M]．Macmillan Education，Ltd，1988.

［11］R K Mauts，H A Sharaf. The Philosophy of Auditing[M]．American
　　Accounting　Association，1961.

第二专题　审计功能研究

审计功能是由审计本质决定的。审计功能是指审计在经济社会运行中所表现出来的能力和功效。这种能力和功效通过审计工作（审计行为）表现出来，因此可以判断和衡量其高低，同时也可以通过改进审计工作加以提高。本专题首先分析了审计功能与"免疫系统"功能的含义，阐述了国家审计"免疫系统"功能的具体内涵及其相互关系。

一、审计功能与"免疫系统"功能

根据社会学中功能主义理论，任何一种社会现象都有其重要的功能。人类社会的功能概念，以社会生活和机体生命之间的类比为基础。一个机体中各个组成部分相互联系的关系体系就是机体的结构，一个机体生命的延续需要机体中各个组成部分在整个机体中发挥应有的作用和做出应有的贡献，这种作用和贡献是通过结构的行为表现出来的。因此运用功能的概念，可以深入研究机体的生命和本质问题。

社会制度的功能就是社会制度与社会机体需要之间的相应联系。审计作为国家政治制度的重要组成部分，也必然有其满足社会需要的功能。与其他社会制度一样，审计的本质在于审计同经济社会运行的功能联系，审计功能不仅能够解释审计本质，也能解释审计的发展变化，循着经济社会的客观需求——结构功能——结构形态的顺序，我们可以找到审计与经济社会最一般的联系。

审计功能是指审计在经济社会运行中所表现出来的能力和功效。这种能力和功效通过审计工作（审计行为）表现出来，因此可以判断和衡量其高低，同时也可以通过改进审计工作加以提高。

审计功能、审计职能、审计作用三者关系密切。审计功能是通过履行审计的监督、鉴证和评价职能发挥出来的。现实中对审计的功能和职能常常不做严格的区分，但审计功能和审计作用有一定区别。审计功能是指审计产生一定影响的能力，而审计作用指的是审计产生的实际影响。审计功能是审计作用产生的前提，审计作用是审计功能的外在表现。

审计本质在一定程度上可以用审计功能来解释。根据功能主义理论，审计功能取决于审计这一事物结构本身的性质。审计这一事物结构的本质发生了变化，其对于维系经济社会机体整体的功能自然也会相应变化；审计作为社会生活结构中的组成部分之所以存在，是因为其具有某种特定的功能。

理论上，学者们对于审计功能至今没有形成统一的认识，其根源在于对审计本质认识的不同。例如，在审计本质的"经济监督论"下，学者们强调审计的基本功能就是经济监督，即通过开展经济监督，达到维护经济秩序，改进经济管理，加强宏观调控的目的；在"经济控制论"下，学者们认为审计的功能是进行控制，即审计不仅可以发现问题而且可以直接纠偏。实践中，人们对审计功能的不同认识源于对审计成果的利用不同。当利用审计成果对违规违纪问题进行处理处罚及完善相关制度，对审计对象进行威慑和对其行为进行纠偏时，人们常常认为审计的功能主要是监督；当对照一定标准对审计对象履行职责情况进行全面客观评价，出具或公告审计结果，用于解除受托责任和取信于社会公众时，例如，从开展的经济责任审计、奥运审计、亚运审计、世博审计、地方政府性债务审计看，人们常常认为审计的功能主要是评价或鉴证。

影响审计功能发挥的因素主要有两个方面，一是经济社会对审计的客观需求，二是审计自身的主观能动性。经济社会的需求为审计功能的存在提供了基础，审计功能就是审计满足经济社会客观需求的能力。审计功能依赖具体的审计工作（审计行为）来体现，审计工作（审计行为）自身能够在多大程度上发挥审计功能，取决于审计自身对于环境的适应性和审计工作（审计行为）的创造性。经济社会对审计的需求是客观的，我们只能准确地认识和把握它；而审计发挥主观能动性、适应经济社会客观需求，充分发挥审计功能的能力，是可以通过不断完善和改进审计工作（审计行为）自身来实现的。

免疫系统是人体当中重要的防御力量，是人体中专门负责防御病毒和细菌入侵的"部门"。我们之所以不仅能够生存，而且能够在生命的大多数时间里保持适当的健康，原因在于我们有强大的防御体系——免疫系统。如果免疫系统工作异常，结果当然是毁灭性的。因此，很多医学家把免疫系统形容为"身体和灵魂的元件"、"生命的守护者"、"生命的卫士"、人体中"一支有战斗力的部队"等。

一个国家也像一个生命有机体一样。通过对国家的组织、结构、功能以及行为特征的理论分析，综合应用系统科学、复杂性科学、组织行为学、政治学、社会学、经济学、医学等学科理论与方法，可以把国家这一具有生命特征的复杂组织系统，解析为代谢系统、免疫系统、神经系统和行为系统。其中免疫系统是国家抵御来自自然、经济、社会等各方面风险和危机的复杂子系统，是维护国家运行有序、协调、安全的屏障[1]。要保持国家经济社会健康运行的良好状态，需要国家各组成部分能够各司其职、各尽其能，相互协调统一。

在国家这个生命有机体中，国家审计就相当于免疫系统，二者存在高度的相似性，主要表现在以下四个方面：一是国家审计作为国家政治制度的重要组成部分，是国家这一生命机体的重要元件，与免疫系统一样具有内生性；二是国家审计存在的价值在于其保障国家经济社会健康运行，这与人体

---

[1]　杨多贵、周志田等：《国家健康报告》，科学出版社2008年版，第34页。

的免疫系统维护人体健康的价值定位是类似的；三是国家审计是国家经济社会运行中专门负责防御的体系，与人体的免疫系统一样具有不可或缺的重要性；四是国家审计活动本身具有专业性，审计机关通过与其他职能部门协调配合来有效发挥作用的机制，与免疫系统的作用机理具有相似性。

根据医学免疫学研究的成果，人体免疫系统具有三种基本功能[2]：一是免疫防御，即抗感染免疫，主要指机体针对外来抗原（如微生物及其毒素）侵袭的免疫保护作用；二是免疫自稳，即免疫系统能及时识别、清除体内损伤或衰老的细胞，但对机体正常的细胞不发生攻击，以维持自身内环境稳定的一种生理功能；三是免疫监视，即由于各种体内外因素影响，正常个体的组织细胞不断发生畸变和突变，免疫系统及时识别此类复制错误或突变细胞并将其清除。

国家审计作为国家经济社会健康运行的"免疫系统"，也具有免疫防御、免疫自稳、免疫监视这三种功能。根据对国家审计历史和现实的综合研究分析，国家审计的功能可以表述为抵御、揭示和预防三个方面。

审计"免疫系统"功能不是审计的新功能，而是在经济社会和审计发展过程中，人们从宏观、连续和发展视角对审计功能的新认识。从国家审计发展史看，世界上各个国家的审计机关都具有发挥"免疫系统"功能的实践，只是由于历史发展、文化传统和政治体制的不同，发挥"免疫系统"功能的着力点不同，作用方向和领域各有侧重。例如，美国审计署注重客观反映和提出建议，对公共政策制定和执行都开展审计；而我国审计署既客观反映和提出建议，还直接查处违法违规问题，主要通过发现和分析政策执行过程中存在的问题，提出制定和完善宏观政策的建议，而不直接对政策制定情况进行审计。

我们可以从以下方面把握国家审计的"免疫系统"功能：

2　龚非力主编：《医学免疫学》，科学出版社2007年版，第3页。

第一，国家审计是保障国家经济社会健康运行的"免疫系统"。审计"免疫系统"论认为，国家审计是国家政治制度的重要组成部分，属于国家治理的监督控制系统；与其他监督是从具体管理职能中派生出来的附带监督职能不同，国家审计监督是独立的、由专门机构和专职人员进行的监督，是一种专职和专业行为，是国家治理这个大系统中内生的具有预防、揭示和抵御功能，维护国家经济社会健康运行的"免疫系统"；国家审计作为国家政治制度体系中内生的"免疫系统"，它伴随着国家的产生而出现，伴随着国家的发展而完善。免疫系统，是一个生物学概念。它是生物在长期进化中与各种致病因子的不断斗争而逐渐形成的机体保护自身的防御性结构。构成免疫系统的核心成分是淋巴细胞，它使免疫系统具备识别能力和记忆能力。之所以将国家审计功能喻为"免疫系统"，主要是基于"免疫系统"与国家审计在功能上的相似性。

在审计"免疫系统"论关于国家审计是维护国家经济社会健康运行的"免疫系统"认识中，国家经济社会的"健康"是重要概念之一。最初，"健康"是生理学中的一个概念。1948年，世界卫生组织（WHO）在《世界卫生组织宪章》中对"健康"所下的定义是："健康是身体、心理和社会适应良好的状态，而不仅仅是没有疾病、不体弱。"1989年，世界卫生组织又进一步深化了健康的概念，认为健康包括躯体健康、心理健康、社会适应良好和道德健康。随着人类对客观事物认识的不断深入，越来越多、越来越广泛地应用健康的概念来描述自然、经济和社会运行的状况。健康理念从医学、生物学等学科领域向生态学、地理学、社会学、经济学、系统学等其他学科渗透，其研究视野也从相对狭义的生物生命体向更广义的、非生物的复杂组织系统扩展，用健康概念描述一个复杂系统的良好运行状态[3]。国家经济社会系统的"健康"就是国家经济社会系统的良好运行状态。由于各国政

---

3 杨多贵、周志田等：《国家健康报告》，科学出版社2008年版，第29~30页。

治制度、经济体制、历史文化的不同，对国家经济社会系统的"健康"的理解和追求也可能不同。国家审计"免疫系统"这一观点正是基于我国当前经济社会系统的"健康"追求而明确提出来的。

国家审计"免疫系统"论，是立足于国家治理和经济社会运行同审计发展的内在联系，从维护经济社会健康运行和安全角度，提出的关于审计本质和功能的认识，实现了在多学科思想理论基础上的综合创新。国家审计"免疫系统"具有以下特征：(1) 国家审计作为国家政治制度体系中内生的"免疫系统"，它主要是维护国家政治制度中的责任关系，促进这种责任的履行；而内部审计主要是维护企业和行政事业单位内部的责任关系，促进这种责任的履行；社会审计主要是维护企业等单位与其利益相关者之间的责任关系，促进这种责任的履行。(2) 国家审计或国家审计活动随着国家的产生而产生，伴随着国家的发展而发展。(3) 国家审计内生于政治制度，随着政治制度的发展变化而变化。在时间维度上，封建专制制度下的国家审计关注的是臣民对国王的责任，维护的是封建王权的统治和对国家的治理。民主政治制度下的现代国家审计，关注的是政府对社会公众的责任，目的是推动实现良好的国家治理。在空间维度上，世界各国的政治制度不同，其国家审计也有各自的特点。例如，同联邦制国家的审计制度相比，单一制国家为加强中央对地方的控制设立的中央审计机关，不仅负责对中央层面，还负责对地方政府进行审计。

审计"免疫系统"论是从运动、联系和发展的视角对审计功能的辩证认识，是对审计本质的经济监督论、受托责任论、民主法治论的继承和发展。例如，与经济监督论相比，"免疫系统"论的进步之处在于，它更明确地指出了审计要发挥预防、揭示和抵御功能，隐含着要把审计关口前移。与受托责任论相比，"免疫系统"论把国家审计的作用范围扩大到经济社会的运行和发展，以及国家安全等领域，把审计的视野扩展到国家治理层面，也就是对国家审计的认识站位更高、视野更宽。

第二，发挥国家审计的功能就是要发挥"免疫系统"功能。(1) 作为保障国家经济社会健康运行的"免疫系统"，国家审计必须充分发挥预防功能。作为一种制度安排的国家审计具有内生性的威慑作用，因此必须加强审计监督，充分发挥其对影响经济社会健康运行的各种"病害"的抑制作用。作为依法履行监督职责的国家审计，具有独立、客观、公正、超脱、涉及经济社会各个方面的优势，因而有责任而且能够及时发现苗头性、倾向性问题，及早察觉、感受到风险，提前发出警报，起到预警作用。(2) 国家审计必须充分发挥揭示功能。查错纠弊是审计监督的必然要求。在审计工作中，审计机关必须查处违法违规、经济犯罪、损失浪费、奢侈铺张、损坏资源、污染环境、损害人民群众利益、危害国家安全、破坏民主法治等行为，并依法对这些行为进行惩戒；必须揭示体制障碍、制度缺陷、机制扭曲和管理漏洞，以保障经济社会健康安全运行。(3) 国家审计必须充分发挥抵御功能。审计不仅要揭露问题，更要对产生这些问题的根源从微观到宏观、从个别到一般、从局部到全局、从苗头到趋势、从表象到里层，进行深层次分析、揭示和反映，促进改革体制、健全法治、完善制度、规范机制、强化管理、防范风险，提高经济社会运行质量和绩效，增强经济社会运行的"免疫力"，推动经济社会全面协调可持续发展。因此，我们必须顺应时代发展潮流，适应经济社会发展需求，把握审计的基本特征，遵循审计的内在规律，立足建设性、坚持批判性，立足服务、坚持监督，立足全局、坚持微观查处和揭露，立足主动性、坚持适应性，立足开放性、坚持独立性；坚定不移地揭露和查处重大违法违规和经济犯罪案件线索，坚定不移地深入揭示体制机制上的问题，坚定不移地提出规范管理、完善制度和健全法规的建议，更加全面、有效地发挥国家审计的"免疫系统"功能，切实承担起国家审计的历史责任。

二、审计"免疫系统"功能的内涵

如前所述，国家审计是国家治理的重要组成部分，是国家治理这个大系统中一个内生的具有揭示、抵御和预防功能的"免疫系统"。深刻理解国家审计"免疫系统"功能的内涵，是我们做好审计工作的前提和保证。

（一）揭示功能

审计的揭示功能是指通过一定的方法与途径向委托人披露和公开代理人履行委托代理责任情况的特性和功能。1973年，美国会计学会（AAA）在其发布的《基本审计概念说明》（《A Statement Of Basic Auditing Concepts》）中认为"审计是一种客观的收集和评价有关经济活动和事项的陈述的证据，以确定其与既定标准之相符程度并将其结果传递给利害关系人的系统的过程"。从政治学视角看，审计首先是一种制度安排，出现在国家治理层面，"一开始，政府就关心核算收支和征收税赋。体现这种关心的一个重要方面是建立控制，包括审计，减少因官员不称职或欺诈所造成的错误和弊端"[4]。从我国的审计发展史看，古代审计关注臣民对君王的责任，如周王的赋税审计、西汉时期的君主"授计"、宋代对审计的强化、元代户部监管会计报告的审核、清代专设会考府等；现代审计关注政府运行管理的绩效和政府对社会公众的责任，推进民主法治。无论是古代审计还是现代审计，都无一例外地是通过发挥审计的揭示功能，向特定的对象提供或公开审计结果，以实现审计目标、发挥审计作用。揭示功能是审计与生俱来的基本功能之一，伴随着国家审计的不断发展，其重要性日益凸显。当然，受经济社会发展程度、外在审计环境变化等因素影响，在不同时期、领域或方面等，审计揭示功能发挥的方式、重点和程度也都会有所不同。

审计发挥揭示功能的内涵是：揭露违法违规、经济犯罪、损失浪费、奢侈铺张、破坏资源、污染环境、损害人民群众利益、危害国家安全、破坏民主法治等各种行为，揭示体制障碍、制度缺陷和管理漏洞，以保护经济社会运行的安全健康。

4　《蒙哥马利审计学（第十版）》[Montgomery's Auditing（10th Ed）]（杰里·D·沙利文 & 理查德·A·格诺斯佩利奥斯 & 菲利普·L·德弗利斯 & 亨利·R·贾克尼）。

近三十年来，我国审计机关充分发挥审计的揭示功能，取得了良好成效：一是通过揭露和查处各种违法违规问题，直接促进国家财政增收节支，向司法机关和纪检监察部门移交了许多经济犯罪案件线索，为国家挽回了大量经济损失，也推进了反腐败斗争的深入发展。二是通过揭露政府部门预算执行中存在的各类深层次问题，推进了财政管理体制、转移支付和部门预算、国库集中支付和"收支两条线"等方面的改革，严格了土地、社保资金等管理。三是通过多次组织对"三农"、教育、卫生、社会保障、救灾扶贫、环境保护等专项资金的审计和审计调查，监督检查党和国家政策措施的贯彻落实情况，有力地推动了国家宏观调控政策目标的实现，切实保障了人民群众的权益。四是通过监督检查会计信息的真实性和国有资产运营情况，推动深化改革，促进科学发展。在对国有金融机构的审计中，重点关注资产、负债、损益的真实性，尤其是不良资产状况，揭露和查处了弄虚作假、违规经营和内外勾结实施金融诈骗的违法违规行为，维护了金融信息的真实性和可信度；在对国有企业的审计中，重点关注国有资产经营和收益的真实性，揭露和查处了弄虚作假、盈亏不实、资产管理混乱等行为，防止了国有资产流失。五是通过对权力运行状况的揭露和监督，推动责任追究制和问责机制的建立。目前县级以下党政领导干部和国有企业领导人员经济责任审计逐步规范，地厅级党政领导干部经济责任审计全面推开，省部级党政领导干部经济责任审计正在继续试点。经济责任审计为监督和考核干部提供了重要依据，促进了政府部门和工作人员依法行使权力、有效履行职责。

（二）抵御功能

抵御的基本含义是"抵挡、抵抗"[5]"抵挡、防御"[6]等。审计抵御功能是指审计通过处理处罚、提出审计建议等方式促进健全制度、规范机制、完

5　《现代汉语词典》，商务印书馆1995年版。

6　《现代汉语辞海》，延边人民出版社2002年版。

善体制，防止国家、集体和人民群众利益受到损害。马克思主义认为，生产力与生产关系的矛盾、经济基础与上层建筑的矛盾是经济社会运动的基本矛盾，它们的存在和发展，决定着其他社会矛盾的存在和发展。这两对矛盾存在于各种社会形态及社会形态发展的各个阶段，并在不同的社会形态及发展阶段表现出不同的特点。从当前经济社会发展形势看，我国仍处于并将长期处于社会主义的初级阶段，经济体制深刻变革，社会结构深刻变动，利益格局深刻调整，思想观念深刻变化，将是相当长一段时期内我国社会发展的一个基本特征，发展中不平衡、不协调、不可持续问题依然突出，机制、体制、制度方面的缺陷和问题仍大量存在，如果不能使其得到及时妥善处理，将对我国经济社会科学发展带来负面影响。

审计发挥抵御功能的内涵是：在全面揭露问题的基础上，查处违法违规、经济犯罪、损失浪费、奢侈铺张、破坏资源、污染环境、损害人民群众利益、危害国家安全、破坏民主法治等各种行为。对产生这些问题的原因，进行从现象到本质、从个别到一般、从局部到全局、从苗头到趋势、从微观到宏观的深层次分析，提出改革体制、健全法制、完善制度、规范机制、强化管理、防范风险的建议，以提高经济社会运行质量和绩效，推动经济社会全面协调可持续发展。

多年来，审计机关坚持从审计财政财务收支入手，以推进责任履行和制度建设为重点，把财政财务收支的真实合法性审计与绩效审计融为一体，把查处问题与完善制度相结合，更多地关注政府部门和国有企业的决策行为，关注重大投资项目和重点财政资金的经济效益、社会效益和生态效益，关注违规问题所反映出的制度缺陷和管理漏洞，提出标本兼治的意见和建议。2003年以来，各级审计机关向党中央、国务院及地方各级党委政府提交审计工作报告、信息40多万篇，有20多万篇被批示和采用，为各级党委政府及有关部门改进管理、完善制度提供了扎实可靠的信息和决策依据。

（三）预防功能

预防的基本含义是"事先防备、防止"[7]。审计的预防功能是指审计凭借其内生性的威慑作用及独立性的优势，对危害国家、集体和人民群众利益的行为进行震慑，及时发现苗头性、倾向性问题并发出预警的特性和功能。审计的威慑作用源于审计对象对审计活动的可能后果的认知，审计活动已成为审计机关和审计对象的"共同知识"，即审计对象知道审计机关会对自己的经济活动进行审计，审计机关也知道审计对象在经济活动中可能存在的问题和对问题进行的掩饰。博弈论研究证明，建立在"共同知识"基础上的博弈均衡（纳什均衡）在得益、信息和博弈方的选择受到不大的干扰时能够保持稳定，具有抗干扰和自我强制的性质，这种强制对审计对象来说就是威慑。我国国家审计作为一种制度安排，具有内生的威慑作用，其在履行监督职责时，通过对违法违规问题的揭露和处理，能够达到查处一个、震慑一片、"免疫"一方的目的。同时，国家审计具有超脱经济社会各方面具体事务的独立、客观、公正的特性，能够及时发现苗头性、倾向性问题，及早感知风险，并提前发出警报，起到预警作用。

审计发挥预防功能的内涵是：通过审计监督对影响经济社会健康运行的风险进行预警，对危害经济社会健康运行的行为进行震慑，防止苗头性问题转化为趋势性问题，防止违法违规动机转化为违法违规行为，防止局部性问题演变为全局性问题。在揭露和查处重大违法违规问题的同时，及时跟进、密切关注整个经济运行安全及财政、金融、民生、国有资产、能源和资源环境等方面存在的薄弱环节和潜在风险，密切关注经济问题可能引发社会不稳定的因素，及时提出对策性建议，以增强经济社会健康运行的"免疫力"，促进国家政策措施的贯彻落实，推动依法行政，维护人民群众的根本利益。

7　《现代汉语辞海》，延边人民出版社2002年版。

多年来，我国审计机关以揭示分析经济社会运行中的薄弱环节和潜在风险为重点，全力维护国家经济安全。在财政审计中，揭示和反映了政府性债务规模偏大，财政潜在风险逐步增加的问题。在金融审计中，揭示和反映了金融风险监管能力不足的问题，提出应更加关注系统性风险隐患的建议。在国有企业和境外机构审计中，揭示和反映了国有资产流失问题比较严重，国际合作中保护国有权益的意识亟待进一步增强的问题。在对中央企业境外机构基本情况的审计调查中，全面系统地摸清了境外机构的一些情况、问题和潜在风险。在资源环境审计中，揭示和反映了土地和矿产资源保护力度需要进一步加大，经济社会快速发展带来环境压力日益增加的问题。在种粮农民补贴、政府投资保障性住房和农村饮用水安全状况等重点民生工程和资金审计中，揭示和反映了社会保障等制度需要进一步完善，侵害人民群众利益的现象仍时有发生等问题。对一些重大投资项目和重点专项资金进行了全过程的跟踪审计，如审计机关投入一万多名审计人员对汶川特大地震救灾资金物资进行了全方位、全过程"嵌入式"跟踪审计，及时揭示存在的问题和潜在的风险，保障和推进了汶川灾后重建顺利开展。

三、审计"免疫系统"三大功能之间的关系

国家审计作为保障经济社会健康运行的"免疫系统"，具有揭示、抵御和预防三大功能。这三大功能相互联系、相互影响，共同构成了一个有机整体。三大功能之间有如下三种关系。

（一）并列关系

从审计发挥"免疫系统"功能的方法和手段看，揭示、抵御和预防是审计发挥"免疫系统"功能的三种方法、三种手段，共同保障经济社会的健康运行，统一于审计工作的实践之中。揭示和抵御是"纠正于既然"，预防是"防患于未然"，三者是相辅相成、缺一不可的关系，不存在孰轻孰重、孰先孰后的问题，就像救火代替不了防火，治病代替不了防病一样。没有揭

示，就不会有抵御和预防；没有抵御，揭示和预防就会落空；没有预防，揭示和抵御就会带来审计的疲于奔命。任何把三者割裂开来或顾此失彼的做法，都是不正确的。

（二）互补关系

揭示、抵御和预防三者紧密联系，互为条件和目的，共同满足保障国家经济社会健康运行的要求。其中，揭示是基础，没有揭示，就不能进行有效的抵御和预防；抵御是重点，没有抵御，揭示的问题就得不到有效的纠正，发现的漏洞也得不到有效的弥补，没有抵御的揭示只能使情况变得更坏，更不能形成威慑，预防也无从谈起；预防是目的，一个健康运行的社会不应是问题成堆的社会，保障经济社会的健康运行就是使经济社会不出问题或少出问题，这需要事前的预防，预防的深度和广度在一定程度上决定着经济社会运行的健康状况。有效预防的本身包含严格的揭示和抵御的要求，严格揭示和抵御的结果又有利于有效预防的深入。同时抵御和预防也不是审计机关一家能够独立完成的，往往需要有关部门和单位的协调和配合。

（三）标本关系

发挥揭示和抵御功能属于治标，发挥预防功能属于治本。强化揭示和抵御，不仅能有效遏制危害经济社会健康运行的行为，而且能够对违纪违规行为起到震慑作用，并促进树立良好的社会道德，从而起到预防问题发生的作用。加强预防，从根本上防止影响经济社会健康运行的行为，不仅有利于经济社会的健康运行，巩固揭示和抵御的成果，而且有利于降低揭示和抵御的工作成本，减少经济社会运行的各种损失。只有严格的揭示和抵御，有效遏制正在影响经济社会健康运行的行为，才能为预防创造前提条件。只有抓好预防，从源头上不断铲除滋生影响经济社会健康运行问题的土壤，才能从根本上防止和解决影响经济社会健康运行的问题。

在实际审计工作中，要着手于揭示、着重于抵御、着眼于预防。保障经济社会的健康运行，主要是防止阻碍经济社会健康运行行为的发生，而不仅仅是对发生问题的揭示；预防问题发生，必须严格揭示阻碍经济社会健康运行的行为，并对其原因进行深入的分析；审计机关职责权限的有限性与阻碍经济社会健康运行问题的复杂性，决定了纠正或抵御要借助审计机关以外的力量，抵御往往成为发挥"免疫系统"功能的重点。

发挥预防功能要突出前置性。合规性审计强调揭示和抵御，侧重的是事后监督，其滞后性和间接性使审计的威慑力打了折扣。绩效审计更要求发挥审计的预防功能，因此就必须将审计关口前移，突出事中、事前审计，更好地增强审计的时效性。这种突出事中、事前审计的前置性，既体现在审计的组织实施，也体现在审计作用的发挥上，要求对重大项目或政策适时开展跟踪审计，避免时过境迁、补救无方；要求认真分析发现的问题，适时提出对策建议，避免时过境迁、于事无补。

发挥揭示功能要突出准确性。发挥审计的"免疫系统"功能，不仅要有敏感性，更要有判断力，要在纷繁复杂的情况下，区分轻重缓急，排出先后顺序，准确找到对全局、对未来有根本性影响、有重大危害的问题。不同的地方、不同的时期、不同的项目，实际情况千差万别。对此，审计机关和审计人员要具体问题具体分析，冷静思考、准确判断。当前，要关注国家财政安全，防范财政风险；关注国家金融安全，防范金融风险；揭示经济运行中的重大问题，促进国家宏观调控措施和重大方针、政策、战略的贯彻实施；关注国有资产和国有资源安全，揭示重大违法违规和重大损失浪费问题，促进依法治国、反腐倡廉，推进节约型社会的建设；揭示行政不作为、乱作为等问题，促进问责机制的健全，提高行政效能；关注民生安全，将社保基金、残疾人保障基金、土地出让金、城建资金、涉及"三农"的专项资金及救灾救济资金等作为审计重点对象，促进和谐社会建设；关注生态环境安全，防止资源破坏、毁损和环境污染；关注国家信息安全，防范信息风险。

发挥抵御功能要突出彻底性。一是原因分析要彻底。只有在对被审计单位的财政财务收支中的违纪违规问题进行纠正的同时，深入分析管理方式、决策机制、制度建设等方面存在的原因，才能从源头上解决问题，即不但治标而且治本，防止违纪违规问题的再次发生，有效地起到抵御性作用。二是审计建议要彻底。审计建议是否全面、彻底，是否具有客观性、全局性、宏观性，是否具有针对性和可操作性，是决定审计抵御作用发挥的重要的环节。好的审计建议，对被审计单位而言，应有利于纠正问题、完善内控、健全制度、规范管理，促进科学决策，保障国有资金安全，提高其使用效益；对各级政府而言，应围绕经济社会发展目标和宏观调控政策的导向，有利于体制机制、法律法规的建立、健全和完善。三是审计整改要彻底。审计的直接目的是促进纠正和解决存在的问题，从而使审计成果转化为执行力和生产力，转化为依法行政的推动力。因此，要建立、健全审计整改制度，推进问责机制和责任追究制度的健全，进一步加强对审计结果的追踪检查；要建立与政府主管部门和有关单位的沟通、协调机制，加强协作，有效推进整改工作；要积极稳妥地推进审计公告制度，逐步规范公告的形式、内容和程序，有效形成审计、舆论、社会监督的整体合力，更好地促进整改工作。

参考文献

[1] 布朗. 论社会科学的功能概念[J]. 刘达成，等，译. 民族译丛，1985（5）.

[2] 龚非力主编. 医学免疫学（第2版）[M]. 北京：科学出版社，2007.

[3] 人体免疫系统——身体和灵魂的元件[M]. 江澜，译. 长沙：湖南科学技术出版社，2001.

[4] 审计署审计科研所编. 审计免疫系统功能探索与思考[M]. 北京：中国时代经济出版社，2009.

[5] 苏国勋. 新功能主义：当代社会学理论中的一种新的综合[J]. 国外社会科学，1990（8）.

[6] 西格里特·施密特. "免疫系统"健康之钥[M]. 毛捷，译. 台湾
　　林鬱文化事业有限公司，2002.

[7] 杨多贵，周志田，等. 国家健康报告[M]. 北京：科学出版社，
　　2008.

[8] 杨善华主编. 当代西方社会学理论[M]. 北京：北京大学出版社，
　　1999.

[9] 于光君. 功能主义理论的嬗变与发展[J]. 商丘职业技术学院学报，
　　2010（3）.

第三专题　审计目标研究

审计目标是审计行为要达到的目的。研究审计目标对于明确审计工作方向，指导审计实践活动，实现审计目的是必要的，具有重要作用。本专题界定了国家审计目标的基本概念，分析了国家审计目标的特征及影响因素，阐述了国家审计根本目标、现实目标和直接目标的内涵，在此基础上系统提出了现阶段国家审计的主要任务。

一、审计目标的基本概念

（一）审计目标的内涵

目标是从事一项活动所要达到的境界或目的，是组织或个人行为所期望的成果。审计作为一项有目的的活动，也有其特定的目标。审计目标是审计组织的预期成果，是审计行为要达到的境界或目的。审计目标作为审计理论体系的重要组成部分，是审计活动的指南，是决定审计主体价值取向和工作思路的重要因素，在审计活动中发挥着引领方向、规范过程的作用。审计目标的实现程度是检验审计活动成效的重要标志。

国家审计目标就是审计机关开展审计工作所要达到的境界或目的。按照层次不同，国家审计目标可以划分为根本目标、现实目标和直接目标。其中，根本目标是维护人民群众的根本利益，现实目标是推进法治、维护民生、推动改革、促进发展，直接目标是监督和评价被审计单位财政财务收支的真实、合法和效益。三者相互联系、相互依存。根本目标是最高层次的目标，是审计工作的最终目的，是确定审计工作在一定时期的现实目标和直接目标的前提和基础。现实目标和直接目标是根本目标在一定时间和空间内的具体化。现实目标既是根本目标在现阶段的具体体现，又是直接目标在一定时期的方向和指引。

国家审计目标的实现依赖于审计主要任务的完成。根据我国现阶段的国情，国家审计当前的主要任务是维护国家安全特别是国家经济安全。

（二）审计目标的特征

1．公共性

国家审计的目标是由国家审计的本质决定的。国家审计在本质上是国家治理这个大系统中内生的具有揭示、抵御和预防功能的"免疫系统"。国家审计的这一本质属性，决定了国家审计目标必须从维护公共利益的角度来确定，体现公共利益的要求，这就是国家审计目标的公共性。

2．层次性

国家审计的目标不是单一的，而是具有多个层次。总体看，国家审计目标包括根本目标、现实目标和直接目标三个层次。这种层次性是由国家的根本性质、国家在特定阶段所面临的形势和任务、审计事项的性质和特点决定的。在实际工作中，审计机关通过实施单个审计项目，实现直接目标；通过开展一系列的审计项目，实现现实目标；通过完成不同时期的现实目标，最终达到根本目标。同时，在下一层次目标实现的过程中，要体现上一层次目标的要求，为上一层次目标的实现奠定基础。

3．动态性

在不同时期，经济社会发展的环境和条件不同，审计工作面临的需求也不同。为了适应经济社会发展环境和条件的变化，更好地满足其需求，审计目标特别是现实目标要据以作出相应的调整，这就是国家审计目标的动态性。审计目标的动态性要求审计机关时刻关注经济社会发展趋势，并根据经济社会发展需求，适时调整审计任务和工作重点。

（三）影响审计目标的主要因素

一般来说，影响审计目标的因素主要有两个，一是经济社会发展的客观需求，二是审计自身的能力和水平。具体到国家审计目标，其主要影响因素有：

1. 中国特色社会主义的根本任务

中国特色社会主义的根本任务是解放和发展社会生产力，不断改善人民生活。发展是解决中国一切问题的关键。社会主义的本质是解放生产力，发展生产力，消灭剥削，消除两极分化，最终达到共同富裕。要始终代表中国先进生产力的发展要求，不断促进先进生产力的发展。科学技术是第一生产力，是先进生产力的集中体现和主要标志，要大力促进科技进步和创新。要始终把发展作为党执政兴国的第一要务，坚持以经济建设为中心，坚持四项基本原则与坚持改革开放相统一，坚持正确处理改革发展稳定的关系，全面推进社会主义经济建设、政治建设、文化建设、社会建设和生态文明建设，促进人的全面发展[1]。党的十八大指出，建设中国特色社会主义，总依据是社会主义初级阶段，总布局是五位一体，总任务是实现社会主义现代化和中华民族伟大复兴。中国特色社会主义的根本任务和建设中国特色社会主义的总任务，要求国家审计目标必须把维护人民群众的利益、改善人民生活放在首位；必须立足于中国国情，体现以经济建设为中心，坚持四项基本原则，坚持改革开放，解放和发展社会生产力，巩固和完善社会主义制度的基本要求；必须有利于最终实现建设富强民主文明和谐的社会主义现代化国家的目标，在现阶段要有利于促进社会主义市场经济、社会主义民主政治、社会主义先进文化、社会主义和谐社会的建设。

2. 国家治理的发展变化

国家治理是国家审计产生的重要基础，也是决定国家审计目标的重要因素。在不同发展阶段，由于国家治理的阶段性目标和重点不同，国家审计

1　中共中央宣传部理论局：《中国特色社会主义理论体系学习读本》，学习出版社2009年版，第38页。

43

的现实目标和直接目标也是不同的。党的十八大提出，我国仍处于并将长期处于社会主义初级阶段的基本国情没有变，人民日益增长的物质文化需要同落后的社会生产之间的矛盾这一社会主要矛盾没有变，我国是世界最大发展中国家的国际地位没有变。在任何情况下都要牢牢把握社会主义初级阶段这个最大国情，推进任何方面的改革发展都要牢牢立足社会主义初级阶段这个最大实际。当前我国经济社会发展、民主法治和社会建设中还存在一些比较突出的矛盾和问题。解决这些矛盾和问题的根本出路是贯彻落实科学发展观，加快改革和发展，完善国家治理。这也是现阶段审计工作的方向和目标。为此，当前审计工作要根据我国社会主义初级阶段的基本国情，抓住经济社会发展中的主要矛盾和问题，在推进法治、维护民生、推动改革、促进发展，推进完善国家治理方面发挥积极的作用。

3. 相关法律法规的规定

国家审计是我国政治制度的重要组成部分。宪法和审计法等相关法律法规对我国国家审计制度作出了规定，审计机关应依照这些法律法规的规定开展审计工作。宪法和审计法等相关法律法规对国家审计的体制、职责和权限、工作程序、组织结构及可选择的手段方法的规定，体现和反映了经济社会对审计的需求，是确定审计目标的基本依据。

4. 审计自身的能力和水平

审计自身的能力和水平对于审计目标的发展变化有重要影响。国家审计目标是国家治理和经济社会发展对审计需求的反映。如果审计自身缺乏满足这种需求的能力和水平，那么这种需求只能是期望和空想，反映这种需求的审计目标是无法实现的。因此，审计目标的确定要充分考虑社会需求和审计自身能力两个方面的因素，并在两者之间寻求平衡。

二、国家审计的根本目标

国家审计的根本目标是国家审计活动的最高层次的目标，体现了国家审计所期望达到的理想境地和最终结果。我国国家审计的根本目标是维护人民群众的根本利益。

我国宪法明确规定，中华人民共和国的一切权力属于人民，人民行使国家权力的机关是人民代表大会；人民代表大会由民主选举产生，对人民负责，受人民监督。国家行政机关、审判机关、检察机关都由人民代表大会产生，对它负责，受它监督。我国审计机关是政府组成部门之一，也要对人民代表大会负责，受人民代表大会监督。因此，维护好人民群众的根本利益，是审计工作的根本目标。

始终坚持中国共产党的领导，是我国国家审计的基本政治原则。党的性质决定了党的宗旨是全心全意为人民服务。作为党领导下的国家审计，必须体现党的宗旨，为实现党的宗旨服务。这就要求我国国家审计工作要始终坚持和服从党在政治、思想、组织等方面的领导，通过依法独立地开展审计监督，充分履行宪法赋予的审计职责，自觉贯彻落实党的各项方针政策，同时促进党的各项方针政策的全面贯彻落实，这也就是维护人民群众的根本利益。

人民群众的根本利益包含多重内容，主要包括经济利益、政治利益和文化利益。经济利益，也就是物质利益，是指人民物质生活需要的满足。物质利益涉及人民群众获得的物质财富的数量、机会和条件，人民群众的劳动付出和所获得物质财富的比值，以及物质生活质量改善与整个社会生产力增长幅度的匹配程度等方面。政治利益是指人民群众政治生活需要的满足，具体包括由法律明文规定的各项民主权利，即民主选举、民主决策、民主管理、民主监督以及其他各项权利，还包括人民群众行使这些权利的机会、条件和程度，以及人民群众的国家主人翁地位等。文化利益是指人们精神生活需要的满足，人人都有受教育的机会和享受文化成果的充分权利。

人民群众根本利益的多重性源于人的需求的多样性。经济利益关乎人的物质需求，涉及的主要是人的生存问题，是人的最基本的利益要求。政治利益关乎人的社会需求，解决的是人对自身社会地位和权利的关切。文化利益则关乎人的精神需求，解决的是人的精神生活问题。人的多样性需求不是彼此孤立的，而是相互联系和相互制约的。因而，人民群众的经济、政治和文化利益也有着密切的内在联系。其中经济利益具有基础性的决定意义，是实现政治利益、文化利益的物质前提；而政治利益和文化利益则是在实现经济利益的基础上必然会衍生的利益要求[2]。

人民群众的根本利益是动态的、历史的、立体的、多维的，其多重利益要求的具体内容和侧重点在不同的历史时期是不断变化的。不同时期社会经济、政治和文化条件存在差别，发展水平不同，利益要求的侧重点也会不同。在社会生产力发展水平较低、物质财富相对贫乏的情况下，人们更关注的是自身的物质需求。当人们的经济利益得到较大程度的满足后，便会产生政治利益和文化利益等较高层次的利益需求。目前我国正处在社会主义初级阶段，对大多数人而言，最紧迫的问题还是尽快改善和提高物质生活水平，满足人们物质需求。这就意味着，当前在人民群众的多重利益中，物质利益仍处于核心地位，是多数人更为关切的利益要求，是当前人民群众的根本利益之所在。

实现、维护和发展人民群众的根本利益，是一项涉及经济社会各个领域的系统工程。国家审计作为国家经济社会运行的"免疫系统"，在这个庞大的系统工程中，要始终把维护人民群众的根本利益作为根本目标，全面履行审计监督职责，在中国特色社会主义经济建设、政治建设、文化建设、社会建设和生态文明建设中发挥积极作用。

三、国家审计的现实目标

国家审计的现实目标，即在社会经济背景下一定发展阶段的国家审计

2　潘峻岭：《人民群众根本利益观点综述》，《理论月刊》2007年第10期；黄伟力：《认真解读人民群众的根本利益》，《上海交通大学学报》（哲学社会科学版）2004年第1期。

为实现根本目标应达到的阶段性目标，是根本目标在一定发展阶段的分解和具体化。当前，国家审计的现实目标是推进法治、维护民生、推动改革、促进发展。

当前，我国经济社会发展正处在重要的战略机遇期，既面临难得的历史机遇，也面对许多可以预见和难以预见的风险挑战。党的十七届五中全会通过的"十二五"规划建议明确提出，当前和今后一个时期我国经济社会发展要以科学发展为主题，以加快转变经济发展方式为主线，深化改革开放，保障和改善民生，推进依法治国，促进经济长期平稳较快发展和社会和谐稳定。把推进法治、维护民生、推动改革、促进发展作为国家审计的现实目标，适应了现阶段国家经济社会发展对国家审计的要求。

（一）推进法治

亚里士多德认为，法治应该包含两重含义：已制定的法律获得普遍服从，而大家所服从的法律又应该本身是制定的良好的法律[3]。法治是以民主为前提和基础，以严格依法办事为核心，以权力制约为关键的社会管理机制、社会活动方式和社会秩序状态。它要求确认法律在国家治理和社会管理中的权威性，把执行法律作为社会调整的最基本方式。法治精神以公平、正义、平等、自由为追求，为人与自然的和谐、人与社会的融合提供保障。法治为社会发展提供制度资源，是社会发展进步的重要标志，也是保障国家长治久安和维护人民群众根本利益的基本前提。

社会主义市场经济是法治经济。在现代市场经济中，市场主体的活动，市场秩序的维护，国家对市场的调控，以公有制经济为主体、多种所有制经济共同发展制度的巩固完善，以按劳分配为主体的多种分配方式的有效运作，市场对资源配置基础性作用的发挥，都离不开法律的规范、引导、制约和保障。这些市场经济的内在要求，决定了我国社会主义市场经济应该是

3　（希）亚里士多德：《政治学》，吴寿彭译，商务印书馆1965年第1版，第199页。

而且必然是法治经济。建设社会主义市场经济，必须推进法治建设，提高法治化水平。

社会主义和谐社会是法治社会。胡锦涛同志指出，我们所要建设的社会主义和谐社会，就是民主法治、公平正义、诚信友爱、充满活力、安定有序、人与自然和谐相处的社会。法治是构建社会主义和谐社会的重要保证，又是社会主义和谐社会的重要特征。建设社会主义和谐社会必须加强法治建设，全面推进国家经济、政治、文化和社会生活的法治化，通过建构和运行法律来整合和调配社会资源，促进社会公平正义，为实现人与自然、人与社会的和谐发展提供法治基础。

现代国家审计是民主法治的产物，是推进民主法治建设的手段和工具，理所当然地应该把推进社会主义法治建设作为现阶段审计工作的重要现实目标之一。当前，法律意识淡薄、法律法规遵循不到位、法律体系不健全等问题还在一定程度上存在，影响和制约了市场经济的发展和社会主义和谐社会的构建，加强法治建设的任务还很艰巨。国家审计要通过严厉查处违法违规问题，做到有法必依、违法必究，促进现行法律法规遵循到位；通过深入分析现行法律法规中存在的漏洞和问题，提出健全和完善相关法律法规的建议，推动法律体系的健全，为增强法治观念、加强法治建设、提高法治化水平做出贡献。

（二）维护民生

人民群众是经济社会的发展之基和力量之源。解决好民生问题是维护人民群众根本利益的应有之义，是建设社会主义和谐社会、实现经济社会科学发展的必要条件，也是提高党的执政能力的根本要求。

构建社会主义和谐社会的核心问题是解决利益平衡问题和维护社会公平正义，而改善民生是推动社会公平正义、构建社会主义和谐社会的基本条件，只有不断地改善民生才能促进社会和谐。科学发展观的核心是以人为本，坚持发展为了人民、发展依靠人民、发展成果由人民共享，关注人的生活质量、幸福指数，把发展的目的真正体现到满足人民需要、实现人民利益、提高人民生活水平上，最终实现人的全面发展。我们党的宗旨是全心全意为人民服务，能否把人民群众的利益实现好、维护好、发展好，能否把人民群众最关心、最直接、最现实的利益问题解决好，关乎党的宗旨能否实现，是检验我们党执政能力的重要标准。

经过一段时期的发展，目前我国社会生产力快速增长，综合国力大幅提高，人民生活已有较大改善，但分配不公、收入差距大、城乡发展不平衡、社会保障体系尚不完备等问题还很突出，已经成为制约我国经济社会长期平稳发展的重要因素，广大人民群众急盼解决。加强社会建设、改进民生是目前我国经济社会发展面临的主要任务之一。

审计机关要根据我国经济社会发展的形势和科学发展观的要求，把维护民生、促进加强社会建设，作为今后一个时期的主要工作目标之一，进一步加强对"三农"、教育、卫生、文化、社会保障等重点民生项目和资金的审计监督，揭示和反映落实国家政策不到位、政策目标未实现以及严重影响和损害群众利益的问题，还要关注转移支付资金分配不合理、使用效益不高等问题，促进规范资金管理、运行和各项惠民政策落实到位，推动社会福利、医疗卫生、住房和教育等民生领域的改革。

（三）推动改革

改革是社会主义制度的自我完善和发展。改革的根本目的，就是要在各方面都形成与社会主义初级阶段基本国情相适应的、充满生机和活力的新体制，促进生产力的发展，建设中国特色社会主义。1978年以来，我国经济社会发展取得的巨大成就充分证明，改革开放是实现国家强盛、人民幸福的必由之路。正是改革开放激发出的强大活力，使中国人民的面貌、社会主义中国的面貌、中国共产党的面貌，发生了历史性变化。

社会主义要保持强大的生命力，就必须通过改革不断完善自己。只有推动改革，进一步改变生产关系和上层建筑中不适应经济社会发展的方面和环节，才能不断为经济社会发展注入活力和动力；只有推动改革，更大程度地发挥市场机制的作用，才能更加有效地配置和利用资源，调整和优化经济结构，转变经济发展方式，真正做到以人为本，促进城乡、区域、经济社会协调发展和人与自然和谐发展；只有推动改革，完善收入分配制度和社会保障体系，才能使广大人民群众共享改革发展成果，促进社会公平正义，建设和谐社会[4]。

当前及今后一个时期，我国仍处于大有可为的重要战略机遇期。随着体制、机制、制度等方面的深层次矛盾和问题逐渐显现，更好地建设中国特色社会主义，保证经济社会健康持续发展，要求必须以更大决心和勇气全面推进各领域改革：要坚持和完善基本经济制度，坚持公有制为主体，多种所有制经济共同发展的基本经济制度，营造公平参与市场竞争，不断焕发新的经济发展动力；要推进行政体制改革，转变政府职能，建设法治政府和服务型政府，推进民主法治建设，保障人民当家作主；要改革收入分配体制机制，让发展成果惠及广大人民群众，坚定不移走共同富裕之路；要加快财税体制改革，积极构建有利于转变经济发展方式的财税体制；要深化金融体制改革，构建逆周期的金融宏观审慎管理制度框架；要深化资源性产品和要素市场改革，理顺价格关系，完善价格形成机制；要加快社会事业体制改革，增强多层次供给能力，满足群众多样化需求；要加快文化体制改革步伐，推动文化大发展大繁荣，提升国家文化软实力。通过深化改革，化解难题、消除矛盾、理顺关系，最大限度解放和发展生产力。

审计机关作为综合性监督部门，应该把推动改革作为国家审计的现实目标之一，自觉融入经济社会发展大局，发挥独立性强、接触领域广、熟悉政策法规、掌握情况翔实等优势，在促进经济社会的全面协调可持续发展中发挥建设性作用。当前审计机关着力推动改革，就是要在审计过程中，从宏

---

4 苏孜：《对我国改革开放三十年的回顾与展望》，《兰州商学院学报》2009年第2期。

观和全局的角度，认识和审视审计掌握的情况，分析和反映审计发现的问题，从体制、机制和制度上提出解决问题的建议，促进完善体制、机制和制度，推动各项改革的顺利进行。现阶段，审计工作应重点推动公共财政体制改革、国有企业改革、金融体制改革、投资体制改革，以此促进政府转变职能，完善市场机制和资源配置方式，建立和完善社会主义市场经济体制。

（四）促进发展

发展是当今世界的主题，也是当代中国的主题。从全人类的角度看，发展是世界范围内实现现代化的过程。从中国的特殊国情看，发展则是一个实现社会主义现代化的过程，是现阶段解决中国一切问题的基础和前提。只有通过发展，才能解决人民日益增长的物质文化需要同落后的社会生产之间的矛盾，才能维护人民群众的根本利益。

科学发展观的第一要义是发展，核心是以人为本，基本要求是全面、协调、可持续，根本方法是统筹兼顾。科学发展观是对党的三代中央领导集体关于发展的重要思想的继承和发展，是马克思主义关于发展的世界观和方法论的集中体现，是同马克思列宁主义、毛泽东思想、邓小平理论和"三个代表"重要思想既一脉相承又与时俱进的科学理论，是我国经济社会发展的重要指导方针，是发展中国特色社会主义必须坚持和贯彻的重大战略思想。

科学发展观的根本着眼点是要用新的发展思路实现又好又快发展，把维护人民群众的根本利益放在首要位置，把人的全面发展作为目标，兼顾当前与长远、生存与发展的需要，由人民群众共享发展成果。全面贯彻落实科学发展观，就必须要坚持发展是第一要义，坚持"发展是硬道理"和"发展是党执政兴国第一要务"的思想，坚持以经济建设为中心，不断深化改革开放，加快转变经济发展方式，促进城乡区域协调发展。

当前，我国的发展机遇和面临的挑战前所未有，发展成就和发展难题前所未有。我们必须深刻认识我国经济社会发展出现的新的阶段性特征，科学分析我国全面参与经济全球化的新机遇、新挑战，深刻把握工业化、城镇化、市场化、国际化深入发展形势下我国各项事业发展面临的新课题、新矛盾。

作为保障国家经济社会健康运行的"免疫系统"，国家审计应按照科学发展观的要求，将发展的理念贯彻到审计工作的全过程，将是否有利于发展作为评价和判断审计事项的主要依据。在审计过程中，一方面要感知、揭示和防范社会经济发展中的矛盾和风险，及时发现和揭示社会经济运行中的不稳定因素，发挥预警和提示的作用；另一方面，要跟踪和评估国家宏观经济政策的执行情况和效果，促进各项政策手段的协调一致和各项发展目标的实现，推动经济社会全面协调可持续发展，更好地实现维护人民群众根本利益的目标。

四、国家审计的直接目标

国家审计的直接目标是实施审计活动最直接的目的，是处于基础地位的目标。国家审计的直接目标是具体的、明确的，对审计过程具有指导作用。根据审计法的规定，国家审计的直接目标应当是监督和评价被审计单位财政收支、财务收支的真实、合法和效益。

真实性是指反映财政收支、财务收支以及有关经济活动的信息与实际情况相符合的程度。真实性目标要求审计人员主要通过审查审计对象的财政收支、财务收支数据与财政收支、财务收支实际情况是否一致，并据此判断财政收支、财务收支信息是否真实、可靠，财务会计报告编制是否符合会计准则和有关财务制度规定。真实性是针对审计对象的财政收支、财务收支和经济信息而言的，由于这些信息是反映财政收支、财务收支和经济状况的基础性载体，真实性是审计项目的基础性目标，只有保证财政收支、财务收支信息真实可靠，实现审计项目的其他目标才有可靠的保障。

合法性是指财政收支、财务收支以及有关经济活动遵守法律、法规或者规章的情况。合法性目标要求审计人员主要通过审查审计对象执行国家法律、法规、规章或政策的情况，判断其财政收支、财务收支以及有关经济活动是否符合国家相关法律、法规规定或政策要求。国家法律、法规和政策对财政收支、财务收支行为作出了规定，其目的是维持财经秩序、保证公平竞争、促进社会经济健康发展、维护人民群众根本利益，审计对象必须遵守这些规定。审计机关把合法性作为审计的直接目标，就是在审计项目中，以国家法律、法规、规章或者政策为标准，审查审计对象的财政收支、财务收支以及有关经济活动遵守国家法律、法规情况，维护法律尊严和社会公共秩序。

效益性是指财政收支、财务收支以及有关经济活动实现的经济效益、社会效益和环境效益。效益性主要从成本控制、运行效率、结果实现等角度审查审计对象配置和使用公共资源的情况，判断资源利用是否达到充分、节省和有效。效益性一般包括经济性、效率性和效果性三层含义。经济性是指组织活动过程中获得一定预期结果所耗费的公共资源最少，它以节约成本为目标，重点关注达到组织活动目标所花费的成本是否被控制在合理的范围内，公共资源利用是否经济，有无损失浪费的问题。效率性是指组织活动过程中公共资源投入与产出之间的对比关系，它以提高资源利用效率为目标，重点关注资源的利用是否充分有效，是否存在因管理不善造成的效率低下的问题。效果性是指组织从事活动时实际取得成果与预期成果之间的对比关系，它以公共资源配置达到预期效果为目标，重点关注资源配置的目标是否实现，是否达到预期目的。随着对国家审计与国家治理认识的深化和国家审计在国家治理中作用范围的扩大，按照贯彻落实科学发展观和构建社会主义和谐社会的要求，环境性、安全性和公平性等也逐步被纳入效益性审计目标的范畴。

真实性、合法性与效益性是审计直接目标的三个方面。真实性、合法性与效益性三个目标之间既互相独立，又互相联系。一方面，真实性、合法性、效益性这三个目标各自都有其不同的内涵和特定的内容，在审计工作中，可以根据这三个目标分别立项，采用不同的审计方法，独立开展审计。另一方面，真实性、合法性、效益性这三个目标又紧密联系，其中真实性是基础，不真实本身就是不合法的，建立在不真实基础上的效益也是虚假的；合法性是基本要求，不合法的行为往往采取弄虚作假的手法加以掩盖，通过非法方式取得的效益也是不合法的，得不到法律的保护；效益性是最终目的，它以真实性和合法性为基础，是真实合法基础上的更高要求。在审计工作中，根据不同的需求和审计对象的不同特点，可以在一个审计项目中同时确立两项或三项目标，并通过综合运用各种审计方法加以实现。

对每一个具体审计项目而言，审计机关一般要按照审计法律法规的要求，根据审计对象存在的问题，以及社会法治环境状况和审计机关的人力、财力、技术资源等状况，确定审计目标更侧重于哪一个方面，即明确审计直接目标的侧重点。

五、现阶段国家审计的主要任务

国家审计目标的实现依赖于审计主要任务的完成。根据我国现阶段的国情，国家审计当前的主要任务是维护国家安全特别是国家经济安全。

所谓国家安全，是指国家现有和将来的利益，以及国家发展的态势和进程没有风险，或者风险不足以转化成威胁或使国家利益被侵害的状态。国家安全是国家生存和发展的基本前提。

国家审计的根本目标和现实目标决定了必须把维护国家安全特别是经济安全作为现阶段国家审计的主要任务。首先，人民群众的根本利益与国家利益是一致的，国家利益有多大，国家安全的边界和空间就有多大。维护国家安全是维护国家和人民群众利益的基础，国家安全没有保障，人民群众利益就无从谈起。国家审计要实现维护人民群众根本利益的根本目标，必须维护国家安全。其次，国家安全是改革和发展的前提，只有国家安全有了保障，改革才可能顺利进行，经济社会又好又快发展才可能实现。现阶段，国家审计要实现推动改革和促进发展等现实目标，也必须维护国家安全。

国家审计在国家治理中的角色定位决定了国家审计必须把维护国家安全作为现阶段的主要任务。国家审计是国家治理的重要组成部分，是民主法治的产物，也是推动民主法治的工具和手段，是保障国家经济社会健康运行的"免疫系统"。在国家治理中，政府受人民之托，担负着经济调节、市场监管、社会管理、公共服务，维护国家和人民群众利益的重要责任。国家审计在国家治理中的角色就是审查、评价和报告政府责任履行情况，督促政府尽职尽责维护国家和人民群众的利益。可见，政府责任的核心是维护国家和人民群众的利益。国家审计关注政府责任，必须关注国家安全。

当前国家安全形势的发展变化决定了国家审计必须把维护国家安全特别是经济安全作为现阶段的主要任务。随着经济全球化发展，世界各国经济联系与相互依存更加紧密，国际金融危机和经济动荡等不确定因素会对我国经济社会发展带来严重冲击，我国经济安全问题日益凸显，维护国家安全特别是国家经济安全已经成为一项紧迫的任务。国家审计把维护国家安全特别是经济安全作为现阶段的主要任务，适应了这一形势发展变化的要求。

把维护国家安全特别是经济安全作为国家审计现阶段的主要任务，要求审计机关按照法律法规的规定，从维护国家经济安全的高度出发，不受某一部门、行业、地区的局限，在依法履行审计监督职责过程中，及时客观反映国民经济运行中出现的各种异动，前瞻性地反映各种倾向性、苗头性问题，从更高的层面、更广的范围，密切关注财政、金融、国有资产、民生、资源环境、信息等方面存在的薄弱环节和潜在风险，及时提出对策性建议，防范苗头性问题演变成趋势性问题、局部性问题演变为全局性问题，促进国家经济社会安全运行。

国家安全涉及国家经济社会的各个领域，是一个十分宽泛的概念。审计机关应在法定职责范围内关注国家安全。国家审计要维护国家安全，首先是维护国家经济安全。国家经济安全，是指一个国家作为一个主权独立的经济体，其根本的经济利益不受伤害，表现为国家经济主权独立、经济基础稳固、经济稳健增长、经济结构合理、经济富于活力和具有可持续发展的动力。国家经济安全主要包括财政安全、金融安全、国有资产安全等。国家经济安全可以使一国在国际经济生活中具有自主性、自卫力和竞争力，不会因为某些问题的演化而使整个经济受到过大打击或使国民经济利益受到过多损失；能够避免或化解局部性或全局性经济危机[5]。经济安全是国家安全的重要方面，是经济发展和国防强大的基础。在和平时期，经济安全是国家安全的核心；离开经济安全，国家安全和国家利益就没有保障，社会主义社会的一切发展和进步就会失去基础和保障。

当前，国家审计主要应当关注财政安全，防范财政风险；关注金融安全，防范金融风险；关注国有资产安全，防止国有资产流失和损失浪费；关注民生安全，促进以改善民生为重点的社会建设；关注资源环境安全，防止资源破坏和环境污染；关注信息安全，防范信息风险。

（一）维护财政安全

国家财政安全，就是一国财政基本处于稳固平衡和稳健增长的状态，能以强大的财政实力确保政府应付各种危机，可以保证国家经济社会正常运行，不存在引起财政危机的现实问题或潜在风险，不存在发生财政危机的可能性。国家审计维护财政安全，要求审计机关通过对本级政府预算管理、决算草案和预算执行效果，以及下级政府财政管理情况进行审计和审计调查，查处重大违法违规问题，维护财政经济秩序，促进提高预算执行效果和财政资金使用效益，揭示财政运行中的不安全因素和潜在风险，提出加强财政管理、深化财政体制改革的意见和建议，维护财政安全，保障经济社会健康发展。

（二）维护金融安全

金融安全是指在全球化条件下，一国在其金融发展过程中具备抵御国

5　雷家骕：《关于国家经济安全研究的基本问题》，《管理评论》2006年第7期。

内外各种威胁、侵袭的能力，确保金融体系、金融主权不受侵害，使金融体系保持正常运行与发展的一种状态。凡是与货币流通以及信用直接相关的经济活动都属于金融安全的范畴。国家审计维护金融安全，要求审计机关通过对各类金融机构和金融监管部门，以及对金融政策实施情况及其效果的审计和专项审计调查，重点揭露金融机构经营管理中存在的重大违法违规问题及大案要案线索，揭示影响金融体系健康发展的突出风险，从政策上、制度上分析原因，提出建议，维护金融安全，防范金融风险，促进金融发展。

（三）维护国有资产安全

国有资产是指在法律上由国家代表全民拥有所有权的各类资产，具体来讲，是指国家以各种形式投资及其收益、拨款、接受馈赠、凭借国家权力取得或者依据法律认定的各种类型的财产或财产权利，包括经营性国有资产、非经营性国有资产，以及以自然资源形态存在的国有资产。国有资产安全涉及国有资产的总量、结构和效益等多个方面。维护国有资产安全，就是要提高资产利用效率，保护国有资产权益，防止国有资产流失，实现国有资产安全完整和保值增值，确保国有资产充分发挥其在国民经济运行和社会发展中的积极作用。国家审计维护国有资产安全，要求审计机关通过对被审计单位财政收支、财务收支的真实合法效益，以及国有资产管理使用情况进行审计和审计调查，揭露国有资产损失浪费和国有资产流失问题，促进强化国有资产管理责任，加强国有资产管理，维护国有资产安全。

（四）维护民生安全

教育是民生之基，健康是民生之本，分配是民生之源，保障是民生之安[6]。完善的教育体制和充足的就业机会关系到整个民族素质的提高和国家的稳定，是社会发展的基础。健康是人民从事劳动、实现自我发展和为社会做出贡献的根本保障。合理的分配制度为经济社会发展的效率提供保证，有

---

6 2008年，国务院总理温家宝在云南考察时提出民生四句话，中国网 www.china.com.cn，2008-04-02。

利于充分发挥全体人民的主观能动性。健全的社会保障体系为人的生存和发展提供保障。民生安全，是指一国民众的生存权、发展权得到保证和实现，在现阶段主要表现为教育、就业、收入分配、住房、医疗、社保等方面的权利得到保障。民生安全与人民群众根本利益息息相关，是社会稳定最为重要的因素。维护民生安全是促进经济发展和社会进步的基本手段。国家审计维护民生安全，要求审计机关通过对民生资金、民生工程和民生政策执行情况进行审计和审计调查，保障民生资金筹集、使用、管理合规有效，促进民生政策的有效执行和体制、机制、制度的健全完善，减少和防止民生领域各种问题的发生，不断提高人民生活质量，维护人民群众利益。

（五）维护资源环境安全

节约资源和保护环境是我国的基本国策，也是我国经济社会可持续发展的重要基础和条件。资源环境安全是指国家资源环境处于有效管理和合理使用的状态，国家资源环境各要素的开发和利用不应破坏其系统整体稳定性，使经济发展、资源供应保障和自然生态环境三者关系相互协调。当前，我国石油、金属矿、木材、水、耕地等重要资源供应与经济社会发展需求的矛盾日益突出，资源利用效率仍然不高，资源对外依存度逐年提高，环境污染十分严重，生态环境恶化的趋势未得到有效的遏制。国家审计维护资源环境安全，要求审计机关通过检查国家资源环境政策法规贯彻落实和资金管理使用情况，重点揭露和查处资源无序开发、低效利用，生态环境破坏，以及节能减排政策落实不到位等重大问题，提出完善有关法律法规和制度的建议，促进节约资源，保护生态环境，实现经济社会可持续发展。

（六）维护信息安全

信息安全从内涵角度讲是指在社会发展信息化的趋势和环境下信息和信息网络、信息系统的整体安全，从外延角度讲是国家安全的重要组成部分。信息安全关系到国民经济健康发展、政治稳定、文化安全、国防安全和公民、企业的合法权益[7]。随着信息化的快速推进，国家信息安全已经成为国家安全的重要内容，关乎国家政治、经济、科技、文化、军事和社会的发展。维护国家信息安全是保障我国经济社会健康发展的客观要求。国家审计维护信息安全，要求审计机关通过开展信息系统审计和对信息安全政策执行情况的审计调查，揭示国家信息安全的风险和隐患，促进建立健全国家信息安全体系，提高信息安全防范、控制和保护能力，保障信息安全与信息化建设同步发展，维护国家信息安全。

参考文献

[1] 本书编写组. 解读"十二五"——党员干部学习问答[M]. 北京: 人民日报出版社, 2010.

[2] 李金华主编. 审计理论研究[M]. 北京: 中国时代经济出版社, 2005.

[3] 中共中央宣传部. 科学发展观学习读本[M]. 北京: 学习出版社, 2008.

[4] 中共中央宣传部理论局. 六个"为什么"——对几个重大问题的回答[M]. 北京: 学习出版社, 2009.

[5] 中国审计学会编. 审计署立项课题研究报告汇编（2008—2009）[M]. 北京: 中国时代经济出版社, 2010.

---

7 李昭：《国家信息安全战略的思考》，《中国人民公安大学学报》（自然科学版）2004年第3期。

第四专题　审计基本特征研究

现阶段我国国家审计的基本特征包括五个方面：一是立足建设性，坚持批判性；二是立足服务，坚持监督；三是立足宏观全局，坚持微观查处和揭露；四是立足主动性，坚持适应性；五是立足开放性，坚持独立性。明确我国国家审计的基本特征，有利于正确认识和把握现阶段国家审计工作的基本要求，加强和改进审计工作，更好地服务于经济社会发展大局，充分发挥审计保障国家经济社会健康运行的"免疫系统"功能。

一、立足建设性，坚持批判性

国家审计的批判性，是指在审计工作中不轻易接受未经检查与测试的结论，不简单地承认未经证明的事实，对被审计单位或审计事项保持应有的职业警觉，进行系统的查证、分析和判别。就现代国家审计而言，就是以审视性眼光，看待与分析被审计事项，监督经济社会运行的过程和结果，警惕或戒备各类风险，防范国家经济安全可能受到的侵害。

国家审计的建设性，是指审计活动不仅揭露和查处被审计单位或审计事项存在或潜在的问题与风险，更要积极提出解决问题的办法和措施，帮助被审计单位及有关部门和方面完善法律、法规和规章制度，从而起到堵塞漏洞、提高管理水平、防范问题再发生这样一种建设性、预防性作用。就现代国家审计而言，审计的建设性决定了审计的生命力，决定了审计能够在多大程度上维护国家经济安全、保障国家利益，决定了审计能够在多大范围内促进经济社会协调可持续发展，也决定着审计能够在多宽的领域推进民主法治建设和依法治国。

通过发现问题、揭示风险、作出处理，发挥审计的批判性作用，体现了审计机关的基本职责；提出建设性意见和建议，发挥审计建设性作用也体现了审计机关的基本职责。建设性作用更具有积极意义，更彰显国家审计的社会价值。

批判性是国家审计促进反腐倡廉、维护国家安全的体现。现阶段，腐败问题还处于一个高发期，在某些行业、某些单位、某些岗位还比较突出、比较严重。如果对这些问题视而不见，或者没有能力把它查出来，就是审计工作的严重失职；如果这些问题查出来而不如实报告，就是徇私枉法。

建设性是国家审计"推进民主法治，促进全面协调可持续发展"任务的体现。我国国家审计机关与其他行政机关同样是党领导下的、服务于人民利益的上层建筑的组成部分，这使得我国各级审计机关在行使独立的检查监督职能的过程中，能够参与到国家机器维护国家经济安全和经济社会健康运行中，参与到服务型政府的建设中，参与到国家治理和履行政府职能中，这在客观上要求国家审计发挥应有的建设性作用。

国家审计的批判性是建设性的先导和基础，建设性是批判性的深入和升华。没有批判性，建设性就失去目标，因此也就没有建设性；没有了批判性和建设性，审计也没有存在的必要性。国家审计既要通过指出问题发挥批判性作用，更要通过提出解决问题的意见、建议发挥建设性作用，以此促进各方面工作的更好改进和顺利发展。立足批判性与坚持建设性是国家审计对立统一的两个方面，两者互动互补，相辅相成，缺一不可。

立足建设性、坚持批判性，要求审计机关必须创新审计方式。要从以合法、合规审计为主向以绩效审计为主转变，使审计监督在更高层面、更广范围和更深层次发挥作用；要从"亡羊补牢"的事后审计向跟踪审计转变，使审计监督更好地发挥预警和预防作用；要从事后的经济责任审计向事中事后相结合的经济责任审计转变，使审计监督更好地发挥对权力的监督与制约作用；要从事后的审计调查向事中的审计调查转变，使审计监督更好地发挥参谋和助手作用。

二、立足服务，坚持监督

现代国家审计作为国家政治制度的一个重要组成部分，既是民主法治的产物，也是推进民主法治的工具。这就要求国家审计通过履行监督职责，服务于国家治理和国家政权的建设。

国家审计立足服务，是指顺应改革开放和社会主义经济建设的需要，围绕党和国家的中心工作开展审计，服务改革和建设的大局，自觉维护国家经济安全，真正把推进法治、维护民生、推动改革、促进发展落到实处，推进各项改革措施的落实和改革目标的实现。

国家审计坚持监督，是指审计机关依照法律规定，独立地对被审计单位或审计事项的财政财务收支及其有关经济活动的真实性、合法性和效益性进行审查、监测与督促。在我国，监督是国家审计的重要职责。根据《中华人民共和国审计法实施条例》，我国审计监督的对象和范围主要包括：审计机关对本级人民政府财政部门具体组织本级预算执行的情况，本级预算收入征收部门征收预算收入的情况，与本级人民政府财政部门直接发生预算缴款、拨款关系的部门、单位的预算执行情况和决算，下级人民政府的预算执行情况和决算，以及其他财政收支情况，依法进行审计监督。经本级人民政府批准，审计机关对其他取得财政资金的单位和项目接受、运用财政资金的真实、合法和效益情况，依法进行审计监督。

在国家审计中，服务和监督既相互区别，又相互联系，二者是一个辩证的统一体。监督是基本手段，服务是根本目的，监督是为了服务。"监"就是要查处、揭露，就是要评价、揭示；"督"就是督促整改，通过监督促进被审计单位和其他相关部门、单位各方面工作规范、有序和高效进行。没有监督，就谈不上服务；没有服务，监督就失去意义。所以二者必须紧密结合，不可偏废。在审计工作中，应正确处理好审计的监督和服务的关系，使二者相互协调、相互促进，既不能因为强调监督而忽视服务，也不能因为强调服务而放松监督，避免在监督和服务上的"越位""缺位"和"错位"。

立足服务、坚持监督，要求审计机关必须通过对问题的揭露和违法犯罪的查处，维护经济社会秩序、保护人民利益；促进完善制度、健全法制和改进体制，为经济社会又好又快发展创造良好的环境。当前及今后一个时期，应着重做好以下几个方面工作：

一是坚持"服务大局，围绕中心"，提升审计服务于经济社会发展全局的能力和效果。"服务大局，围绕中心"是审计工作的重要战略，是指审计工作要坚持从党和国家的工作大局出发，围绕党和国家的中心工作，有效开展审计监督，为改革开放和经济社会发展的大局服务。它体现了国家审计作为上层建筑的组成部分，在国家治理中所发挥的作用；它既是充分发挥审计保障国家经济社会健康运行"免疫系统"功能的必然要求，也是审计事业不断适应中国特色社会主义建设事业的正确选择。国家审计只有站在更高层面上，及时深入揭示存在的风险，有针对性地提出堵塞漏洞、加强管理、促进改革的建议，才能得到党和政府的重视和肯定，得到社会公众的支持和认可。这些年来审计实践已充分证明，哪里的审计工作能够服务大局，为党委和政府揭示风险、堵塞漏洞、提供建议，哪里的审计工作就受到重视、得到肯定。

二是践行"六个高度自觉"，增强审计服务于经济社会发展全局的自觉性。作为中国特色社会主义事业的组成部分，审计工作必须紧紧围绕大局，高度自觉地融入国家经济社会发展全局中去；高度自觉地通过审计推进依法治国和民主法治建设；高度自觉地通过审计查处重大违法违规问题，切实推进提高政府效能和财政绩效水平；高度自觉地通过审计推进改革深化，促进政府职能转变；高度自觉地通过审计推进反腐倡廉建设；高度自觉地通过审计推进整改，规范管理，有效地推动问责机制的建立和责任追究制度的健全落实。只有这样，才能更加有效地服务于大局，切实发挥好审计的"免疫系统"功能。

三是创新审计方式，开拓审计工作服务于经济社会发展全局的新领域。首先，坚持多种审计类型的有效结合，不断满足经济社会发展对审计的各种需求。坚持预算执行审计与决算审签相结合，财政财务收支真实、合法审计与绩效审计相结合，经济责任审计与财政、金融、企业审计等相结合，审计与专项审计调查相结合。同时，坚持揭露问题与促进整改相结合，审计监督与其他部门监督、舆论监督相结合。通过以上结合，加大审计力度，协调各种资源和要素，满足经济社会发展对审计的各种需求，提高审计的效果和影响力。其次，积极探索跟踪审计、经济责任审计、绩效审计等符合中国国情的审计方式方法和业务类型。对关系国计民生的特大型投资项目、特殊资源开发与环境保护事项、重大突发性公共事项、国家重大政策措施的执行试行全过程跟踪审计；以促进领导干部贯彻落实科学发展观、树立正确的政绩观、切实履行经济责任、推动建立健全问责机制和责任追究制度为目标，坚持"积极稳妥、量力而行、提高质量、防范风险"的原则，不断提高经济责任审计质量，为相关部门评价和选拔、任用领导干部提供重要依据，并积极推进经济责任审计制度化；不断摸索和总结绩效审计经验和方法，探索完善符合我国发展实际的绩效审计方法体系，大力推进绩效审计全面开展。再次，努力创新审计组织方式，积极探索审计项目招投标和合同制管理方式，加强系统内的协调配合，着力构建审计计划、审计实施、审计项目审理既相分离又相制约的审计业务管理体系，建立审计工作绩效考核评价制度，充分发挥审计监督的整体效能。

三、立足宏观全局，坚持微观查处和揭露

国家审计立足宏观全局，是指国家审计作为国家治理的工具，行使一部分国家职能，审计机关需要从国家整体、全局和宏观的角度来谋划和部署审计工作，分析和判断审计事项。这一特征要求审计机关和审计人员必须有

大局意识和系统观念，要站在宏观的高度，着眼于经济社会发展长远；要求审计工作从全局出发，服从和服务于党和政府的中心工作，服从和服务于改革开放与社会主义经济建设大局，从宏观上和总体上思考把握问题。

国家审计坚持微观查处和揭露，是指审计机关独立地利用自身专业知识与技能优势，对具体部门、单位、事项进行审计，对于违反法律法规、违反党和政府各项方针政策的具体行为给予揭露和查处，这种审计、揭露和查处具有局部性和微观性。这一特征要求审计机关和审计人员必须严格依法审计，认真实施好每一个审计项目，敢于和善于查处违法违规问题。

根据唯物辩证法关于整体和部分的关系原理，审计的立足宏观全局与坚持微观查处和揭露这一特征，是从整体和部分的关系上对国家审计特征的一种认识。唯物辩证法认为，一切事物都是由各个局部构成的有机联系的整体，局部服从整体，整体主导局部，二者不可分割。整体的性能状态及其变化会影响到部分的性能状态及其变化，部分也制约着整体，以致关键部分的性能会对整体的性能状态起重要作用。因此，唯物辩证法认为，要树立全局观念，办事情要从整体着眼，同时要抓好局部，使整体功能得到发挥。

国家审计工作立足宏观全局，坚持微观查处和揭露，是国家审计本质"免疫系统"论的必然要求。"免疫系统"功能的实现，要求审计机关必须着眼于国家经济社会运行的宏观全局。同时，国家审计立足宏观全局，坚持微观查处和揭露，是当前党和政府对国家审计提出的基本要求，也是社会公众对国家审计工作的希望和要求。立足宏观全局与坚持微观查处和揭露都是国家审计发挥作用所不可或缺的，二者是相互联系的、统一的。国家审计服务于国家治理目标的实现，要求国家审计在微观查处与揭露中不能简单地就事论事，而要运用系统思维，从制度、体制和政策层面分析问题与矛盾，找准原因，提出解决问题的建议和对策。

国家审计工作立足宏观全局，坚持微观查处和揭露，要求审计机关用宏观全局的眼光和思想去统领对每一个微观单位和每一个微观项目的审计，以此来加强对个案的查处，注重揭露和分析微观问题，从而提高审计工作的深度，并以这些微观的个案和问题为基础，从完善体制、制度和机制层面提出高层次的解决问题的建议。这也可以说是审计工作要从一个个微观的"点"形成一条"线"，最后构成一个宏观全局的"面"。

四、立足主动性，坚持适应性

国家审计立足主动性和坚持适应性是从不同角度对审计工作提出的要求。国家审计立足主动性，是指审计机关以积极主动的姿态对待客观需求和审计环境变化，即审计机关和人员努力调动主观能动性，"不待外力推动而行动"，积极主动地介入社会经济活动运行，通过审计工作推动改革和促进发展。国家审计坚持适应性，是指在经济社会运行中，审计工作随着客观需求和审计环境的变化而改变，即审计机关和审计人员按照经济社会发展的需求和环境要求，调整审计工作的目标、内容、重点、组织方式和技术方法，更好地满足经济社会发展的需求和应对审计环境变化的挑战。

国家审计立足主动性和坚持适应性，都是国家审计作为国家治理这个大系统的一个重要组成部分，发挥其"免疫系统"功能所必需的，二者不可偏废。没有适应性的主动性和没有主动性的适应性，都是片面的、没有意义的。立足主动性强调的是发挥主观能动性，积极创造性地开展工作；坚持适应性强调的是遵循客观规律和要求，使主观和客观相统一。

国家审计立足主动性，要求审计机关主动融入国家经济社会发展全局，主动按照形势发展的要求调整工作思路和重点，主动改进工作方式方法，主动揭示风险隐患，主动纠正和查处违法违规问题，主动分析产生问题的原因并提出审计建议和意见，即着眼于长远和制度层面，更加主动地感受风险，更加主动地揭示问题，更加主动地提出调动各种资源抵御病害的建议。国家审计坚持适应性，要求审计机关认清审计工作面临的新形势，了解和掌握政府和部门的新要求，以及广大人民群众的新期望，并努力去适应这些新形势、新要求和新期望。

五、立足开放性，坚持独立性

我国宪法第九十一条明确规定，国务院设立审计机关，对国务院各部门和地方各级人民政府的财政收支，对国家的财政金融机构和企业事业组织的财务收支，进行审计监督。审计机关在国务院总理领导下，依照法律规定独立行使审计监督权，不受其他行政机关、社会团体和个人的干涉。国家审计的独立性包括组织上的独立、人员上的独立、工作上的独立和经费上的独立四个方面。国家审计坚持独立性，是指审计机关在组织、人员、工作和经费上保持独立，即审计机关必须是独立的专职机构；审计人员与被审计单位不存在经济利害关系，不参与被审计单位的经营管理活动；审计人员要依法独立行使审计监督权，作出审计判断，表达审计意见，提出审计报告；审计机关应有自己专门的经费来源等。

从系统论来看，国家治理是一个大系统，国家审计是国家治理这个大系统中的监督控制系统。在国家治理中，需要不同的机构分别担负起决策、执行和监督控制的职责，从而形成相互联系、相互作用和相互依赖的决策系统、执行系统和监督控制系统。国家审计通过依法用权力制约权力，服务于国家治理的决策系统，对国家治理的执行系统实施监督和约束，不仅有自身工作的目标和运动规律，同时需要与国家治理这个大系统的其他子系统既相对独立又相互开放。国家审计立足开放性，是指审计机关和审计人员要把审计工作融入党和国家工作大局，扩大与有关方面的联系和交流，以便进一步增强审计工作的客观性和权威性。一方面，要获取外部有关方面的大力支持和配合，促进审计工作效果最大化；另一方面，要借鉴其他领域乃至其他国家和地区的经验，促进审计工作水平不断提高。包括审计机关制订计划和方案必须考虑党委、政府、人大、政府各部门和社会各界的需求，开展现场审计和实施处理处罚必须借助审计对象和相关部门的协助或配合，审计产品或信息必须及时向有关单位或部门通告和向社会公开。

从审计本质要求的角度讲，没有独立性，就没有审计，审计工作不能排除来自各个方面的干扰，就难以发挥揭示、抵御和预防功能。国际审计组织也十分重视和强调保持审计独立性。世界审计组织关于最高审计机关独立性的墨西哥宣言重申了审计保持独立性的重要意义和应坚持的八项原则[1]。没有开放性，审计发现的问题、提出的建议、形成的信息只在审计系统内部循环，审计的揭示、抵御和预防功能的发挥就不彻底。在实际工作中，审计机关和审计人员在坚持独立性的同时，要与有关部门、主管机关、研究单位、被审计单位密切协作，审计人员与其他相关人员密切结合，充分听取意见，才能使揭示问题更加准确、抵御矛盾更加彻底、预防风险更加有效。

在当前的审计实践中，在审计计划、审计实施、审计处罚和审计公开等方面，立足开放性和坚持独立性仍然存在不少问题，有待改进。例如，在坚持独立性方面，一些审计机关还没有完全做到在同级政府行政最高首长领导下独立地履行审计监督职责，在"审什么"和"怎么审"等问题上还没有完全做到独立地作出决定，在审计处理时还存在不能排除干扰的现象，还不能完全依法实事求是地报告审计结果和提出审计建议，等等。在立足开放性方面，一些审计机关没有做到或没有完全做到在制订审计计划时充分听取有关部门和社会各界的意见和建议，在审计实施中充分利用各种审计资源、社会资源，在作出审计结论和进行审计处理处罚时充分听取审计对象的意见，在审计公开方面，审计监督与其他监督形成合力，等等。

当前，体现国家审计"立足开放性、坚持独立性"这一特征，要求各级审计机关重点把握好"立足开放性"：

一是必须紧密围绕中心，自觉地开放审计产品的供给市场。也就是说，党委、政府、人大、老百姓需要审计机关生产什么、开放什么，审计机

1　INTOSAI,MEXICO DECLARATION ON SAI INDEPENDENCE, 资料来源：www.intosai. org/en/documents.

关就生产什么、开放什么。

二是必须胸襟宽阔、超越自我。也就是说，各级审计机关在推进审计工作发展进程中的每一个台阶上，都不能自我满足，要勇于超越既有的工作水平和工作模式，不断改革，创新发展。

三是必须开放审计过程，自觉接受社会各方面的监督，包括审计计划的制订、审计项目的实施、审计报告和审计信息的形成等，都应当在保守党和国家秘密、商业秘密和个人隐私的前提下，依法向社会公开。只有充分、认真听取各方面的意见和建议，接受各方面的监督，才能保证审计的公平、公正、质量和效果，也才能增强审计的公信力。

四是充分利用各种资源，形成监督的合力，包括利用社会上的工程技术人员等来弥补审计机关专业人才不足、改善人员结构不合理的状况，在审计过程中，充分利用经过检验确认是可靠和可信的内部审计资料和成果，在进行审计工作规划和决策时，充分利用审计科研所、审计学会等机构、社会团体的研究成果等。

五是继续推进审计结果公告制度，进而完善审计公开制度。实践证明，审计结果公告制度对于提升审计的效果具有重要意义。随着部门预算的公开，审计结果公告的力度会进一步加大，从公告的内容到公告的方式都将发生根本性的变化。各地审计机关都要从实际情况出发，积极推进审计结果和整改情况的对外公告，逐步推进审计公开制度；审计机关作为行政公开透明的重要推动力量，要带头公开部门预算，不仅公开部门预算的执行情况，还要公开审计工作的绩效情况，以审计公开的实际行动切实推进行政公开和透明。

六、国家审计工作的方针

我国国家审计的上述五个特征，都对现阶段审计机关有效开展审计工作提出了明确要求。为充分发挥国家审计的"免疫系统"功能，实现国家审计的目标，满足这些特征要求，审计工作必须继续坚持"依法审计、服务大局、围绕中心、突出重点、求真务实"的方针。

多年来我国国家审计的发展实践证明，这一方针符合我国国情和审计工作实际，是行之有效的。因此要一以贯之地坚持下去，并在实践中不断加以丰富和完善。

"依法审计"是审计工作必须始终坚持的法治精神。坚持"依法审计"，要求审计机关和审计人员必须以宪法有关规定为最高依据，按照法律的授权和法定的职责、权限、程序，进行审计监督，规范审计行为。

"服务大局、围绕中心"是审计工作必须始终坚持的战略定位，是审计工作不断适应中国特色社会主义事业发展要求的正确选择。"服务大局"就是服务于经济社会发展的大局和广大人民群众的根本利益，"围绕中心"就是围绕党和政府的工作中心。坚持"服务大局、围绕中心"，要求审计机关和审计人员必须在审计工作中从经济社会发展的大局和广大人民群众的根本利益出发，站在更高层面上，发现和查出问题，有针对性地提出堵塞漏洞、加强管理、促进改革、完善制度的建议。只有这样，审计工作才能得到党和政府的重视和信任，得到社会公众的支持和认可。

"突出重点"是审计工作必须始终坚持的重要方略，也是应对审计风险的一种有效策略和方法。坚持"突出重点"，要求审计机关和审计人员必须在审计工作任务繁重的情况下，牢牢抓住事关经济社会发展大局，事关民生、民主法治和反腐倡廉建设的重点、热点和难点问题，找准对全局、对未来具有重要影响的问题，找准引发"火情"的"火源"所在，而后区分轻重缓急，集中力量进行审计，发挥好审计的"免疫系统"功能。

"求真务实"是审计工作必须始终坚持的思想作风和工作作风。坚持"求真务实"，要求审计机关和审计人员必须在审计工作中坚持实事求是、客观公正，真抓实干，干出成效；以发展的眼光认识和处理问题，进而促进制度、体制和机制的健全和完善，确保党和国家的路线方针政策全面贯彻执行，确保各项发展目标顺利实现。

参考文献

［1］李金华主编．审计理论研究[M]．北京：中国审计出版社，2001．

［2］石爱中，胡继荣．审计研究[M]．北京：经济科学出版社，2002．

［3］于明涛主编．社会主义中国审计制度的创建[M]．北京：中国审计出版社，1999．

第五专题　审计方式研究

审计方式是指审计机关开展审计活动的形式和方法。研究审计方式的目的在于促进合理有效地使用各种审计资源，改进组织管理模式，不断提高审计质量、效率和效果。传统的审计方式一般以事后审计、就地审计和手工审计为主，而且往往是孤立和单一的。随着审计工作的不断创新和发展，现代审计在审计方式上逐步呈现出多样化，而且往往是多种审计方式有机融合在一起。本专题从我国审计工作的实际出发，研究、探索和总结具有中国特色、符合审计工作发展规律、各级审计机关普遍运用的几种审计方式，包括专项审计调查、跟踪审计、财政审计大格局、统一组织大型审计项目和信息化条件下审计组织方式。

一、专项审计调查

专项审计调查作为具有中国特色的一种重要审计方式，在我国各级审计机关得到普遍认同和广泛运用。《审计署2003至2007年审计工作发展规划》明确提出，在审计内容和审计方式上要坚持审计与专项审计调查并重，逐步提高专项审计调查的比重，每年开展的专项审计调查项目要占整个项目的一半左右。近年来，各级审计机关积极探索和开展专项审计调查工作，取得了明显成效，也积累了有益经验。实践证明，专项审计调查既是具有中国特色的一种独立审计业务类型，又是一种特定的审计方式，同时还是开展绩效审计的主要实现形式。

（一）专项审计调查的概念

1. 专项审计调查的由来

作为我国一种特有的审计业务类型和特定的审计方式，专项审计调查是伴随着新中国审计监督制度的产生而产生，并随着我国审计事业的发展而不断丰富完善的。早在我国社会主义审计监督制度建立之初的1984年，审计机关就开始开展审计调查活动，这可以说是专项审计调查的雏形。随着审计工作的发展，审计调查活动在审计工作中的重要性越来越突出，为此，审计署开始专门进行部署，要求各级审计机关在一定范围内开展审计调查活动，提出审计建议，供政府及有关部门进行宏观决策和改进工作参考。审计署的这一部署、要求以及各地相继开展的丰富多彩的审计调查实践活动，为进一步形成和完善具有中国特色的专项审计调查制度发挥了积极作用。经过各级审计机关一段时间的实践和提炼，最初的审计调查、专题调查、专题审计调查等多个不同名称逐步归并、统一，最终称之为专项审计调查。

与此同时，随着审计机关专项审计调查实践的不断深入，与专项审计调查有关的法律法规制度也相继建立和完善。1994年颁布的审计法第二十七条第一次明确了专项审计调查的法律地位，使之成为我国审计机关的一项法定职责。为了更好地适应专项审计调查的发展需要，审计署随后还专门制定了有关专项审计调查方面的规范和准则，在《审计署2003至2007年审计工作发展规划》以及《审计署2006至2010年审计工作发展规划》中，都明确提出要坚持审计与专项审计调查并重，每年开展的专项审计调查项目要占整个项目的一半左右。

以上这些规定和要求，为各级审计机关广泛开展专项审计调查提供了法律保障和业务指导，有效促进了专项审计调查工作的不断发展。

2．专项审计调查的概念

我国于1994年颁布的审计法之所以规定专项审计调查这项职责，是借鉴了美国等国家绩效审计调查的做法。世界审计组织、国际会计师联合会以及美国等一些国家，在其审计业务分类中没有专项审计调查这种业务类型，它也不是一种普遍运用的工作方式。其他个别国家政府审计虽有开展审计调查活动的提法，但其内涵与我国审计机关开展的专项审计调查也不尽相同。

根据我国现有审计法律制度规定，专项审计调查是与审计并重的一种独立审计业务类型；同时，它也是一种有效的审计监督方式，即通过审计调查的手段来实现特定的审计目标。由此可见，专项审计调查已经成为我国特有的审计业务类型和独特的审计方式。

1994年颁布的审计法明确了审计机关开展专项审计调查的法律地位，并赋予了其特定的内涵和要求。审计法的这一规定从立法层面明确了审计机关开展专项审计调查的职责和权限，即"审计机关有权对与国家财政收支有关的特定事项，向有关地方、部门、单位进行专项审计调查，并向本级人民政府和上一级审计机关报告审计调查结果"。这一规定具有明显的局限性：一是没有明确专项审计调查的程序和方法；二是把专项审计调查的范围限定在"与国家财政收支有关的特定事项"内，与财务收支有关的事项被排除在外，调查的范围过窄，这就限制了专项审计调查的开展。

2001年审计署颁布的《审计机关专项审计调查准则》中明确规定："本准则所称专项审计调查，是指审计机关主要通过审计方法，对与国家财政收支有关或者本级人民政府交办的特定事项，向有关地方、部门、单位进行的专门调查活动。"审计署的这一规定明确了专项审计调查可以运用审计的方法，但调查程序问题仍然没有解决；同时将专项审计调查的范围扩展为"与国家财政收支有关或者本级人民政府交办的特定事项"。

2010年新修订的审计法实施条例根据专项审计调查的实践需要，对审计法关于专项审计调查职责规定进一步细化为："审计机关可以依照审计法和本条例规定的审计程序方法以及国家其他有关规定，对预算管理或者国有资产管理使用等与国家财政收支有关的特定事项，向有关地方、部门、单位进行专项审计调查。"审计法实施条例的这一规定，比较好地解决了目前专项审计调查立法上存在的局限性，有利于促进专项审计调查工作的健康发展。

综上所述，可以将专项审计调查的概念界定为：审计机关依照审计法律法规及国家有关规定，主要运用审计的相关程序和方法，对预算管理或者国有资产管理使用等与国家财政收支有关的特定事项，向有关地方、部门、单位进行的专门调查活动。

3．专项审计调查的组织形式

审计机关在实际开展专项审计调查工作中，一般采取单独确定专项审计调查项目和结合审计项目开展专项审计调查两种组织形式。

一是单独开展专项审计调查。这种调查是根据特定的目的、范围和时间，对某一经济事项、某一系统、某一行业或某一问题中众多审计调查对象所进行的审计调查。它的主要特点是根据专项审计调查的目的和已掌握的线索、疑点，确定审计调查的对象和范围，并根据不同的对象和范围，采取不同的程序和方法进行审计调查；它既有特定的内容范围，即只涉及某一方面的问题，又有特定的时间范围，即只要求在此时间范围内完成与审计调查事项有关的目标与任务。采用这种调查方式，可以使审计调查方向明确、目标集中、重点突出，便于针对问题实施追踪，发现深层次问题；可以适应各级领导了解情况，及时发现和纠正经济的、行政的以及政策法规执行方面存在的问题的要求。

二是结合审计项目开展审计调查。即对审计项目所涉及的有关特定事项一并开展专项审计调查，并在此基础上进行综合分析和归纳，向政府及有关部门反映情况、问题和提出审计建议。审计机关结合审计项目开展专项审计调查，应当在审计结束后，将审计报告中反映的有关情况与调查结果一并汇总，形成专项审计调查报告。结合审计项目开展审计调查，不仅解决了重复进点的问题，即可以一次进点、完成两项或多项任务，而且可以通过共享数据与信息，提高审计和专项审计调查的质量、深度和效率。

（二）专项审计调查的特点

专项审计调查作为一种特有的审计业务类型和审计方式，既不同于其他行业的调查，也不同于一般的项目审计，而是具有目标宏观、范围广泛、针对性强、程序方法灵活等特点。

1．目标的宏观性

审计和专项审计调查虽然都是审计机关发挥审计监督职能作用的重要方式，但二者的目标不同，具体发挥作用的侧重点也不同。相对而言，审计主要是针对各个具体的项目和单位，其目标主要是对被审计单位财政财务收支的真实、合法、效益性进行确认和评价，侧重于发现问题，纠正和处理存在的问题。而专项审计调查主要是针对经济社会发展和改革过程中带全局性、普遍性、倾向性、苗头性的特定事项进行系统调查了解和分析研究，向政府及有关部门反映情况、揭露问题，从体制、机制和制度层面分析原因，提出加强管理、完善法规制度的建议，为各级政府及有关部门决策提供依据，为国家宏观调控服务。因此，专项审计调查的目标更加宏观，更有利于发挥审计监督的建设性作用，能够在更高层次上发挥审计的宏观决策服务作用。

专项审计调查目标上的宏观性，要求在选题立项、调查取证以及分析问题、形成调查结论等方面都要强化宏观意识。在选题方面，要围绕党和政府工作中心，精心选题，重点选择那些对经济社会发展有较大影响、群众普遍关心、社会普遍关注的热点难点问题实施审计调查。在调查取证中，不能"眉毛胡子一把抓"，而要从宏观着眼、微观入手，对那些带有苗头性、倾向性的问题，从宏观的角度加以剖析，透过现象看本质，从中筛选出涉及社会经济发展全局的典型性问题作为调查取证的重点。在分析情况、形成调查结论的过程中，对收集到的各种材料要认真归纳分类，站在宏观角度进行系统分析，由表及里，从中发现典型经验和事关宏观经济发展的普遍性问题，并找出问题的原因和解决问题的办法。

2．内容的针对性

一般来讲，审计的内容比较全面，都要对被审计单位的财政财务收支及其有关经济活动进行全面审计和评价，对审计发现的财政财务收支方面的违法违规问题都要予以揭露和反映。而专项审计调查主要是围绕与预算管理或者国有资产管理使用等国家财政收支有关的特定事项来进行的。所谓专项审计调查的"专项"，意味着调查内容更集中，即一次只调查特定时间范围内的特定事项。在专项审计调查的实际工作中，审计机关可以围绕领导关注的焦点、社会关注的热点和改革中的难点等问题，或者针对审计发现的带有普遍性、倾向性和苗头性问题，从中选择确定专题，集中目标，明确方向，有的放矢，对不同地方、部门、单位就同一专题或事项进行广泛深入调查，以达到揭示或解决问题的目的。与审计相比较，专项审计调查的内容更集中、更专一、更具体、更典型、更有针对性。

专项审计调查内容的针对性，要求必须科学合理选择调查题目，明确目标，有的放矢。首先，要多方了解各种需求，充分占有各方面信息，选准选对调查的题目，防止面面俱到和贪大求全。其次，要明确调查的目标，突出调查的重点内容、重点环节和重点单位。再次，要集中审计资源，有的放矢，深入分析，深度挖掘，确保审计调查的深度。

3. 范围的广泛性

一般而言，审计的范围主要针对某一特定单位或者项目，除必要时向其他单位和个人调查取证外，较少涉及被审计单位以外的单位和个人，因而对象范围比较窄，获取的情况和查实的问题比较单一。而专项审计调查为了达到使其结果可信且具有说服力，其调查的范围必须有一定的数量和覆盖面。专项审计调查范围的广泛性，主要体现在调查对象和资料来源两方面。从调查对象上看，凡是与被调查事项有关的地方、部门、单位和个人都属于专项审计调查的范围。从资料来源上看，它既可以是从被调查单位账册、报表中收集的财务会计数据，也可以是非财务会计数据，还可以是通过调查走访有关人员等方式收集到的与被调查事项有关的其他资料。

专项审计调查范围的广泛性，要求必须合理确定调查范围，保证调查结论的准确性。从理论上讲，调查的面越广，所掌握的情况越接近实际，调查结果的准确性就越高，形成的调查结论也就越有说服力；反之，就可能使调查结论与事实产生误差，形成审计风险。但在实际工作中，审计调查范围受审计机关人力、财力等因素的影响，不可能对所有与被调查事项有关的单位和个人进行全面调查，而只能根据实际情况，运用审计抽样理论从调查总体中选择一部分进行调查。因此，在确定审计调查范围时，必须坚持以下两个原则：一是在确定审计调查面时，如果调查成本允许，调查范围应尽可能大一些，使调查结果最大限度反映事物的全貌，以保证审计调查结论的准确性。二是在选择具体调查对象时突出重点，注重调查对象的代表性，为此，可以将所有与被调查事项有关的单位分成若干类，从每一类中选择若干有代表性的单位进行实质性调查，从中找到事物的内在联系和发现共性问题，形成准确度高、说服力强的审计调查结论。

4. 方法的灵活性

专项审计调查将审计方法和调查方法有机结合起来，既可以通过审计掌握面上的总体情况，又可以通过调查了解掌握更多具体的活情况；既可以是单独的专项审计调查，也可以是结合项目审计的审计调查；既可以通过审核被调查单位的会计、统计资料，也可以通过召开座谈会和走访有关单位、个人，以及向有关单位、个人发放审计调查表等方式来进行。

专项审计调查方法的灵活多样性，要求根据具体情况采用最适当的方法，以保证调查的高质量和低成本。一般来讲，要根据被调查事项在全局中的地位和影响范围，以及调查的难易程度来确定调查的方法。对影响经济发展全局的事项，要进行全面系统的详细调查，对其他事项则可以进行抽样调查；对具有代表性的被调查单位，应采用实地调查，对其他被调查单位则可采用问卷式调查。

5. 反映情况的及时性

专项审计调查的目的主要是为政府及有关部门宏观管理和决策提供依据，调查结果依法应当报告本级人民政府和上一级审计机关。因此，审计机关作出审计调查结论和提出审计调查建议的时效性尤为重要，即必须在政府及有关部门作出决策之前提出，否则就会错过时机，使专项审计调查失去应有的价值。增强专项审计调查的时效性，不仅有利于决策层及时了解掌握情况，采取措施纠错防弊，制止相关问题的蔓延，而且可以通过及时完善法律制度，从根本上防患于未然，从源头上解决问题。

专项审计调查的时效性，要求必须注重审计调查的工作效率，及时反映财政经济领域的苗头性和倾向性问题。为了使审计调查结果最大限度地为政府及有关部门决策所采用，应从以下两方面来保证审计调查的时效性：一是审计调查的选题要有时代感和预见性。要根据社会经济发展的现状，分析和把握社会经济发展的总体趋势，紧紧围绕党和政府的工作中心，选择财政经济领域中存在的普遍性和苗头性问题开展专项审计调查。二是提高工作效率。在调查取证、分析整理资料、作出审计调查结论、出具审计调查报告等环节都要提高工作效率，争取以最快的速度、用最短的时间，将审计调查结果及时向党委、政府等经济决策部门报告。

（三）专项审计调查的程序

专项审计调查程序与审计程序总体上是一致的，但在具体流程和要求上与审计还是有一些区别的，主要表现在审计调查立项和审计调查结果两个方面。

1．审计调查立项

专项审计调查能否取得成效，调查结果能否引起有关领导和决策者的重视，很大程度上取决于调查项目立项是否合理。因此，编制专项审计调查项目计划是开展审计调查的一个重要环节。审计调查项目的确定，应当遵循审计法及其实施条例的原则规定，紧密围绕属于预算管理或者国有资产管理使用等与国家财政收支有关的特定事项来进行，同时这些事项应当是政府、社会都关心的焦点、热点和难点问题，或者是审计中已经发现的带有普遍性、倾向性、苗头性问题，而且审计机关对这些事项的调查确能发挥宏观性、建设性作用，审计调查结果具有一定影响力，能够充分发挥服务宏观决策的作用。

国家审计准则对适合安排专项审计调查的项目提出了指导性意见，规定对于预算管理或者国有资产管理使用等与国家财政收支有关的特定事项，符合下列情形的，可以考虑进行专项审计调查：一是涉及宏观性、普遍性、政策性或者体制、机制问题的；二是事项跨行业、跨地区、跨单位的；三是事项涉及大量非财务数据的；四是其他适宜进行专项审计调查的。

在专项审计调查立项过程中，还应当准确把握审计与专项审计调查的区别和联系。例如，切忌单纯为了满足审计工作五年发展规划提出的审计与审计调查并重的要求，把以监督财政财务收支真实、合法和效益为主要目标的审计项目，确立为专项审计调查项目。

2．审计调查结果

专项审计调查现场工作结束后，调查组应抓紧汇总调查取证材料，适时召开审计调查情况汇报会议，交流调查情况，讨论调查中发现的主要问题，分析问题的原因，研究解决问题的建议与对策，起草、修改审计调查报告。专项审计调查报告除应符合一般审计报告的要素和内容要求外，还应当根据专项审计调查目标、重点，分析宏观性、普遍性、政策性或者体制、机制问题，并提出改进建议。对于专项审计调查发现的问题需要被调查单位整改的，还应当在专项审计调查报告中提出整改要求，明确整改期限，并要求被调查单位及时将整改情况书面报告审计机关。审计调查组向审计机关提交专项审计调查报告之前，应征求被调查单位的意见，就报告中所列的问题和情况作进一步核实，必要时应当对专项审计调查报告进行修改或补充。

专项审计调查报告的复核、审理和审定、送达的具体程序和要求，按照规定，比照审计报告的办理。

审计调查组在专项审计调查中，对依法属于审计机关审计监督对象的部门、单位有违反国家规定的财政收支、财务收支行为或者其他违法违规行为的，应当按照规定的程序出具审计报告，及时报告审计机关，审计机关应依法作出相应的处理处罚。其中，对属于本机关法定职权范围的，可直接进行处理处罚；对不属本机关法定职权范围的，应移送相关部门和单位。

（四）专项审计调查应注意的几个问题

为了充分发挥专项审计调查的优势，避免混淆专项审计调查与审计，在开展专项审计调查过程中，应特别注意以下四方面问题。

1. 明确专项审计调查的目标

审计机关开展专项审计调查时，必须确定审计调查的目标。专项审计调查的目的主要是调查了解有关地方、部门和单位财政财务收支所依据的特定政策、法律法规的执行情况，或者特定资金、项目的运作和行业状况，进而从体制、机制和制度层面进行分析，查找政策、制度和管理方面存在问题的原因特别是深层次原因，提出审计调查意见和建议，为政府及有关部门加强宏观经济管理和完善决策提供信息支持。

2. 合理确定专项审计调查的内容

开展专项审计调查时，要根据确定的调查目标选择好调查的内容。一般而言，可以对下列事项进行专项审计调查：国家财经法律法规规章和政策执行情况，行业经济活动情况，有关资金的筹集分配使用情况，本级人民政府交办、上级审计机关统一组织或者授权以及本级审计机关确定的其他事项。

3. 准确把握专项审计调查的对象范围

一是坚持按照审计法确定的审计管辖范围开展审计调查。根据现行审计法律法规规定，专项审计调查的管辖范围与审计管辖范围完全一致，即按照被调查单位财政财务隶属关系或者国有资产监督管理关系划分管辖范围，不能因为专项审计调查涉及的地域广，部门、单位多，就不按管辖范围开展审计调查。二是开展专项审计调查涉及的主要被调查单位，原则上应当是依法属于审计机关审计监督对象的单位。在实际开展调查过程中，审计机关也可以向与被调查事项有关但不属于审计机关审计监督对象的其他单位和个人调查了解情况，这些单位和个人可以不是法定审计监督对象。三是合理把握审计调查的对象范围，在调查成本允许的情况下，尽可能扩大调查的范围；同时，也要注意突出重点，注重调查对象的典型性，以提高审计调查结论的说服力。

4．提供必要的审计资源

相对于项目审计，专项审计调查对审计人员各方面要求更高，不仅要有审计查账的基本知识，更要具备与调查内容相适应的管理知识、专业知识；同时，要善于分析研究问题，提出有高度、有分量的审计意见和建议，要有一定的宏观意识、政策水平和写作能力。因此，审计机关开展专项审计调查时必须考虑审计资源的配备问题，要有足够的时间和人力、财力等审计资源作保证，并尽可能根据确定的专项审计调查目标和任务量，配备与之相适应的审计资源，确保提高工作效率，取得预期的审计调查效果。

二、跟踪审计

跟踪审计作为一种审计方式，最初主要是运用在政府投资审计领域，而后逐步扩展到其他审计领域。《审计署2008至2012年审计工作发展规划》和《审计署"十二五"审计工作发展规划》都明确提出，对关系国计民生的重大建设项目、特殊资源开发与环境保护事项、重大突发性公共事项、国家重大政策措施的执行，实行全过程跟踪审计。2008年以来，各级审计机关在许多领域积极探索开展跟踪审计，积累了有益经验，取得了明显成效，得到了社会各界的普遍好评。实践证明，跟踪审计不仅是开展绩效审计的有效形式，更是发挥审计"免疫系统"功能的重要途径。

（一）跟踪审计的概念和特点

1．跟踪审计的概念

目前，审计理论界和实务界对跟踪审计的概念尚未形成完全一致的结论。一般来讲，跟踪审计是跟随被审计事项同步进行的一种审计方式，判断是否属于跟踪审计，主要看审计是否跟随审计事项的发展过程来实施。因此，跟踪审计是指审计机关依据国家有关法律法规，在相关被审计事项发展过程中的某个环节介入，并跟随被审计事项的发展过程持续进行的一种动态监督活动。

2. 跟踪审计的特点

跟踪审计既有与审计的共性特征，又有自身鲜明的特点。跟踪审计是审计方式上的创新，与审计一样，要始终保持独立性，准确把握自己的定位，合理界定审计与被审计的责任，不参与被审计单位的业务活动和生产经营活动，以防范审计风险。

跟踪审计的特点主要体现在：

（1）审计目标的预防性。跟踪审计不仅关注被审计事项的结果，更加关注被审计事项发展过程，强调及时发现问题、及时提出整改意见，更加注重预防，更体现发挥审计的"免疫系统"功能。跟踪审计的目标侧重于，促进审计事项的顺利发展，保障"不出问题，少出问题，至少不出大问题"。

（2）审计介入的及时性。不同于在被审计事项结束后实施的审计（在时间上具有滞后性），跟踪审计介入时间早，关口前移，强调与被审计事项的发展同步，以至于贯穿被审计事项发展的全过程。

（3）审计过程的持续性。跟踪审计全过程介入被审计的事项，实行全过程监控，体现了审计过程的持续性，提高了审计监督的频率，形成了不同时点对同一事项的多次审计监督，审计的周期一般比较长，到现场的次数比较多，有的甚至常驻现场。

（4）审计内容的广泛性。一般来讲，跟踪审计是全方位的审计监督，除了审查财政财务收支的真实合法性之外，更加关注被审计事项的管理和绩效情况，审计的范围和内容更加广泛、全面。

3. 跟踪审计的具体形式

根据被审计事项的不同特点和审计资源状况，审计机关在开展跟踪审计过程中，可以选择采用定期跟踪、定点跟踪和驻场跟踪等不同的具体形式。其中，定期跟踪是指审计组将被审计事项的全过程划分为若干阶段，并对这些阶段定时或分期进行审计；定点跟踪是指审计组将被审计事项的工作划分为若干环节，并从中选择一些重点环节进行审计；驻场跟踪是指审计组常驻被审计单位现场，与被审计事项的发展同步进行审计。审计机关对拟采取跟踪审计方式实施的审计项目，应当在年度审计项目计划中列明跟踪审计的具体方式和要求。

（二）跟踪审计的定位和优势

1. 跟踪审计的定位

在明确了跟踪审计的概念、特点和形式的基础上，为了更加全面准确地理解跟踪审计，还必须深入分析和把握跟踪审计的定位。

（1）跟踪审计是一种审计方式。一般认为，我国审计机关的审计业务类型主要包括审计和专项审计调查，其中审计可以划分为财政财务收支审计和绩效审计。此外，经济责任审计是具有中国特色的审计业务。可以说，财政财务收支审计、绩效审计和经济责任审计都是一种独立的审计业务类型。而专项审计调查既是一种独立的审计业务类型，也是一种特有的审计方式。跟踪审计则不然，它仅仅是一种独特的审计方式，而不是一种独立的审计业务类型。跟踪审计这种审计方式的突出特点，是审计介入的时间在被审计事项发展的过程中，审计的实施过程与被审计事项的发展过程同步。当然，财政财务收支审计、绩效审计和专项审计调查，与跟踪审计并不相互排斥，在实际工作中，它们都可以采用跟踪审计的方式。

（2）跟踪审计的基本功能仍然是独立监督。如前所述，跟踪审计强调关口前移，介入时间早，介入范围广，介入程度深，体现了审计实施与被审计事项的发展同步，具有显著特点和明显的优势。在实施过程中，应保持审计的独立性，防止偏离监督者的定位，充当管理者的角色，导致审计职能的越位或者错位。比如审计不应对是否应该立项等管理决策事项发表意见；不应为被审计单位的具体业务事项提供咨询意见；不应帮助被审计单位编标、计量、作材料认质认价等，直接参与被审计单位的具体管理活动或生产经营活动，既充当监督者又充当管理者，混淆审计责任与管理责任。

(3) 跟踪审计是发挥审计"免疫系统"功能的有效途径。发挥审计"免疫系统"功能是审计工作融入经济社会发展大局的必然要求。传统的审计有时难以及时发现问题，致使许多违法行为成为既定事实，造成的损失无法挽回，提出的审计意见或建议只能对未来起到借鉴或警示作用。跟踪审计由于介入时间早，介入范围和内容广，介入程度深，与被审计事项的发展同步，因而能够及时发现问题，查找出管理上的漏洞。跟踪审计的目标是把问题消灭在萌芽状态、解决在过程之中，使被审计单位和被审计事项不出问题或者少出问题，至少不出大的问题。跟踪审计更侧重于预防，更能体现审计的"免疫系统"功能。

2. 跟踪审计的主要优势

传统的审计方式主要是事后的静态审计，介入时间滞后，介入形式被动，虽然可以分清审计与被审计的责任，促进节约资金、提高效益，但对被审计事项发展的过程未跟踪，不能或难以及时发现问题，致使许多违法行为成为既定事实，造成的损失无法挽回，只是秋后算账、亡羊补牢，不利于从根本上研究解决问题。这是传统审计方式固有的局限性和不足。

跟踪审计强调关口前移，全程监控，可以把问题消灭在萌芽状态；在被审计事项进行中介入，可以及时掌握信息，发现管理的薄弱环节和存在的问题，提出有针对性的建议；跟踪审计介入内容全面，这种全方位的审计监督，拓展了审计思路，拓宽了审计领域，深化了审计内容，可以有效发挥审计的"免疫系统"功能。因此，跟踪审计是现代审计的一种新方式，是传统审计方式的发展与完善，实现了从静态的被动审计向全过程动态审计的转变。

跟踪审计在实践中也遇到了挑战，主要是：在开展跟踪审计的实际工作中，有时容易出现审计责任与被审计单位的管理责任难以区分的情况；实施的时间一般比较长，工作量比较大，审计成本比较高；对审计技术方法的要求更高，现有审计人员的素质有的难以适应；在聘请社会中介机构和相关专业人员比较多的情况下，加大了对这些机构和人员在保密和廉政等方面管理的难度和审计风险；对审计成果和审计人员业绩考核评价提出了新的要求。

（三）跟踪审计的程序

跟踪审计程序有如下方面的特点：

1. 审计立项

确立跟踪审计项目，除上级交办的以外，通常要同时考虑三方面因素：第一，是否需要采用跟踪审计的方式。从理论上讲，所有的审计项目都可以采用跟踪审计的方式，但由于种种原因，在实际工作中并不是对所有审计项目都需要开展跟踪审计。对那些需要而且可以进行跟踪审计的事项才可立项。第二，是否能产生预期的效益。对那些能够产生经济效益和社会效益、宏观效益和微观效益的事项才可立项。第三，是否能控制审计风险。对那些审计风险能够得到有效控制、审计质量有保证的事项才可立项。

对于采取跟踪审计方式实施审计的跨年度项目，在第一年立项的以后年度，应作为"续审"项目列入相应年度的审计项目计划。

2. 审计方案

审计机关统一组织的由多个审计组共同实施的某一跟踪审计项目，或者分别实施的同一类跟踪审计项目，应当编制该项目或者该类项目的审计工作方案，再由相关审计组据此制订跟踪审计实施方案。跨年度或者多次实施的跟踪审计项目，审计机关和相关审计组应在审计起始年度或者首次实施审计时，制订审计工作方案和审计实施方案，对跟踪审计项目全过程作出统一和全面安排，在后续各年度或者以后各次审计时，另行制订年度或各次审计工作方案和审计实施方案。

审计机关在编制审计方案前，应当详细调查被审计单位和被审计事项的整体情况，分析研究从调查中得到的有关资料，合理确定审计目标、内容和重点。被审计单位的整体情况，一般包括财政财务隶属关系，被审计单位的基本职责和业务范围，被审计单位的主要业务活动和内部控制情况，被审计单位的专业特点等。被审计事项的整体情况，除了包括相关政策背景和目标外，重点是资金的来源、规模及其管理运作程序等。

后续各年度或者第二次以后的各次审计，要注意与已经开展的审计相衔接，包括保持审计人员的相对稳定，防止人员过多或者过于频繁地更换；充分利用已经开展的审计所掌握的情况及审计资料，防止审计前后脱节，更不能无根据地使审计认定等前后矛盾；把此前审计的整改情况纳入本次跟踪审计的重要内容，予以督促落实和检查核实。跟踪审计工作方案和审计实施方案的编制审批程序、内容重点和工作要求等，与一般的审计无明显的区别。

3. 审计通知

根据跟踪审计的实施次数多、时间跨度长的特点，审计机关可以在跟踪审计起始年度或者第一次审计时，一次性制发审计通知书，并在其中列明跟踪审计的具体方式和要求，明确以后跟踪审计的大体频率和期限等，后续各年度或者第二次以后各次审计时不再另行制发审计通知书，也可以视需要每次审计制发审计通知书。

4. 审计结果

跟踪审计实施阶段，审计机关可以通过"审计情况通报"的形式，及时向被审计单位及其主管部门通报跟踪审计情况、审计发现的问题，并有针对性地提出跟踪审计的意见和建议，要求其举一反三进行整改。为简化操作程序，提高工作效率，经审计机关授权，也可以直接以审计组名义向被审计单位发出"审计情况通报"。为了防范审计风险，确保审计质量，根据具体情况，审计情况通报稿应当履行一定的审计复核、审理和审定等程序。经复核、审理和审定后的审计情况通报，应按规定及时送达被审计单位据此进行整改，并了解掌握被审计单位的整改情况及结果。

审计机关除了在审计实施过程中通过"审计情况通报"形式及时提出

审计意见和建议外，应当在跟踪审计全部结束后出具一份完整的审计报告，全面系统地反映整个跟踪审计的基本情况、审计发现的主要问题、审计意见与建议以及被审计单位的整改情况。审计发现的主要问题包括已经整改的重要问题和尚未整改的问题。跨年度的跟踪审计项目，审计组应在每一年度后向审计机关提交该年度审计报告。年度审计报告一般包括当年跟踪审计的基本情况、审计发现的问题、审计意见与建议以及被审计单位的整改情况。各年度审计报告和审计全部结束后的完整的审计报告，都应当按照审计法律法规和审计准则的规定，严格履行向被审计单位书面征求意见，审计机关复核、审理和审定等相应的程序。

5. 审计归档和公告

审计机关应当要求审计组指定专人按规定进行审计立卷归档。跨年度的跟踪审计项目，审计组可以指定专人负责年度跟踪审计档案材料的收集、整理和保存，也可以待整个跟踪审计项目结束后将其作为一个完整的审计项目进行立卷归档。

审计机关应当按照"边审计、边公告，谁审计、谁公告"的原则，分别在跟踪审计过程中、年度跟踪审计后以及整个跟踪审计项目完成以后，按照审计机关公告审计结果的原则和程序要求公告跟踪审计的结果。其中，审计机关统一组织不同级次审计机关参加的审计项目，其跟踪审计结果原则上由负责该项目组织工作的审计机关统一对外公布。

（四）跟踪审计的类型

跟踪审计按照被审计事项的内容不同，可分为项目跟踪审计、资金跟踪审计和政策跟踪审计三种主要类型。项目跟踪审计是以投资项目、资源环境开发项目等为主要审计内容，如奥运场馆审计、三峡工程审计等；专项资金跟踪审计是以财政或者其他各类专项资金为主要审计内容，如农业综合开发资金审计、社保资金审计等；政策跟踪审计是以相关政策贯彻执行为主要审计内容，如中央扩内需促发展政策措施执行情况及其效果的审计等。

上述对跟踪审计类型的划分是相对而不是绝对的。从审计角度讲，项目、资金和政策三者之间既有联系，又有区别。如果把政策看作是"面"的话，那么项目和资金就是"点"和"线"。"线"由"点"组成，所有"点"和"线"形成"面"。如果照此理解，那么项目是资金运用的载体，资金是项目实施的基本条件，项目的实施和资金的运用是为了实现相应的政策目标。

然而，在实际审计工作中，对项目、资金、政策有时很难严格区分。一个审计事项往往同时涉及项目、资金、政策三方面内容。如专项资金的跟踪审计一般以资金筹集、分配、管理和使用等为主要审计内容，但为了深化专项资金审计，需要对专项资金所涉及的有关项目，或者需要对专项资金的相关政策执行情况进行审计。因此，审计人员应当合理把握项目、资金和政策三者之间的关系，根据实际需要确定审计内容和重点。在开展项目跟踪审计时，审计重点应当是项目的立项、建设以及效果等。同时，也可进行资金管理使用情况的审计，但这种审计应当在关注项目建设的背景下进行。在开展专项资金跟踪审计时，审计重点应当是资金的筹集、分配、使用以及绩效等。同时，为了印证专项资金的使用情况，也可选择部分相关项目进行审计，但这种审计应放在整个资金使用过程中进行。在开展政策跟踪审计时，审计重点应当是政策的执行和效果，以及政策配套措施的制定、执行和效果等。同时，也可根据需要对与政策相关的项目和资金进行审计，但这种审计只是为了印证政策的执行及其效果情况。

三、财政审计大格局

财政审计作为国家审计的永恒主题和基本职责，是推动完善国家治理、维护民主法治的重要制度安排。随着对国家审计本质认识的不断深化，各级审计机关和审计人员不断改进财政审计组织方式，从最初个别项目"单兵作战"逐步发展到多个项目"联合作战"，从探索构建财政审计大格局入手，更加注重审计资源的整合，更加注重各专业审计间的优势互补，更加注重财政审计整体效能的发挥，财政审计工作不断取得新的进展，审计的深度、广度和层次有了较大提高，在推动财税改革、保障经济社会健康运行中发挥着"免疫系统"功能。

（一）构建财政审计大格局的实践

财政作为国家的经济活动，其"收支管平"（即组织收入、安排支出、管理资金、综合平衡）是一个完整的体系。与之相对应，以国家财政为审计对象的财政审计也应当是一个完整的体系，并通过财政审计的完整统一，推动实现国家财政的完整统一。因此，构建财政审计大格局与审计资源整合有着紧密的联系。2003年6月，审计署成立财政审计协调领导小组，探索实行财政审计一体化，整合审计资源。2005年9月，审计署制定《关于进一步深化财政审计工作的意见》，提出财政审计要坚持"统一审计计划、统一审计方案、统一审计实施、统一审计报告、统一审计处理"的"五统一"原则。2008年6月，审计署制定的《审计署2008至2012年审计工作发展规划》中明确提出，要整合审计资源，构建国家财政审计大格局。2009年3月，刘家义在财政审计项目培训班上提出，构建国家财政审计大格局要坚持"四个必须"：必须整合审计计划，必须整合审计资源，必须实行不同审计项目或类型的结合，必须从财政管理体制、制度和财政绩效的高度整合审计信息。2010年7月，在大连召开的全国审计工作座谈会上，刘家义在总结多年来财政审计工作经验的基础上，明确提出要"着力构建目标统一、内容衔接、层次清晰、上下联动的财政审计大格局"，进一步增强财政审计的整体性、宏观性和建设性。

在2009年度的财政审计中，审计署开始研究构建财政审计大格局，探索建立全新的财政审计工作体系，取得初步成效，增强了审计时效性，提升了"两个报告"水平，避免了重复进点现象。在2011年的财政审计中，审计署以县级政府性收支审计调查为平台，配套安排了3个审计项目，更加密切了各审计项目之间的联系。

（二）财政审计大格局的内涵与重点

根据近几年的财政审计实践经验，在中央财政审计层面，财政审计大格局是指在目标指向一致的前提下，各专业审计之间、业务司与派出局之间、业务司与特派办之间，在财政审计项目计划、实施、报告、成果利用、处理处罚、整改等方面形成互动的局面，实现财政部、发改委审计的引领作用和其他专业审计的支持作用。具体而言，需要重点做好四个方面的工作：

1．整合财政审计计划

各级审计机关应围绕政府中心工作及财政改革和管理的现状，研究提出一定时期内财政审计的总体目标和一揽子项目计划，逐步建立重大财政审计项目审后评估制度。审计署在年度审计计划安排上，以受国务院委托向全国人大常委会作审计工作报告的时间为依据，每年集中力量利用6个月左右的时间开展当年预算执行审计，增强财政审计的时效性。在制订年度审计计划时，应统筹考虑国家财政审计的总体目标、审计的内容和重点，避免财政审计各个项目互不搭界、各自为战。

2．整合财政审计力量

各级审计机关应建立财政审计的领导、组织、协调和沟通工作机制，将纳入本级预算执行审计工作总体方案的各审计项目，均衡地落实到各审计业务部门组织实施。加强实施过程中的统筹协调，力争做到对一个被审计单位下发一份审计通知书、安排一个审计组统一实施，减少重复进点审计的问题。

3．整合财政审计方式

应根据项目特点，坚持多种审计类型和方式的有机结合，积极探索和推广多专业整合、多视角分析、多方式结合的财政审计管理办法，以加大审计力度，满足经济社会发展对审计的多方面需求。

4．整合财政审计成果

从加强财政管理、推进财政改革和提高财政绩效水平的高度来整合审计成果，综合反映体制、机制和制度性问题，提出对策建议。进一步研究改进"两个报告"，增强"两个报告"反映内容的宏观性和全面性，探索对预算执行和其他财政收支情况发表整体意见，力求将审计评价、发现的问题及其原因、处理和整改情况等融为一体，更好地为政府加强宏观管理提供依据，为人大及其常委会审查预决算和监督预算执行提供参考。

（三）构建财政审计大格局的路径

1. 完善工作机制，建立财政审计大格局领导协调机构

切实增强领导协调机构的权威性和独立性，建立有效的决策和管理机制，提高协调机构的配置规格，配置专职人员和力量。加大复合型财政审计人才的培养力度，加强对经济形势、财政管理、财政政策等问题的研究分析。在日常工作中，不仅协调各专业审计之间的关系，还要处理地方审计机关在指导、技术、协作等方面的诉求，加强上下级审计机关的协调、配合和互信，形成网络状的有效工作机制，切实提高财政审计效能。

2. 改进计划管理方式，建立动态审计项目库，完善考核评价机制

在财政审计大格局理念下，财政审计是不同审计项目的集合，这些审计项目之间存在协同配合的关系，需要围绕不同时期的财政审计目标，建立体现形势要求的财政审计项目库，制订符合财政审计特点的审计项目计划。建立科学、合理、客观、公正的财政审计考核评价体系，对参与审计项目的单位进行考核，实现对财政审计质量的有效控制。

3. 全面把握财政内涵，完整界定财政审计范围，促进实现全口径预算管理

注重财政管理、财政体制和财政政策效果，将凭借公共权力取得的收入和履行公共职能必需的支出全部纳入财政审计范围。目前，要加强对公共预算、基金预算、国有资本经营预算、社会保障预算等预算执行情况的审计，以促进预算公开、提高预算执行效果、维护财政安全、建立完整的财政预算体系为目标，既注重预算执行的合规和真实，又关注预算执行的效果和公开。

4．建立财政审计方法体系，全面提高财政审计能力

探索建立以"宏观政策——项目（活动）——预算——资金——管理——效果"为核心的财政审计方法体系。在横向上，加强对国家财政收入、支出、管理各要素的审计，并关注各要素之间的联系；在纵向上，审计不同项目所涉及的政策、项目、预算、资金、管理、效果等要素，关注各项政策之间是否协调、预算分配是否公平合理、是否符合财政改革的趋势。

5．建立审计成果共享平台，增强审计成果总体性，提升审计成果的层次

把财政审计项目年度从日历年度调整到报告年度，使"两个报告"成为引领财政审计组织实施的"路标"，成为反映审计成果的主要平台。将各专业审计的成果进行"集成化"和"系统化"加工，增强审计的整体性和宏观性，使各项成果归集为有机衔接的审计成果体系，提升财政审计成果的层次。

四、统一组织大型审计项目

统一组织大型审计项目，是指由上级审计机关统一组织下级审计机关在全国、全省或较大范围共同开展的审计项目。统一组织大型审计项目，通过集中各级审计机关力量对政府关心重视、群众普遍关注的一些重大事项开展审计，可以有效发挥审计监督的合力，提高审计工作的整体性、宏观性和建设性，是审计机关践行科学审计理念，在更高层次上发挥审计监督作用，充分发挥审计"免疫系统"功能，推动完善国家治理的重要途径和抓手。多年来，审计署和地方审计机关开展统一组织大型审计项目，取得了积极的成效，在组织管理方面也积累了一定经验。比如，1998年，按照国务院部署，审计署组织全国审计机关开展了粮食审计，对全国粮食系统新增财务挂账和不合理占用贷款进行了清查，对拟上划中央粮食储备库的资产、负债和损益进行了审计，为促进全国粮食流通体制改革发挥了重要作用。2011年，审计署组织全国审计机关开展了全国地方政府性债务审计，摸清了我国地方政府性债务的底数和形成发展过程，揭示了存在的主要问题和风险隐患，提出了审计建议，为中央加强地方政府性债务管理，建立规范的地方政府举债融资机制发挥了重要的决策参考作用。统一组织大型审计项目，已成为当前我国审计机关的一种重要审计组织方式。

（一）统一组织大型审计项目的特点

相对于具体单位和项目的审计，统一组织大型审计项目在以下方面具有自己的特点：

1．审计任务的政治性、敏感性

统一组织大型审计项目大多属于政府交办事项，领导重视程度高，审计任务的政治性比较强。如1998年粮食审计是贯彻落实全国粮食流通体制改革会议精神、朱镕基总理亲自交办的事项；2011年全国地方政府性债务审计由中央经济工作会议部署、温家宝总理亲自交办，并且写入政府工作报告，国务院还专门制发了审计工作方案。统一组织大型审计项目的审计内容大多涉及国家经济社会安全、民生安全等，比较敏感。如地方政府性债务问题是关系国家经济安全的重大问题，各级政府、社会各界和国际舆论都十分关注。

2．审计目标的宏观性、建设性

对具体单位和项目的审计，其审计目标主要是对被审计单位财政财务收支的真实、合法、效益进行审计，侧重于维护国家财政经济秩序，提高财政资金使用效益等。而统一组织大型审计项目则着眼宏观、立足全局，针对经济社会发展和改革过程中带有全局性、普遍性、倾向性的特定事项进行全面审计，关注重大的体制性障碍、制度性缺陷和管理漏洞，促进建立有利于科学发展的体制机制，促进深化改革和制度建设。因此，统一组织大型审计项目的审计目标更加宏观，更有利于发挥审计监督的建设性作用，能够在更高层次上发挥审计的宏观决策服务作用。如全国地方政府性债务审计的目标不仅要摸清底数，而且要揭露问题、分析原因，根本目标是推动规范的地方政府举债融资机制的建立健全。

3．审计内容和范围的系统性、全面性

由于统一组织大型审计项目强调着眼宏观、立足全局、为宏观决策服务，因此，其审计内容和范围相对于具体单位和项目的审计而言更加系统和全面。审计资金范围一般涵盖某类或某项全部资金，审计地区范围一般涵盖全省甚至全国，审计内容一般包括资金的筹集、管理、分配、使用等各个环节，审计时间跨度往往也比较大，以便全面地、历史地、系统地反映情况和分析问题。如全国地方政府性债务审计涵盖了全国所有省、市、县三级政府，包括8个年度；全国社会保障资金审计的资金范围包括了社会保险基金、社会救助资金和社会福利资金三部分共12类18项资金。

4．审计组织的统一性、协同性

统一组织大型审计项目涉及内容多、范围广，参与的审计机关和人员多，审计结果需要逐级汇总，必须通过严密组织、统一指挥、统一实施、科学管理，编制统一的审计工作方案，设计统一的审计报表，提出统一的标准口径，开展统一的业务培训，统一审计报告，统一审计公告，整合审计资源，实现各级审计机关的上下联动、密切配合、相互支持、协同作战，才能确保审计工作目标的最终实现。

5．审计主体的广泛性、层级性

由于统一组织大型审计项目的审计内容覆盖面广、涉及政府级次多，时间跨度大，且在同一时间段组织实施，时间紧、任务重，对审计资源提出了很高的要求，需要集中多个级次审计机关的力量，发挥审计机关整体合力才能完成。因此，参加审计项目的审计机关级次多、审计人员多。如全国地方政府性债务审计，有审计署18个特派员办事处和全国省、市、县三级审计机关共4.13万名审计人员参加，历时两个多月。

6. 审计影响的宽广性、深远性

统一组织大型审计项目都是对政府关心重视、群众普遍关注的一些重大事项开展审计，涉及政府或单位层级多，需要向各个级次的政府或单位出具审计报告，揭示问题，分析原因，提出建议，提出整改要求，审计结果更加系统、全面、权威，其影响力远远超出一般具体单位和项目的审计，更具宽广性。

（二）统一组织大型审计项目的意义

开展统一组织大型审计项目，可以有效整合各级审计机关人力资源，充分发挥审计机关整体合力，从更高层面发挥国家审计的"免疫系统"功能，促进国家良治。

1. 有利于充分发挥审计"免疫系统"功能、促进完善国家治理

随着经济社会的不断发展和改革开放的不断深化，各种深层次的矛盾纷纷显露、盘根错节，改革越发需要在重点领域和关键环节取得突破，改革攻坚的难度也在不断提升。现实的国情客观上需要中央和地方在较高层面加强对改革的统筹力度，把改革真正提升到体制机制制度层面。国家审计作为国家治理这个大系统中一个内生的具有预防、揭示和抵御功能的"免疫系统"，要更好地发挥审计监督职能，就必须适应改革和发展的需要，更好地突出整体性、宏观性和建设性；要根据审计工作职责和上级要求，从党和国家关心重视、人民群众普遍关注、影响经济社会发展全局的重大事项入手，注重从体制机制制度层面揭示问题、分析原因和提出建议，为改革决策提供可靠的支持，从而促进国家治理的完善。所以，从经济社会发展全局出发，统一组织各级审计机关紧密围绕国家治理的中心任务和重点，有选择性地开展大型审计项目，就必然成为国家审计发挥推动国家实现良好治理、促进经济社会科学发展作用的一个重要途径，有利于发挥国家审计"免疫系统"功能。

2. 有利于发挥审计机关独立、超脱的优势

全面、真实、可靠的信息是各级党委、政府作出深化改革、完善制度

的重要决策的参考依据。由于体制机制不完善、管理分散、部门利益分割以及历史因素等原因，各级党委、政府往往难以全面、准确地掌握相关信息和情况。审计机关作为宪法赋予的唯一专司经济监督的部门，具有独立性、超脱性和专业性的优势和特点。第一，国家审计的宪法地位决定了其有权力获取相关信息；第二，真实、合法、效益性是国家审计的基本目标，审计机关可以通过对国家财政财务收支活动的真实、合法、效益进行审计监督，为党委、政府提供准确、可靠、完整的信息和情况；第三，国家审计的独立性和超脱性，是审计结果客观公正的重要保证。因此，开展统一组织大型审计项目可以充分发挥审计机关独立性、超脱性和专业性的优势和独特作用，为各级党委、政府提供可靠的决策参考依据。长期以来，我国地方政府性债务存在口径不一、底数不清、风险不明，地方举债融资机制不健全的问题，成为我国财政安全的一大隐患。通过开展全国地方政府性债务审计，摸清情况、揭示问题、分析原因、提出建议，为中央宏观决策提供了真实、可靠的数据信息，发挥了很好的作用。

3．有利于发挥中国特色审计监督制度的优越性

宪法规定，国务院设立审计机关，对国务院各部门和地方各级政府的财政收支，对国家的财政金融机构和企业事业组织的财务收支，进行审计监督。审计署是中央政府的组成部门，在国务院总理领导下，主管全国的审计工作；县级以上的地方政府设立地方审计机关，在本级政府和上一级审计机关领导下开展本地区的审计工作。上级审计机关对下级审计机关的业务领导，是中国特色审计监督制度优越性之一。在这种制度下，上级审计机关能够统一组织领导下级审计机关共同开展大型审计项目，发挥审计合力，充分发挥审计监督职能。国外很多联邦制国家，中央政府和地方政府的审计机关之间没有领导和指导关系，很难开展跨越多个政府级次的统一组织审计项目。

4．有利于加强审计业务指导和审计机关之间的沟通协调

审计法规定，地方各级审计机关对本级人民政府和上一级审计机关负

责并报告工作，审计业务以上级审计机关领导为主，即地方审计机关实行"双重领导"体制。通过开展统一组织大型审计项目，可以强化上级审计机关对下级审计机关的审计业务领导，在审计目标、工作思路、组织方式、技术方法等方面对下级审计机关进行指导；可以加强上下级审计机关之间的协作配合和沟通交流，有利于提高审计人员的业务素质和能力。

（三）开展统一组织大型审计项目面临的困难和挑战

1. 审计资源整合面临挑战

开展统一组织大型审计项目，要求科学组织大规模的审计人员，充分调动各级审计机关和审计人员的积极性，发挥各级审计机关的整体效能。这对审计资源整合提出了很高的要求。

2. 组织协调工作要求高

在时间紧、任务重、要求高的情况下，如何对审计项目进行统一领导和管理，如何构建高效、有力、分层级的"作战指挥部"，如何进行决策指挥和过程控制，都给审计工作的组织管理提出了新的更高要求。

3. 技术方法亟待突破

大型审计项目一般比较复杂。对于统一组织大型审计项目的目标，传统的审计技术方法和手段往往难以满足其要求，需要通过创新技术方法加以实现。

4. 审计质量控制难度大

由于审计规模大，过程复杂，质量控制层次多、链条长、控制节点多，统一组织大型审计项目的质量控制难度加大。

（四）统一组织大型审计项目的程序及要求

1. 做好项目计划

统一组织大型审计项目的确定一般有两种方式：一是国务院和地方政府直接交办，二是审计机关自行立项。无论采用哪种方式，审计机关都要对审计项目进行充分的研究和准备。审计机关在自行立项时，要从国家治理的需求出发，围绕经济社会发展的中心工作，关注人民群众普遍的诉求，关注宏观经济政策执行情况、重大政府投资项目管理、生态环境保护、民生和社会建设、权力运行机制等领域和方面，立足于维护国家经济安全、推动经济发展方式转变、维护人民群众根本利益、服务经济社会科学发展来选择项目。在充分调研分析的基础上，提出项目计划。同时，在审计机关双重领导体制下，上级审计机关安排统一组织大型审计项目计划要及时与下级审计机关进行沟通协调；下级审计机关要处理好本级政府交办项目与上级审计机关统一安排项目的关系，合理安排项目计划，做到科学有序地开展工作。

2．统一审计工作方案

统一组织大型审计项目的工作方案要统一制发，以做到目标统一、范围统一、内容统一、重点统一、要求统一。编制的审计工作方案，要做到目标明确、重点突出、要求具体，指导性、针对性和操作性强。为编制高质量的审计工作方案，可选择部分地区进行试点审计，总结经验，积累方法。为确保审计工作方案得到贯彻执行，要统一组织开展培训，通过培训统一思想，提高认识，理清思路，明确目标、任务和要求，使参审人员熟悉政策，掌握方法，为审计工作的顺利开展打下良好基础。各参审单位要根据实际情况，抓好多层次的培训工作，使每一位审计人员都能熟悉和掌握方案及附表填报的要求、审计指南及相关政策法规等。各级审计机关应当严格按照统一制发的审计工作方案的要求，制订审计实施方案和开展工作。

3．统一组织领导

统一组织大型审计项目由立项审计机关统一组织、统一领导、统一部署。立项审计机关要成立专门的审计工作领导小组，领导小组下设办公室，负责审计项目的具体组织实施、指挥和协调工作。审计署统一组织的项目中，要搞好审计署特派办和省级审计机关之间的协调配合，审计署特派办和相关省级审计机关要联合成立协调指导组，共同协商研究工作中的重大事项，共同出具汇总审计报告。下级审计机关也应相应成立审计工作领导小组，按照分工范围，组织开展审计工作。下级审计机关要对上级审计机关负责，按照立项审计机关的统一组织、统一领导、统一部署来实施审计，做到上下联动、步调一致、集中推进。同时，开展统一组织大型审计项目，要在明确分工的基础上落实审计工作领导小组办公室、审计机关主要负责人、审计组和审计人员的责任，逐级负责，层层把关，通过实行严格的责任制，确保审计质量。

4. 统一标准口径

为便于汇总，统一组织大型审计项目要根据审计工作方案的要求，设计一套涵盖审计工作方案重点内容的方案附表。方案附表是审计工作方案内容的具体体现，是审计结果的集中反映，它一头连着审计工作方案，一头连着审计报告，既是下级审计机关撰写审计报告的基础依据，也是上级审计机关汇总审计报告的重要依据。表格设计要目标明确、简明清晰、要素齐全、重点突出、逻辑性强；填报要求和说明要详细、准确，对相关概念要作出专门解释，对构成附表的每张表的填报范围都要作出明确界定，对每一个字段要作出详尽解释。各级审计机关必须严格按照统一的填报范围、口径、标准、内容和时间要求，经认真审核后填报方案附表，不得擅自变更和修改相关报表和指标，确保标准一致、口径一致、范围一致、内容一致、时间一致。

5. 统一审计报告

统一组织大型审计项目的汇总报告，由立项审计机关统一汇总后报政府；下级审计机关的审计报告，原则上由下达审计通知书的审计机关出具。在"上审下""交叉审"和统一组成审计组的情况下，一般由负责组织审计的上级审计机关统一出具，或经上级审计机关审核后，由下级审计机关分别出具。上级审计机关的领导小组办公室，要紧扣审计工作方案确定的目标和内容，及时研究起草审计报告框架或指导意见，发给下级审计机关，指导下级审计机关撰写审计报告。为保证审计报告质量，要积极创新审计报告汇总方式，通过开展预汇总和试汇总，及时发现和解决数据填报、数据上报和汇总分析中存在的问题，为完善审计报告、提前分析预判审计结果和汇总形成正式报告奠定基础，确保审计报告质量和审计任务圆满完成。

6．统一审计公告

统一组织大型审计项目涉及面广、社会关注度高，向社会公告审计结果事关重大。为避免产生误解和炒作，统一组织大型审计项目的审计汇总情况，由立项审计机关统一对外公布，下级审计机关的审计结果待上级审计机关将审计情况统一对外公布后，报当地党委、政府同意后对外公布，或者按照上级机关的统一部署，同步对外公告。

7．整合审计资源

开展统一组织大型审计项目要树立"一盘棋"观念，搞好各级审计机关之间和各项专业审计之间的结合，在计划安排上统筹兼顾，在审计内容上相互呼应，在实施时间上相互衔接，把小规模的"阵地战"与集中优势兵力打"歼灭战"结合起来。在审计组织方式上，要采取"上审下""交叉审"或统一组成审计组的方式开展审计，保证审计的独立性，确保审计质量。要充分调动各级审计机关的积极性，切实加强他们之间的沟通、配合和协调，发挥审计监督的最大合力。各级审计机关内部要打破处室界限，合理配置审计人员，积极构建具备查核问题、分析研究、计算机应用、审计管理等方面能力的审计一线团队，实现审计组人员能力和结构的优势互补，提高战斗力，提升审计质量、层次和效率。

8．强化过程控制

过程控制的主要目的是确保审计质量和进度，规范审计行为，防范审计风险。要充分发挥上级审计机关工作领导小组办公室的组织、指挥、协调作用，将方案制订、现场实施、质量检查与责任追究结合起来，确保实施中不偏离、不走样、不架空。要搭建覆盖各级审计机关的信息化指挥平台，构建高效的审计现场指挥和信息沟通机制，实现全覆盖、实时和互动的项目管理。要通过编发《审计工作动态》，及时传达领导指示，提出工作要求，强调工作纪律，督促工作进度，解答工作中遇到的问题和疑惑，转发交流经验，做到指挥有力。审计机关各级领导干部要深入一线，做到决策科学、要求明确、指挥有力。要落实分工和责任，把责任细化到完成时限、质量标准、进度要求和工作实效上，确保审计实施的每一个细节责任都能落实到人。要严格执行国家审计准则，规范审计取证，做到有关联、讲程序、重事实，形成能支撑审计结论的证据链条。加强审计审理和质量检查工作，对审计实施过程进行跟踪审理，提高质量控制效果。要对方案附表数据进行系统化、规范化、标准化处理，开发多层次的审核校验工具，保障数据的真实、准确、完整。要严格计划管理，加强时间节点控制，确保上下步调一致。上级审计机关领导要分片联系指导各地工作，并到审计现场进行指挥、督导和调研。对于出现重大质量事故，隐瞒不报相关数据、查出的问题或重大案件线索，不严格执行审计工作方案等问题，要追究有关单位领导和责任人员的责任。

9. 加强技术保障

在当前信息化条件下开展统一组织大型审计项目，必须充分利用信息技术手段，创新技术方法，加强技术保障，提高审计质量和效率。要成立由计算机专业人员和审计业务人员共同组成的技术保障团队，根据审计工作业务需求和大型审计项目的特点，统筹规划，切实做好以下工作：对审计方案附表进行系统化、规范化、标准化处理，为数据汇总打牢基础；根据审计项目特点，制订审计数据汇总方案，利用Excel或数据库进行数据汇总；根据审计业务需求开发多层次的审核校验工具，切实保障审计数据的真实、准确、完整；开发"联网审计分析系统"，保障数据汇总分析的协同、高效和准确等。

10. 严守审计纪律

大型审计项目涉及面广、政策性强，社会关注度高。各级审计机关和全体参审人员要做到依法审计、文明审计，严格执行审计纪律及各项廉政规定，不允许接受被审计单位的宴请、礼品、游览等与审计无关的任何活动与安排。要严格遵守保密纪律，未经上级审计机关批准，任何单位和个人不得对外披露审计情况和审计数据。对一些敏感性强的审计项目，各级审计机关在开展审计时，要处理好与新闻媒体的关系，未经批准不得私自接受新闻媒体采访。在严守审计纪律的同时，也要注意审计工作方式方法，自觉维护社会稳定，避免引发群体性事件和上访事件。

五、信息化条件下的审计组织方式

审计组织结构与审计组织方式作为审计机关核心能力的重要组成部分，对有效履行审计职责、发挥审计作用、实现审计目标至关重要。随着信息化快速发展和对审计本质认识的不断深化，应当及时对审计组织结构与方式作出相应的调整与改进。

（一）审计组织结构与方式改进的基础

组织结构的优化是组织方式改进的前提。组织结构是指组织内部各构成要素及各要素间相对稳定的一种关系模式，它表现为静态的基本结构和适合的运行机制。运行机制赋予基本结构以内容和活力，保证组织目标的实现。现代组织结构理论把组织看成一个开放的动态系统，侧重于对组织结构与社会环境之间相互关系的研究，强调组织要根据所处的内外部条件随机应变，针对具体条件建立合适的组织结构。

国家审计作为国家治理的重要组成部分，是依法用权力制约权力的制度安排，是整个国家治理大系统中的重要组成部分，在保障经济社会健康运行中发挥着"免疫系统"功能。这就要求国家审计要主动融入经济社会发展全局，不仅注重揭露和查处重大违法违规问题和促进整改，也要注重推动体制机制制度的健全和完善。多年来，审计机关按部门和行业属性设置组织结构，对审计工作的深化发挥了重要作用。但是，这种业务分工不利于对审计全过程进行有效监控，不利于对社会经济运行情况进行全方位监督，也不利于整合审计资源和适应审计信息化发展的需要。因此，要充分发挥审计的"免疫系统"功能，必须基于国家审计本质和现实职能任务优化组织结构与方式。

信息技术在审计工作中的运用和普及，丰富了审计工作的方式和方法，为更加灵活高效地组织审计实施、更好地发挥"免疫系统"功能提供了良好条件，有利于审计从静态向动态、从现场向非现场的转变，有利于跨行业、跨部门的审计数据集中利用，有利于"总体分析、发现疑点、分散核查、系统研究"的计算机审计方法的推广应用。为使审计工作与信息技术更好地融合，需要改进现行组织结构，以确保决策指挥及时到位、非现场与现场有效沟通、人力调配和审计过程控制高效顺畅。同时，近几年组织的地方政府性债务审计、财政审计等大型审计项目，更加注重多专业融合、多视角分析、多方法运用，更加注重统筹调配人力、组成复合型团队开展工作。这为探索改进审计组织结构与方式积累了有益经验。

（二）改进审计组织结构与方式的具体做法

审计工作可分为现场工作和非现场工作两大类业务，前者主要承担执行具体审计业务的职责，后者主要承担决策和控制的职责。要发挥审计"免疫系统"功能，在基本组织结构方面，要以信息化手段为依托，建立以数据分析、信息处理、科学决策、业务执行、强化控制为职责内容的组织结构；在执行层面，建立由信息研究中心、数据分析中心、业务执行中心这"三中心"构筑的数字化审计模式，以及由领导层、审计组、审计小组形成的"三级架构"，运用审计项目管理平台等决策和管理系统，强化审计过程控制。

1. 总体安排

在现场审计中，以审计项目为中心，按照决策指挥、信息研究、数据分析、业务执行、过程控制"五大板块"设置组织机构，依托信息研究、数据分析、业务执行"三中心"开展业务工作，根据机构、中心、项目"三维度"配置审计人员，搭建审计管理、信息传导、质量控制、业绩考核、党风廉政监督"五个平台"，实施审计过程控制。

2．具体路径

（1）构建"五大板块"组织结构。按功能属性，将审计组织结构划分为决策指挥、信息研究、数据分析、业务执行、过程控制"五大板块"。决策指挥板块由领导层组成，负责全面工作的决策和指挥。信息研究板块由信息研究中心组成，承担与业务直接相关的计划、政研、信息、文稿及理论研究等工作。数据分析板块由数据分析中心组成，承担电子数据的采集、分析、管理职责。业务执行板块由各业务部门组成，取消原有的专业分工，承担现场审计和日常人员管理职责。过程控制板块由综合部门组成，负责在审计管理、信息传导、质量控制、业绩考核、党风廉政监督等方面对项目实施过程控制。

以审计署特派办为例的"五大板块"组织结构示意图如图1所示。

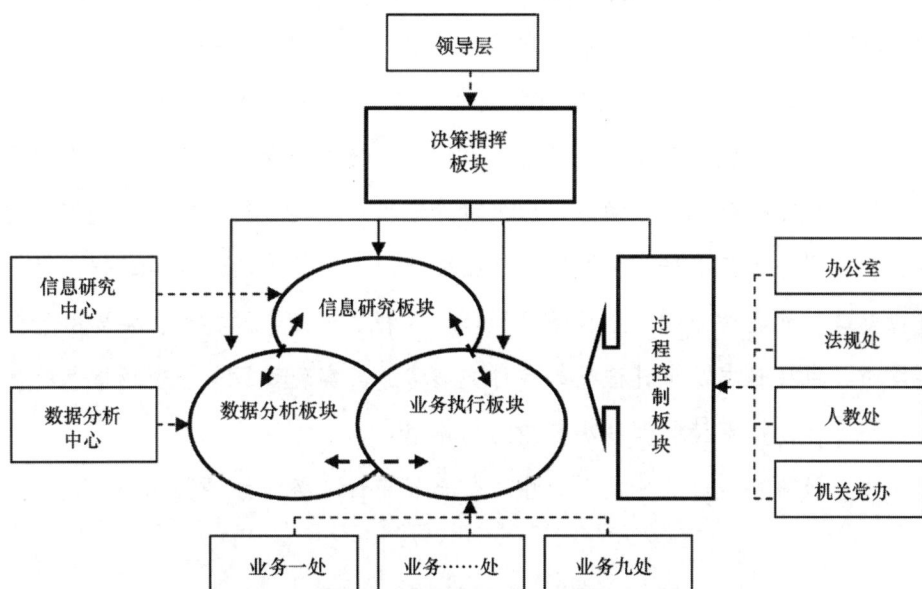

图1 "五大板块"组织结构

（2）依托"三中心"开展审计业务。信息研究中心负责把握前沿动态、关注热点问题、提出"战略思路"。项目审计期间，将研究的审计思路和信息点提交数据分析中心或业务执行中心开展分析核查，并通过所掌握的信息直接提炼审计成果，同时发挥协调上下功能。非现场审计期间，研究全国经济中心工作、热点问题，规划业务工作思路、统筹信息编研等。

数据分析中心负责归集整理数据、开展总体分析、提出疑点线索，形成"精确制导"。项目审计期间，与审计组配合开展数据归集、分析，将疑点线索提交业务执行中心进行现场延伸核查，同时通过数据分析直接产生审计成果。非项目审计期间，负责对数据库的建设、维护和更新，建立完备的数据库和模拟审计实验室；开展专题研究，探索数据信息的跨行业综合分析利用；全面推进信息系统审计，积极探索联网跟踪审计。

业务执行中心负责现场实施、重点追踪、延伸核查，实现"精确打击"。项目审计期间，中心的各审计组除在审计现场开展审计核查外，同时关注并核查信息研究中心提供的信息点以及数据分析中心提交的疑点和线索。非项目审计期间，开展业务学习和培训。

上述"三中心"分别由审计信息资源平台、数据分析应用平台、审计项目管理平台提供技术支撑。其中：审计信息资源平台主要归集各类审计项目信息、研究报告、工作动态、历史审计资料，对其进行分析，促进信息的共享。数据分析应用平台主要归集从相关部门和单位收集的各类数据，对其进行整理、管理和分析。审计项目管理平台利用审计专网接入，主要用于资料发布、审计日志、审计证据等审计文书传递，实现现场与非现场信息数据高效交互，发挥审计管理和决策指挥的作用。

以审计署特派办为例的"三中心"开展审计业务示意图如图2所示。

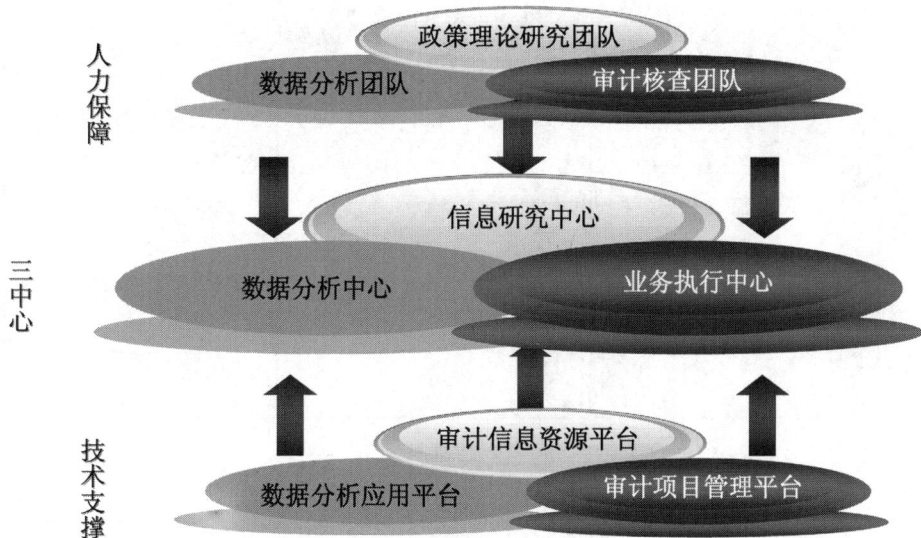

图2 "三中心"开展审计业务示意图

（3）根据"三维度"配置审计人员。按照"专业、中心、项目"三个维度配置审计人员。在"专业"维度，搭建人力资源管理平台，全面记录专业情况，人员配置充分发挥个人专长；在"中心"维度，统筹调配人员满足"三中心"需求；在"项目"维度，根据项目计划、审计人员专业特长和项目需求配置审计力量。根据"三维度"配置审计人员是审计工作实现多专业融合、多视角分析、多方法结合的关键步骤。

根据"三维度"配置审计人员示意图如图3所示。

（4）搭建"五个平台"实施控制。第一，搭建审计管理平台。开发与审计业务有关的审计项目管理平台、与机关管理有关的机关综合管理平台、与公文信息流转有关的审计文书流转平台等多个子平台，实现对业务运行的综合统一管理。

第二，搭建信息传导平台。通过"审计项目管理平台"等支持系统建立一个网状信息交互平台，确保各主体信息传递的指令明确、层级清晰、传播到位、反馈及时，实现扁平化管理。

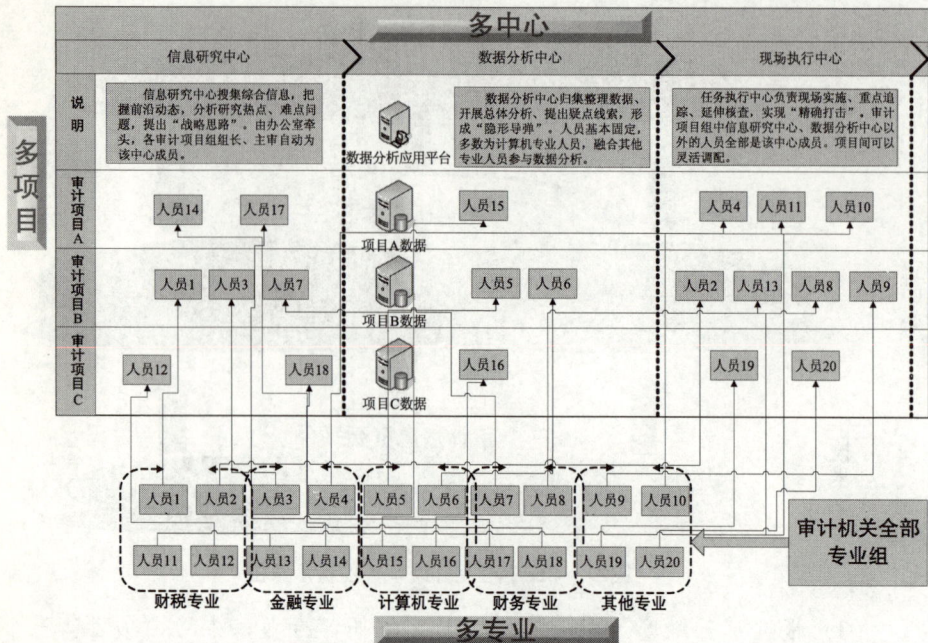

图3　"三维度"配置审计人员示意图

第三，搭建质量控制平台。加强审计质量标准化管理和控制，强化对项目的实时跟踪和流程控制，采取"提前介入、全程跟踪"的审理模式，制定并严格落实审计分级质量控制制度，并对项目查出问题的整改情况进行跟踪检查。

第四，搭建业绩考核平台。推行以审计项目和个人业绩为中心的业绩考核制度，并将业绩考核与项目评优和个人任用、评优、培训等挂钩，构建有利于创新的竞争环境和用人机制。

第五，搭建党风廉政监督平台。以项目为中心，探索新型党建工作和廉政建设方式。强化对项目临时党支部工作的指导监督，实行审计组廉政责任制。

（三）改进审计组织结构与方式的关键环节

1. 妥善处理好各业务部门之间的关系

现有的业务部门设置强调各部门的专项职能，忽略部门间的协调与合作。在"免疫系统"论下，国家审计要全面把握经济社会运行的各个方面，必须增强整体性和宏观性，根据审计目标设立业务部门，注重审计任务的完成以目标和任务为导向，加强各业务部门之间的内在联系，注重协调和配合。

2．妥善处理好业务部门与审计组之间的关系

为保证审计人员的日常管理和各项工作的有序进行，需要进一步明确业务部门与审计组之间的职责分工，保证各项工作职责落实到位，实现现场审计期间和非现场审计期间相关工作的正常衔接。

3．妥善处理好审计组内部人员之间的关系

根据审计人员的特点和专长合理分工，明确审计组内各层级审计人员的职责，加强审计组内部人员的沟通交流，充分发挥每个审计人员的积极作用和审计组的整体合力。

4．妥善处理好"三中心"对审计资源的利用和共享关系

进一步完善审计数据和相关信息的管理规则和使用程序，完善"三中心"的职责内容，充分利用信息交互平台，加强协调配合，实现审计资源的充分共享和有效利用。

第六专题　审计管理研究

　　管理是在特定的环境下，通过对组织所拥有的资源进行计划、组织、领导和控制，有效地实现组织目标的过程。随着科学技术的突飞猛进和管理理论的发展，基于运筹学和行为科学的现代管理科学在企业、政府、非营利机构等各种组织中得到了广泛而有效的运用。从组织的目的、人员和结构这三个基本特征分析，我国的审计机关作为国家行政机构的组成部分，是根据宪法和审计法的规定设立的组织，为适应提高行政绩效、节约社会资源的需要，也要运用现代管理理论，依据法律赋予的权限，在履行职责的过程中对所拥有的审计资源进行有效管理。

一、审计管理的含义

　　审计管理是国家审计机关围绕履行职责开展的组织管理活动，是涉及面很广的范畴。从发展历史看，审计管理水平是关系我国审计工作科学发展的一个重要因素，也是影响我国审计工作实现法治化、规范化、科学化和信息化进程的关键所在。从横向比较看，国家审计机关的管理活动明显区别于其他机关的管理活动，它的各项活动主要围绕增强国家审计的独立性和权威性、服务审计项目的有效实施而开展，通过管理促进项目审计发现重大违法违规问题和经济犯罪案件线索，进行处理处罚，并从体制、机制、制度以及政策措施层面发现和分析研究问题，提出审计意见和建议，由此体现审计管理活动的价值。

（一）审计管理的目标

　　在科学的审计理念指导下，审计管理的总目标是提高国家审计的质量，更有效率地发挥其保障国家经济社会健康运行的"免疫系统"功能。具体而言，就是增强国家审计的主动性，落实服务大局的要求；发挥国家审计的整体性功能，注重计划的科学性；优化审计资源配置，加强审计成本控制；推动审计工作规范化，提升审计成果质量；保障审计事业的传承，打造优秀的审计干部队伍。

一是提高审计工作的主动性。审计要充分发挥保障国家经济社会健康运行的"免疫系统"功能，客观要求其自身应是一个完整的科学体系，并具备使体系组成部分与系统外部能够相互作用的条件和方式。审计管理的内容就是提供体系内外相互作用的条件和方式，审计管理的功能在于确保体系的顺畅运转，其着力点是增强审计工作主动性。审计管理的功能不仅是主动地围绕国家经济发展规划、中央的重大方针政策和宏观调控措施，把审计工作更好地融入全面建设小康社会，融入经济社会发展全局，针对发展中存在的问题加强审计监督，而且在完成审计任务的过程中，要主动地加强自身建设来适应审计工作发展的需要。虽然在经济社会发展的不同阶段，国家对审计的需求有所不同，审计需要有不同的管理方式，但提升审计工作的主动性永远是审计管理的基础目标。审计主动性的增强，能发挥更大的预防性作用。实践证明，未雨绸缪，谋定而后动，其效果要远远优于亡羊补牢、事后补救。

二是更好地发挥审计的整体作用。审计充分发挥保障国家经济社会健康运行的"免疫系统"功能，不能靠片面、简单地扩大审计的监督范围，而是要从更高的层次和更宽的视野上关注经济社会运行中的重大问题、矛盾和风险，发挥建设性作用。根据法律规定，财政审计是审计机关最基本和首要的职责。财政审计应当集中体现"国家财政"的要求，在工作中树立"凡是政府应该管的钱就是国家财政"的理念，围绕"预算执行"开展。但当前财政审计的人为分割局面制约了审计整体作用的发挥，因此审计机关应当以现有审计资源为基础，进行整体谋划，系统安排审计项目，做到合理均衡配置审计资源，提高审计项目计划编制与部署安排工作的时效性，细化审计目标、审计范围和关键时间节点等内容，增强审计的时效性，才能发挥审计工作的整体效能。

三是优化审计资源配置。审计机关的审计资源是有限的，特别是在当前社会经济快速发展与转型时期，审计资源与审计需求之间的矛盾日益凸显。从管理学的角度看，解决资源稀缺的问题有两种途径：（1）整合组织内部资源，降低成本，提高工作效率；（2）协调组织的内部资源与外部资源的契合度，以获取更多的资源。审计计划管理包含审计资源的配置。审计计划的科学性在很大程度上体现为审计资源配置的优化程度，因此必须加强审计计划管理，整合内部资源并契合外部资源，提高审计资源配置效率，优化配置格局。

四是规范程序，提升成果。加强审计管理要求审计机关和审计人员执行审计程序、工作流程和各个环节相关规定等，贯彻落实法律法规和审计准则赋予的审计职责、权限，规范审计报告，推动依法进行处理处罚，不断满足国家和人民对审计工作的要求和期望。审计过程的严格控制是审计管理的重要内容，也是保证审计成果质量的前提。审计成果可以使领导机关和审计有关各方了解被审计单位和被审计对象在财政财务管理等方面的总体情况和取得的成效、存在的突出问题及其原因，以及解决问题的意见和建议。必须加强审计成果的运用，更好地发挥社会监督和舆论监督作用，促进被审计单位和审计对象整改审计查出的问题。

五是贯彻落实党的组织路线和干部工作、人才工作方针政策，逐步建立健全适应审计事业科学发展需要的包括干部管理在内的人力资源管理体制和机制，提高审计人员依法审计能力和审计工作水平，激发审计人员的积极性和创造性，全面推进干部队伍建设，为审计事业科学发展提供坚强的组织保证。

（二）审计管理的主要内容

从组织管理的角度看，审计管理内容涉及审计工作的很多方面，对这些方面的管理构成审计管理体系。审计管理体系是以审计战略管理为龙头，以年度审计计划管理、审计成果管理和年度审计成本管理为重点，以审计质量管理和审计人力资源管理为保障的框架体系。

审计管理体系框架如图4所示。

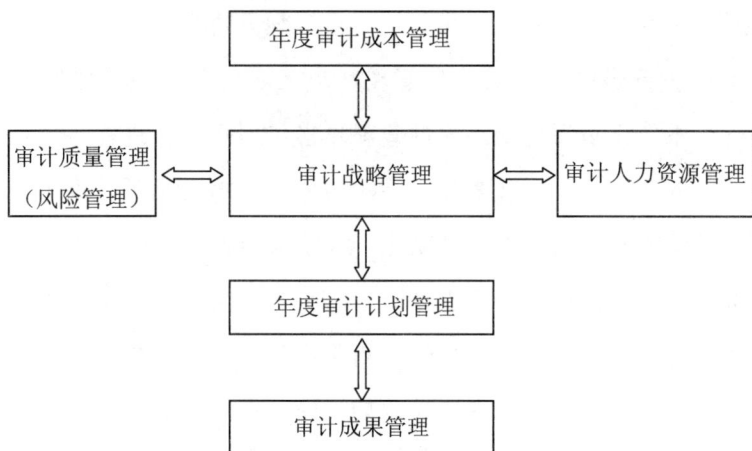

```
                    ┌─────────────────────┐
                    │   年度审计成本管理   │
                    └──────────┬──────────┘
                               ↕
┌──────────────┐    ┌─────────────────────┐    ┌──────────────────┐
│  审计质量管理 │←→ │     审计战略管理     │←→ │  审计人力资源管理 │
│ （风险管理） │    └──────────┬──────────┘    └──────────────────┘
└──────────────┘               ↕
                    ┌─────────────────────┐
                    │   年度审计计划管理   │
                    └──────────┬──────────┘
                               ↕
                    ┌─────────────────────┐
                    │     审计成果管理     │
                    └─────────────────────┘
```

注：图中的箭头表示各项管理之间的相互影响和支撑关系。

图4 审计管理体系框架图

（三）审计管理体系框架的构成、定位与内在联系

按照工作性质的不同，审计组织的活动可以分为两大类，一类是审计行政管理，另一类是开展审计业务。审计行政管理是为了保障审计任务的顺利完成而对审计机关人、财、物进行的规划、组织和分配。开展审计业务是审计机关作为国家政权的重要组成部分具体履行其监督职能的行为。审计行政管理是开展审计业务的保障，管理水平高低直接影响审计业务的完成程度和效果；审计业务则是履行审计职能和发挥审计作用的根本途径和体现。

审计行政管理的目标是保证审计机关行政事务管理工作组织科学、运行有序、规范高效。审计行政管理具有层次性，主要是三个层次：一是制订审计工作发展规划和年度审计计划，确定年度审计项目的高层管理组织，即决策层；二是根据年度审计计划和审计项目选择适当的被审计单位，制订审计工作方案的中层管理组织，即管理层；三是制订审计实施方案，对某一被

审计单位直接进行审计的最低层次的管理组织，即执行层。这三个层次的管理决策者分别是审计机关领导层、审计业务部门领导层和审计小组的负责人。由于不同层次有不同的特点、不同的职责范围、不同的管理目标及其考核指标，所以对各层次效率和效果的控制内容和方法也有很大差别。

决策层的决策影响着低层次的管理和决策。因此，决策层除保证自身工作的正确之外，还必须对低层次的管理作出统筹规划，进行协调。同时，还要做到"上情下达"，也就是把高层次的意图迅速、明了、准确地传递给下一层次。所以高层组织的效率控制主要表现为组织效率，也就是通过对整体工作的组织、协调，促进发挥整体效用。控制高层组织效率的基本做法：一是完善高层组织的领导和决策机制，确保高层决策的正确性、合理性和可行性；二是建立高效畅通的信息传递制度，确保渠道畅通、途径最短、方式简捷明了、方法科学合理；三是建立确保下级理解高层决策意图和贯彻执行高层决策的机制，保证最终决策的落实。

管理层处于决策层和执行层之间，起着"上情下达"和"下情上传"的作用，其主要工作是处理和管理上下级信息，制定出执行高层次政策或计划的具体措施和办法。控制中层组织管理效率的基本做法：一是保证自身工作计划的完整和科学；二是保证中层和执行层的措施与高层决策衔接；三是及时准确地为高层决策提供有用的信息和资料，包括对前期高层计划政策执行情况的信息反馈；四是及时准确地为执行层提供操作指导和协调服务。

执行层是审计机关内部最基层的组织。对于审计项目来说，执行层即是审计组；对于综合部门来说，执行层即是处理具体审计行政事务的职能处室等。一般地讲，执行层只需按照审计准则、操作指南完成上级交办的任务，其行为具有规范化和机械性特点。控制执行层工作效率的主要做法：一是严格和高效执行有关规范和指南，二是及时准确地为上层决策提供有用的信息和资料，三是发现问题要按照规定的程序上报或反馈。

按照管理功能划分，审计管理体系框架包括三部分内容：一是审计战略管理，属于总体层面的审计管理，起统帅作用；二是审计业务管理（包括审计计划管理、审计方案管理、审计成果管理和审计质量管理），属于操作层面的审计管理，起支撑作用；三是审计资源管理（包括审计成本管理、人力资源管理以及审计外部管理），属于操作层面的审计管理，起保障作用。具体地说，审计管理体系框架中各项具体管理活动如下：

1．审计战略管理

主要是分析组织的外部环境；明确一定时期的审计工作主要任务、发展目标和重点工作领域；明确发展战略的实施与控制措施。立足于确定审计机关的指导思想、总体发展目标和事关全局的重点工作的具体目标与对策，并通过具体目标支撑总体发展目标，明确审计管理体系框架中包括的各项计划和制度及其相互关系。

2．年度审计业务（滚动）计划管理

旨在明确提出如何逐步实现"组织发展战略"确定的"重点工作事项"的目标。按照批准的部门预算和可利用的审计资源确定审计项目，其中滚动计划一般是以三年为周期，但每年都应进行更新和修订。审计计划管理在审计业务管理中居于首要地位，是整合审计资源的重要手段和核心环节，主要任务是为审计机关制订计划期内的绩效目标，并确定需要完成的任务和运用的资源。

3．审计质量管理（风险管理）

这方面的审计管理属于业务管理的内容，也为整个审计战略规划的实施提供支持。审计机关每年都应对审计质量管理（风险管理）的执行情况进行回顾，根据外部环境的变化，修改业务要求、控制环境，分析"组织发展战略"确定的重点工作事项的主要风险水平，提出解决办法。

4．审计成果管理

主要是关注审计工作所产生的效果或发挥的效益，关注审计成果表现形式（审计报告、审计信息和"两个报告"），实现以较低的审计资源投入

取得较大的审计成果的目标，也就是实现审计成果最大化。

5．审计成本管理

审计成本是审计机关行使审计职责而占用或耗用的资源。它涵盖了审计机关在一定时期内可控的、不可控的所有外部成本和内部成本。狭义的审计成本是审计机关全部支出的对象化了的货币表现，它是审计机关实际耗费的成本，在一定程度上等同年度部门预算。因此，年度部门预算主要是为实施以"组织发展战略"为核心的各项管理活动提供资金支持。需要强调的是，好的部门预算除应列示预算安排资金外，还应列示部门绩效考核预期的产出和成果。

6．审计人力资源管理

审计人力资源管理是指在修订、完善已有人力资源管理制度的基础上，对现行的人力资源管理方式进行调整，主动适应形势需要，培养创新型人才，为审计事业发展提供智力支撑和组织保障。审计人力资源管理服务于审计战略管理目标的实现。

审计管理框架体系的六个有机的组成部分，相互作用，共同推进审计机关组织管理的科学化。总体上看，目前我国审计机关的管理工作已经涉及以上六个方面，但有三点不足：一是不够系统，没有从框架体系总体上开展各部分的审计管理活动；二是缺乏内在联系与相互支撑，各项管理活动本应是相互支撑的，但实际上各自为战的多；三是缺乏有效的管理控制活动，对中长期战略规划的实施缺乏阶段性的控制与调整。

二、审计管理的原则

审计管理需要按照一定的原则去实施。审计管理的原则主要包括以下几个方面：

（一）统筹兼顾、突出重点的原则

宪法赋予了国家审计监督广泛的对象和范围，但由于受到机构编制、队伍素质、任务需求等方面因素的制约，审计在短期内不可能对所辖范围内的所有对象进行监督，而应统筹兼顾、突出重点。在统筹安排审计机关年度项目计划过程中，首先应考虑审计任务需求的必要性，确定审计项目重要性的优先顺序，兼顾审计整体工作覆盖面的要求。其次应评估审计项目完成的可能性，即科学掌握审计队伍素质情况，预估审计任务的工作量和质量要求，科学把握审计任务的不确定性和审计资源投入所固有的弹性，按照量力而行、留有余地的原则具体部署。同时，在完成任务的过程中抓好审计队伍的专业化培训，确保可持续的审计战斗力。在审计计划安排上，要突出重点，根据现有的审计力量，本着轻重缓急的原则，有计划地安排审计不同重点行业和重点资金，着眼于金额大、涉及范围大、影响大的项目，使项目计划由强调覆盖面向点、面结合，突出重点转变，突出对重点领域、重点部门、重点资金的审计监督，在扩大审计覆盖面的前提下，正确处理好全面审计与突出重点的关系。

（二）提高效率、提升绩效的原则

包括人力、经费和技术装备等在内的审计机关审计资源是有限的。组织有限的审计资源达到较好的审计效果是审计管理的重大课题。这就要求在编制项目计划时，充分考虑审计项目如何采取有效的资源整合方式，提高工作效率，保证审计质量，发挥审计资源的整体效能。其中，优化审计力量的配置，对于实施审计项目的工作效率有直接的影响。为此，要分析审计力量的队伍结构、技能层次、工作水平和审计项目对审计人员的要求，采取最佳的项目组织方式，提高工作效率，达到事半功倍的效果。按照经济学的理论，如果一个项目的投入大于其产出，那么这个项目就是不经济的，是不值得去实施的。审计项目也是这样。衡量审计工作绩效的标准是，在提高审计质量和效率的基础上，降低审计成本，从而实现审计工作效能最大化。其中，审计工作效能是审计成果的经济效益和社会效益之和与审计成本的比较。审计工作效能最大化就是在取得最大的经济效益和社会效益的基础上，审计成本最小，或在相同审计成本的基础上，审计效益最大。因此，要科学测算审计项目的工作量，充分考虑实施审计项目所需投入的审计资源。尤其是审计机关在逐步实现审计经费自理的情况下，更要严格控制审计成本。但是，节约审计成本并不是要求一味减少实施审计项目的投入。

（三）以人为本的原则

审计人员是实施审计管理并最终实现审计工作效能最大化目标的主体。在审计管理中要坚持以人为本，就是注重提高审计人员综合素质，注重调动审计人员的主观能动性和工作热情，注重激励审计人员提高审计工作效率的积极性。一是要结合审计工作特点促进人员发展。审计工作的特点是要"跟着项目走"，即审计项目在哪里，审计人员就要到哪里审计。审计管理要体现审计工作的特点，要以人为本，以人为出发点和中心，围绕着激发和调动审计人员的主动性、积极性、创造性，以实现审计人员与审计工作共同发展的目标。二是要唯才是举，任人唯贤。人才队伍建设是审计事业得以发展的根本保障，要进一步建立完善科学的审计工作业绩考评体系，激发审计人员的内在动力，增强审计人员的职业荣誉感。要以更宽的视野、更高的境界、更大的气魄，广开进贤之路，培养和合理使用优秀审计人员。三是要致力于审计人员的潜能发挥和全面发展。审计工作的发展离不开审计人员综合素质、人文素养、文化底蕴的提高；审计人员的全面发展和综合素质的提高更需要审计机关创造的平等发展机遇和有利于聪明才智发挥的环境。审计管理工作要自觉地承担起创建人与机关、人与环境、人与人和谐发展环境的责任，促进审计人员的素质全面提高，以人的素质促进审计事业与时俱进、持续不断发展。

（四）风险控制的原则

审计风险是审计人员在审计工作中承担社会责任和法律责任的可能性，它与审计质量密切相关。审计质量越好，审计风险越低。从国际上看，世界各国审计机关都在不断探索和采取加强控制审计风险，加强对审计现场的了解、严格遵循专业标准和职业道德的要求、实施质量控制、重视对审计人员廉政纪律的现场管理等降低审计风险的有效措施。审计风险控制是一个系统工程，从制订审计项目计划、审计工作方案和审计实施方案，到实施审计、取得审计证据、编制审计工作底稿，到报送审计信息、出具审计报告、下达审计决定等审计业务流程的各个阶段、各个环节都需加强风险控制。任何一个风险环节管理不到位，发生重大质量问题，都会影响整个审计项目的质量。

（五）注重成果利用的原则

审计成果是审计工作的"产品"。发挥审计的"免疫系统"功能，就是要向党委、政府、立法机构、行政权力机构、被审计单位以及社会和人民群众提供他们所需要的公共产品。从审计实践看，审计成果需求的主体主要有以下几个方面：一是审计部门。审计部门既是审计成果的生产者，又是审计成果的加工者和使用者。就审计机关内部分工而言，审计业务部门是审计成果的生产者；综合部门对业务部门提供的原始审计成果进行加工、传输等工作后，推进审计成果的使用，促进审计成果真正转化为生产力和执行力。二是审计对象。审计对象是审计结果利用的重要主体，主要是利用审计成果来纠正问题、加强管理和完善制度。三是党委、政府和其他部门。随着审计工作的不断发展和深入，各级党委、政府和纪检监察机关、司法机关、综合管理部门、主管部门越来越重视对审计成果的利用。他们利用审计成果来惩治腐败，加强廉政建设，健全机制制度，提高管理水平。四是社会公众。公告审计结果是保障社会公众履行知情权和监督权的重要途径。他们主要利用审计成果来监督政府部门、国有企业的履职情况及公共资金的安全有效。

不同的主体对审计成果的需求是不同的。在审计管理过程中，要坚持需求导向原则，选择不同的载体、不同的表达方式和不同的传输方式，提供有用的审计成果；要坚持宏观把握原则，提供高层次的审计成果；要坚持深入分析原则，提供有深度的审计成果；要坚持严格质量原则，提供高质量的审计成果。

三、审计战略管理

审计战略管理一般是指在一定时期、一定范围内推进审计工作的战略目标实现和方针政策贯彻落实的管理活动，它由审计机关最高决策机构制定并组织实施，是一项事关审计工作发展全局的管理活动。

审计战略管理的目标是，围绕中央的重大方针政策、国家经济发展规划和宏观调控措施，服务经济社会科学发展，促进深化改革和民主法制建设，维护国家安全和促进反腐倡廉建设，推动完善国家治理。

审计战略管理活动应在符合审计工作发展规律，体现审计工作发展趋势，适应审计机关自身资源状况的基础上，紧密围绕同期国家以及各地区的经济社会发展大局来进行，并突出工作重点。具体地讲，实行审计战略管理应依据以下因素：一是宏观经济和社会发展规划，如国家同时期制定的五年规划、区域发展纲要等。审计工作要服务和服从于国家和区域的发展规划，与经济社会的科学发展保持一致。二是党委、政府的工作重点，如全国和地方性经济工作会议精神、社会经济发展的重大改革举措，国家经济社会工作的中心工作和重点任务。审计工作发展要与党委政府部署的中心工作同步。三是社会管理和与人民群众切身利益密切相关的热点、难点问题，如社会保障、扶贫、教育、"三农"、环境保护等。制定审计战略规划应注重加强对上述领域的审计监督。

（一）审计战略管理对于审计工作的开展具有重要的意义

审计战略管理立足于确定审计机关的指导思想、总体发展目标和事关全局的重点工作的具体目标与对策，并通过具体目标支撑总体发展目标，明确审计管理制度框架中包括的各项计划和制度及其相互关系。

1. 实行科学的审计战略管理，有助于提升审计资源的配置效率

经济社会的科学发展实际上就是社会资源的科学配置，资源配置的质

量和规模决定经济社会发展的质量和速度，在一定时期资源规模限定的条件下，促进经济社会又好又快发展的关键是资源的科学配置。同样，审计工作在资源有限的情况下，应以项目为载体配置审计资源，发挥项目安排在配置资源过程中的主导作用，确保重点任务的完成；应细化审计目标和具体工作重点，共享审计成果，统一境内外机构审计对象，发挥审计机关财政审计、环境审计、经济责任审计等协调领导机构的作用，提高审计工作覆盖面，优化审计资源配置格局，提升审计资源的配置效率。

2. 实行科学的审计战略管理，有助于全面推进审计干部队伍建设

审计队伍是审计事业发展的第一要素。科学的审计战略管理，应坚持以人为本，高度重视提高审计人员依法审计能力和审计工作水平，深化干部人事制度改革；应加强审计人才队伍专业化建设，加大高层次审计专业人才培养力度，加强审计业务培训，建设一支高素质的领军人才、骨干人才队伍；应拓宽培养干部的渠道，不断提高干部的综合素质和实际工作能力。

3. 实行科学的审计战略管理，有助于改进审计计划管理工作

应以审计战略管理指引审计项目计划安排，以年度项目计划安排确保审计战略管理的落实，提高审计项目计划的科学性；应合理安排审计项目，细化审计目标、审计范围、所需审计资源配置和关键时间节点安排；应注重提高计划编制与下达工作任务的时效性；同时应加强计划指导，促进整合各级审计机关力量，改进和加强审计业务授权管理，发挥审计机关的整体效能。

4. 实行科学的审计战略管理，有助于健全审计质量控制体系

应进一步完善中国特色社会主义审计法律规范体系，推进依法审计；应以审计法律法规和国家审计准则为依据，立足我国审计实践，借鉴国内外先进经验，有步骤地开发审计指南，大力推行审计项目审理制度；应探索建立审计质量岗位责任追究制度；应加大审计业务质量检查力度，提升优秀审计项目评选水平，促进提高审计质量和水平。

5. 实行科学的审计战略管理，有助于为探索和创新审计方式和方法提供平台

应在深入总结我国审计实践经验的基础上，着力构建财政审计大格局，提升审计工作报告和审计结果报告的层次和水平；应总结和改进多种审计类型的有效结合，构建和完善绩效审计评价及方法体系；应努力创新审计组织方式和审计方法的信息化实现方式。

（二）审计工作发展五年规划是中国特色社会主义审计战略管理的实现形式

规划是指比较全面的、长远的发展计划，是对未来整体性、长期性、基本性问题的思考、考量和设计未来整套行动的方案。同一个单位不同时期的发展规划在时间上是继承与发展、在内容上是巩固与提高的关系。以"五年"为一个周期的规划管理是有中国特色社会主义经济和社会发展宏观管理的主要方式。审计机关编制并组织实施五年规划是审计工作适应外部环境变化的必然要求，也是被多年审计实践所证明的有效的战略管理实现方式。审计工作发展五年规划，实质就是审计战略管理规划、审计战略管理的外在形式、审计机关关于审计工作未来五年发展的谋划和思考、预测和分析审计工作发展趋势的战略计划和审计机关履行审计职责的重要指引。从本质上讲，审计工作发展五年规划是审计战略管理的纲领性文件，是审计机关将自身作为一个组织，从组织管理的角度提出的比较全面、长远的发展计划。因此，审计战略管理规划的内容应主要明确审计机关的主要任务与总体目标，重点工作具体目标和相应各项行动措施。

目前，各级审计机关为发挥审计工作在推动科学发展、促进加快转变经济发展方式中的作用，根据国民经济和社会发展的中长期规划纲要，围绕党中央和国务院的工作重点，结合审计工作实际，都制定了审计机关审计工作发展五年规划。

1．国家审计工作发展规划的沿革

1991年，审计署颁布实施《审计工作发展纲要（1991—1995年）》，这是中华人民共和国审计机关成立后制定的第一部审计工作中期发展规划。从1998年起，审计署陆续印发了《审计署1999至2003年审计工作发展纲要》《审计署2003至2007年审计工作发展规划》《审计署2006至2010年审计工作发展规划》《审计署2008至2012年审计工作发展规划》以及《审计署"十二五"审计工作发展规划》。为了丰富和完善规划内容，审计署采用了由《审计署2008至2012年审计工作发展规划》这一总规划附带人才队伍建设规划、干部教育培训规划、审计法律规范建设规划、信息化发展规划和审计科研工作规划五个子规划组成的规划体系。地方各级审计机关根据当地经济社会发展的规划内容，结合审计署同期发展规划的精神，先后制定了各具特色的审计工作发展规划。

比较《审计署2008至2012年审计工作发展规划》和《审计署2006至2010年审计工作发展规划》，可以看出这一时期审计工作的发展脉络如下：

一是审计工作指导思想的变化。

《审计署2006至2010年审计工作发展规划》中提出的指导思想是，以邓小平理论和"三个代表"重要思想为指导，以科学发展观为统领，继续坚持"依法审计、服务大局、围绕中心、突出重点、求真务实"的审计工作方针，认真履行宪法和法律赋予的职责，全面监督财政财务收支的真实、合法、效益，在推进社会主义经济、政治、文化、社会建设中发挥更大作用。

《审计署2008至2012年审计工作发展规划》中提出的指导思想是，以中国特色社会主义理论为指导，以科学发展观为灵魂和指南，牢固树立科学的审计理念，坚持"依法审计、服务大局、围绕中心、突出重点、求真务实"的审计工作方针，认真履行宪法和法律赋予的职责，全面监督财政财务收支的真实、合法和效益，在推进社会主义经济、政治、文化和社会建设中发挥更大作用。

可见，审计工作的指导思想在继承的前提下有了发展，更加符合国家经济社会发展的客观规律，更加注重科学发展观和科学的审计理念。

二是审计工作总体目标的变化。

《审计署2006至2010年审计工作发展规划》中提出的总体目标是，以审计创新为动力，以提升审计成果质量为核心，以加强审计业务管理为基础，以"人、法、技"建设为保障，全面提高依法审计能力和审计工作水平，进一步加强审计工作法制化、规范化、科学化建设，积极构建与社会主义市场经济体制相适应的中国特色审计监督模式。

《审计署2008至2012年审计工作发展规划》中提出的总体目标是，把推进法治、维护民生、推动改革、促进发展作为审计工作的出发点和落脚点，充分发挥审计保障国家经济社会健康运行的"免疫系统"功能，全面提高依法审计能力和审计工作水平，初步实现审计工作法治化、规范化、科学化，积极构建与社会主义市场经济体制相适应的中国特色审计监督制度。

可见，把国家审计工作的总体目标定位于充分发挥保障国家经济社会健康运行的"免疫系统"功能，是对新时期国家审计本质和功能的新认识，是在总结国家审计发挥作用规律的基础上进行的新概括，是对审计工作充分满足国家和经济社会运行的需求、努力实现自身价值提出的新要求。

三是审计工作任务的新要求。

《审计署2006至2010年审计工作发展规划》中提出的工作任务是，继续坚持以真实性为基础，严肃查处重大违法违规问题和经济犯罪，治理商业贿赂，惩治腐败，促进廉政建设；全面推进效益审计，促进转变经济增长方式，提高财政资金使用效益和资源利用效率、效果，建设资源节约型和环境友好型社会；充分发挥审计监督在宏观管理中的作用，注重从政策措施以及体制、机制、制度层面发现问题并提出审计意见和建议，促进深化改革，加强宏观管理。

《审计署2008至2012年审计工作发展规划》中提出的工作任务是，认真贯彻落实审计法和审计法实施条例，进一步加强审计监督，不断增强审计工作的主动性、宏观性、建设性、开放性和科学性，把审计工作更好地融入全面建设小康社会发展全局，推进民主法治，维护国家安全，保障国家利益，促进国家经济社会全面协调可持续发展。

可见，审计工作是在不断增强主动性，主动调整工作思路和工作方式，主动关注影响国家经济社会运行的主要问题，主动采取各种有效措施和方法；不断增强宏观性，用长远的眼光看待和分析影响国家经济社会运行全局的问题，在更大范围、更高层次、更宽领域上形成、提出宏观管理的意见和建议；不断增强建设性，注重分析产生问题的原因，提出解决普遍性问题、防范风险和健全体制机制方面的意见和建议，为有关决策方提供有用的信息和参考；不断增强开放性，在坚持独立性、保持客观性的基础上，充分利用各种相关资源，与其他组织和部门协作配合，利用各方面力量做好审计工作；不断增强科学性，按照审计工作发展规律的要求，依照法律授权，遵循严谨的工作程序和规则，借鉴和运用科技发展的新成果，提升和创新审计工作。

四是审计基础建设更加全面。

《审计署2006至2010年审计工作发展规划》强调着力加强三项基础工作：实行科学的审计管理，不断创新审计管理方式和方法，整合审计资源，促进提高审计工作层次和水平；着力完善审计质量控制体系，进一步规范审计行为，防范审计风险；进一步探索和完善信息化环境下新的审计方式，大力开展计算机审计，积极推广先进的审计技术方法，促进提高审计工作效率和质量。

《审计署2008至2012年审计工作发展规划》强调着力加强五项基础建设：大力推进审计队伍建设、审计法治化建设、审计信息化建设、审计理论建设和审计文化建设，夯实审计事业可持续发展的根基。

可见，审计工作在制定基础建设目标和要求时更加全面和系统，由强调三个方面到涵盖五个方面，新增了审计理论和审计文化建设。审计理论是审计事业发展的重要基础。审计事业的发展离不开科学的审计理论的指导，没有理论指导的审计实践是不成熟的、盲目的实践。文化是一个组织成败的关键，审计文化决定了审计机关的未来发展和战斗力，好的审计文化可以为审计事业的发展提供源源不竭的动力。

2. 认真贯彻落实《审计署"十二五"审计工作发展规划》

《审计署"十二五"审计工作发展规划》保持了以往规划的基本精神，涵盖了以往规划的主要内容。同时，根据形势和实践发展的需要，在以往规划基础上进行了充实、完善，新增了国家"十二五"规划纲要有关审计工作的新要求、近年来审计工作发展的新经验、构建财政审计大格局的实践成果、跟踪审计和绩效审计发展的新情况、经济责任审计的新规定和审计基础工作的发展变化等内容。

（三）审计工作发展规划的制定和实施

1. 制定

审计工作发展规划，也就是审计战略管理规划。它的制定需要运用战略管理的知识，对相关信息进行加工，探索审计工作的规律，用科学方法预测未来审计工作发展趋势，研判审计工作的理想境界，按照系统论的要求，借助于一定技术处理方法。审计工作发展规划的实质是从整体出发寻找、确立最优战略发展目标。

审计战略管理规划制定的几个阶段：

一是分析研究各类信息，确定战略目标。明确在战略期内要实现哪些目标，主导目标是由哪些从属目标组成，各个从属目标之间的关系，达到各个从属目标存在的机遇和威胁。

二是研究实现战略目标可供选择的措施和办法。在预测审计工作的外部环境和内部条件的基础上，研究实现目标的途径、可供采取的措施和办法，确定出可供选择的方案。这里所说的外部环境，是指直接影响和制约审计工作的社会政治经济形势，它既是审计工作得以进行的基本前提，也是确定审计工作重心和审计任务的主要依据；内部条件是指审计机构设置、人员素质和数量、物质装备等，它是实现审计战略目标的根本保证。

三是预测各种选择方案所确定审计战略管理目标实现的可能性和结果。审计战略管理目标能否实现，取决于目标的科学性、审计资源的适用性和审计手段方法的先进性等。制定审计战略管理目标要能够预测何种决策选择方案会以何种概率达到何种目标效果，要能够预测到各种选择方案对实现既定的主要目标和次要目标、主导目标和从属目标、中间目标和终结目标有何贡献。这样，才能够判断应用何种方案。

四是作出评估和决策。审计战略管理规划是审计机关决策层在组织进行科学评估的基础上，审定和批准实施的。

2．实施

审计战略管理规划制定后，审计机关的内设机构和派出机构应结合自身情况制定贯彻落实规划的具体措施，提出各年度工作计划与规划衔接的滚动计划，确定各自的负责部门或人员，明确和落实责任；应强化过程控制，把发展规划的各项要求落到实处。审计机关在实现战略规划目标的过程中，需要组织力量对规划贯彻落实情况进行检查，进而开展总体研究、提出改进工作的建议，以保障审计战略管理规划及其具体要求的落实。

作为一个特定时期审计工作的指导性文件和战略规划，《审计署2008至2012年审计工作发展规划》实施以来，其确定的审计工作的指导思想、根本任务和工作目标等都得到了切实有效的落实，取得了显著成果；《审计署"十二五"审计工作发展规划》则更准确地反映了国家"十二五"规划纲要有关审计工作的新要求，总结了审计工作发展的新经验，概括了构建财政审计大格局的实践成果，反映了跟踪审计和绩效审计发展的新成果，体现了经济责任审计的新规定，概括了审计基础工作的发展变化等情况，从而使这一规划成为更具有科学性和可操作性的指导审计工作发展全局的纲领性文件。

四、审计计划管理

审计计划管理是对审计项目计划有关活动的总称，它贯穿于审计业务实施的全过程，属于审计管理的范畴，是整合审计资源的重要手段和核心环节。审计计划管理的任务是为审计机关制订计划期内的绩效目标，并确定需要完成的审计任务和运用的审计资源。在审计计划管理工作中，制订审计业务滚动计划是一个重要组成部分，主要明确审计工作发展规划确定的总体目标的实施步骤和绩效目标的分解与落实措施；制订审计项目年度计划既是确定每个项目计划的过程，也是配置审计资源的过程。

审计计划管理按序时顺序依次为：调查收集审计需求，进行可行性研究，确定备选审计项目及其优先顺序，评估、配置审计资源，编制、下达和调整审计项目计划，进行审计工作方案管理，检查与评估审计项目执行情况七个环节。

近年来，审计计划管理出现几点变化：一是加强审计资源整合，以服务于审计工作报告和审计结果报告的要求为出发点，提出并实施了财政审计大格局。二是调整计划编制年度和计划编制周期，提高了计划工作自身的效率。三是增强计划管理机构工作的主动性，提高了审计资源配置效率（范围、数量和时间），进一步突出了重点，增加了项目数量，扩大了审计工作的覆盖面。四是注重项目储备的完善和计划管理机构人员自身素质的提高，在建立资源整合平台、增强审计资源配置的科学性等方面做了有益探索。

（一）管理目标

审计计划管理是审计管理的组成内容，因此计划管理的目标应服从审计管理的目标。审计管理的目标是使国家审计更高质量、更有效率地发挥保障经济社会健康运行的"免疫系统"功能。审计计划管理的目标应以现有审计资源为基础，做到量力而行、统筹兼顾、合理均衡，使有限的审计资源配置到最为急需的项目上；同时做到留有余地、避免重复、减少交叉，发挥审计资源的整体效能。审计计划管理应主要围绕审计项目计划的编制、实施、总结与评估等活动进行，可细分为三个层面的活动，分别是对计划编制工作、计划执行情况和计划执行结果的管理。这三种管理的具体目标如下：

计划编制工作管理的目标：一是审计计划每项内容都有真实、科学和可靠的依据，审计重点围绕党和政府的工作中心来确定，体现全面审计、突出重点的工作方针；二是审计计划程序合规合理；三是审计计划任务分解落实到相关部门和人员；四是各项计划任务有明确的目标和要求，以及目标和要求之间口径一致，并相互衔接平衡。

计划执行情况管理的目标：针对审计工作的复杂性和被审计单位经济活动的难以预测性，通过管理活动不仅要掌握进度、了解情况，还要研究、找出计划执行过程中的缺陷和不足，及时制定措施，调整计划内容，保证审计项目计划的顺利实施。

计划执行结果管理的目标：检查和评估审计项目立项的合理性、审计质量控制措施落实情况、项目实施质量、审计目标实现程度、审计成本控制情况等。通过检查和评估，总结经验，吸取教训，推优除劣，制定进一步改进计划管理的措施。

根据管理目标的要求，当前审计计划管理还存在不足：一是与审计战略管理的衔接不够；二是缺乏项目储备，特别是没有滚动计划；三是尚未完全找到有效整合资源、提高资源配置效率的抓手。

（二）管理内容

审计计划管理主要包括审计项目计划管理和审计工作方案管理。

1. 审计项目计划管理

审计项目计划是指审计机关根据法定的审计职责和审计管辖范围，对一定时期内所有需要进行审计的项目作出安排。按照项目类型划分，审计项目计划可以分为统一组织审计项目计划、授权审计项目计划和自定审计项计划。统一组织审计项目计划是审计机关为更好地履行审计职责，对审计管辖范围内的审计任务进行统一部署和安排，组织多个审计组或审计机关共同实施一个审计项目或者分别实施同一类审计项目的计划。授权审计项目计划是上级审计机关把其管辖范围内的审计项目授权给下级审计机关进行审计的计划，它是审计机关统一组织审计项目计划的必要补充和配合，是扩大审计覆盖面的有效方式。自定审计项目计划是各级审计机关在统一组织审计项目计划和授权审计项目计划之外，根据当地经济社会发展的实际情况，为落实党委、政府要求及接受有关部门委托，结合自身资源情况作出的项目安排计划。

审计项目计划内容主要包括：审计项目名称；审计目标，即实施审计项目预期完成的任务和结果；审计范围，即审计项目涉及的具体单位、事项和所属期间；审计重点，即审计过程中需重点关注的内容和活动；审计项目组织和实施单位，即审计项目计划的执行单位；审计资源，主要包括人力资源、经费支持和技术装备等要素。审计机关编制年度审计项目计划可以采取文字、表格或者这两者相结合的形式。审计项目计划的编制要有真实、科学和准确的依据和合理的程序，各项任务都有明确的目标和要求，以及项目组织实施所需审计资源等。

审计机关通过了解、掌握、研究宏观经济信息和政策动态，走访有关部门，召开专家学者咨询会，征求审计机关内部机构及下级审计机关意见等方式，开展广泛的调查研究，收集审计需求，初步选择审计项目。在收集审计需求过程中，初步选择审计项目主要围绕：国家和地区财政收支、财务收支以及有关经济活动情况，政府工作中心，本级政府行政首长和相关领导机关对审计工作的要求，上级审计机关安排或者授权审计的事项，有关部门委托或者提请审计机关查证、审计的事项，群众举报和公众关注的事项，经分析相关数据认为应当列入审计的事项。

审计机关对初选审计项目应进行可行性研究，确定审计目标、审计范围、审计重点等事项。审计项目的可行性研究主要研究相关的法律法规和政策；与被审计单位有关的管理体制；被审计单位的组织结构，主要业务及其开展情况，财政收支、财务收支状况及结果，相关的信息系统及其电子数据情况，以前年度审计情况，相关管理和监督机构对其监督检查的情况及结果等。

审计机关对备选审计项目，在上述可行性研究的基础上，应按照项目在国家经济和社会发展中的重要性、政府行政首长和相关领导机关及公众关注程度、资金和资产规模等因素评估项目的重要程度，从项目规模、管理和控制状况等因素评估项目的风险水平，客观判断审计的预期效果，参考对有关审计内容以前的审计频率和覆盖面，以及实施审计项目对审计资源的要求等方面，综合确定审计项目的优先顺序。按照优先顺序，结合审计机关可用资源，形成审计项目计划草案。如果需要，可以组织专家对计划草案的项目进行论证。计划草案经多方面征求意见和审计机关按内部工作程序进行审定后，报经本级政府行政首长批准并向上一级审计机关报告，形成正式计划，下达给审计项目组织和实施单位执行。

审计机关的项目计划一经下达，审计项目组织和实施单位应严格执行，确保完成，不得擅自变更。审计项目计划在执行过程中，由于审计工作的复杂性和被审计单位经济活动难以预测，计划的内容可能存在某些不足，因此审计项目计划在组织实施过程中，不可避免地要进行调整。这种调整应遵循"谁下达、谁调整"的原则，即由下达审计项目计划的审计机关按照工作程序调整计划内容。

为保证计划落实，审计机关应当对审计项目计划执行进行全方位、全过程的管理，不仅要加强计划编制和执行环节的控制，还要加强计划执行情况的检查和评估。审计机关实行审计项目计划执行报告制度，即审计项目实施单位应当向下达审计项目计划的审计机关报告计划执行情况。审计机关应当定期检查年度审计项目计划执行情况，评估执行效果。目前，审计机关对审计计划执行情况的检查和评估主要集中在计划执行进度上，对审计现场组织实施、审计成果等方面的检查和评估工作还有很大的发展空间。

2. 审计工作方案管理

审计工作方案是指审计机关为顺利完成审计任务，达到预期审计目的，在实施审计前对审计工作所作的计划和安排，它是指导审计工作有序、有效进行的一项书面指令。对于统一组织的审计项目而言，审计工作方案作为审计项目计划的细化，处于审计项目计划和审计实施的中间环节，起着承上启下的作用。审计工作方案由审计机关业务部门负责编制，由各有关审计机关或审计组执行，往往以正式公文形式下发，一般包括文字和表格两部分。审计工作方案在由审计机关业务部门编制后，报经审计机关分管领导批准，再下达到具体承担审计任务的审计组或下级审计机关实施。重要审计项目的审计工作方案应当经审计机关审计业务会议或审计机关负责人审定。

审计机关业务部门编制审计工作方案，应当根据形成年度审计项目计划的审计需求和对项目可行性研究的情况，开展进一步调查研究，确定审计目标、范围、重点和项目组织实施等项目要素。在编制工作方案的过程中，负责组织实施审计项目的审计业务部门应根据年度审计项目计划，进行广泛的调查研究，必要时选择有代表性的个别项目进行试审，在调查研究和试审的基础上编制审计工作方案。初步编制完成的审计工作方案，还应以一定的方式，广泛征求有关部门意见，以求方案科学合理和具有较高的可操作性。

审计工作方案的内容主要包括：审计目标、审计范围、审计内容和重点、审计工作组织安排、审计工作要求。审计机关业务部门编制的审计工作方案按照规定的程序审批。审计机关批准审计工作方案前，根据需要，可以组织专家进行论证。审计机关应在年度审计项目计划确定的实施审计起始时间之前，把审计工作方案下达到审计项目实施单位。审计项目实施单位根据审计过程中相关情况的变化，可以申请对审计工作方案的内容进行调整，但应按审计机关规定的程序报批。

3．审计计划管理的新情况

审计计划管理和外部环境密切相关。要保持审计"相对独立"，就要关注外部环境变化，才能更加自觉地使审计融入经济社会发展大局。独立性是审计的本质特征，但片面强调独立性，就会影响甚至损害审计与外部环境的联系。近年来的审计实践表明，审计工作不能脱离外部环境，只有更加注重外部环境的变化，并从外部环境的变化中确定审计工作和它的结合点，以及审计工作切入点，审计工作才能更有生命力。

审计实践的发展，要求通过加强审计计划管理，实现有效整合审计资源，改进审计方式，不断拓展审计工作深度与广度。从近年来的审计实践，特别是应对2008年国际金融危机的审计实践看，如果按照审计机关原有的内部职责分工、采取各专业审计"单兵作战"方式开展审计工作，既难以摸清国际金融危机对我国经济的影响程度，也难以为促进中央政策措施落实有效发挥审计的积极作用。审计机关在应对这次国际金融危机中所取得的成效表明，在新形势下，审计机关和审计人员要创新思维，可从两个方面着力提高审计工作的"深度与广度"：一是打破司局、处室界限，淡化职能分工，强化审计资料共享，形成审计合力，加大审计发现问题的"纵向深度"；二是在"突出重点"的前提下，通过压缩单个审计项目投入的审计资源而增加审计项目数量的方式，不断扩大审计工作的覆盖面，更好地实现"全面审计"，提升审计工作的"横向广度"。

五、审计质量管理

（一）审计质量管理的含义

根据国内外审计质量管理理论和实践，对审计质量管理可以做如下定义：审计机关和审计人员为实现审计工作目标，按照规定的标准，实施一系列与保障审计质量有关的组织、控制和监督活动。这一定义包括以下几层含义：

一是审计质量管理的主体是审计机关和审计人员。虽然人大、政府等机构也会提出审计质量要求，相关部门、被审计单位和社会公众也能够对审计质量进行评价和监督，但审计质量管理最根本的还是需要由审计机关和审计人员主动采取措施来实施。审计质量管理是审计机关和审计人员的自律行为。

二是审计质量管理主要围绕遵守规定的标准和实现审计工作目标这两个方面来进行。审计质量主要体现在两个方面：（1）审计机关和审计人员是否遵守国家法律法规和审计准则关于审计职责、审计权限、审计程序和业务流程的规定，审计工作是否规范等。这侧重体现的是审计行为规范化方面的要求。（2）审计工作及其结果是否实现预定目的，是否体现国家对审计工作的基本要求和审计机关的基本战略。这侧重体现的是审计成果方面的要求。上述两个方面相互联系，缺一不可。合法、规范的审计活动有利于保障取得审计成果，好的审计成果离不开审计行为的规范。审计机关应围绕上述两个方面开展审计质量管理。

三是体现了全面质量管理的要求。审计质量管理需要全体审计人员参与，对审计业务活动全过程实施全面质量管理。在审计项目实施前，主要对相关组织活动，包括人员的配备和安排、计划的编制等进行控制。在审计项目实施和报告审计结果阶段中，主要对相关审计业务活动，包括审计实施方案编制、审计证据获取、审计记录、审计报告的质量进行控制。项目审计工作结束后，需要对项目审计质量进行检查监督，分析存在的问题，防范相关质量问题再次发生。

（二）审计质量管理的目标

根据我国法律法规的规定、政府等领导机构和社会公众的要求和期望，审计质量管理的目标主要是：

1. 遵守国家法律法规和审计准则

审计机关和审计人员既应执行审计程序、工作流程和各个环节相关规定和要求，也应贯彻落实法律法规和审计准则赋予的审计职责、权限，实现审计工作目标，不断满足国家和人民对审计工作的要求和期望。

2．出具合格的审计报告

审计报告是审计工作的主要产品，是审计成果的集中体现。合格的审计报告，首先，应能反映出审计工作充分实现了审计目标，在当前和今后一段时期，审计报告既应揭露违法违规和影响绩效的问题，维护国家经济安全，促进加强廉政建设；又应注重揭露相关制度缺陷、政策执行和管理中的问题，从体制、机制和制度方面提出改进建议，充分发挥审计的建设性作用和"免疫系统"功能。其次，应具备应有的要素，满足基本规范要求，做到内容完整、事实清楚、结论正确、语句恰当、格式规范、报送及时。

3．依法进行处理处罚

我国审计机关对被审计单位违反国家规定的财政收支、财务收支行为，具有处理处罚的职权。审计机关作出处理处罚，一方面，应遵守法律法规确定的审计职权范围和处理处罚程序要求，以及相关财经法规关于处理处罚条件、种类和幅度的规定，做到依法处理处罚；另一方面，应分析问题的性质、情节、金额，考虑产生问题的主客观原因、历史背景和环境，分析研究审计发现的问题对被审计单位和社会经济发展带来的影响，作出公正的处理处罚。

（三）审计质量管理的主要内容和实现途径

为体现全面质量管理的理念和要求，目前，世界审计组织和美国等西方国家已研究提出了审计质量管理的六个基本要素：一是审计质量的领导责任。要求审计机关领导层合理划分内部管理责任，制定质量管理制度，并通过自身行动示范和信息传达，建立、推进以质量为导向的审计文化。二是审计职业道德。要求审计机关制定相应政策和制度，保持审计机关和审计人员的独立性，恪守审计职业道德。这是从审计价值观念方面为审计质量管理提供保证。三是审计任务安排。要求审计机关充分认识审计对象，并在确定审计任务时充分考虑审计资源和时间，以便高质量完成审计任务。四是人力资源。要求审计人员具有相应的职业胜任能力和业务素质，为审计质量提供能力保障。五是业务执行。要求按照法律法规和审计准则的规定开展审计业务，出具合格的审计报告。六是质量监控。要求通过经常性监督检查和外部同业复核，保证质量管理政策和制度执行适当和有效。上述六个要素涵盖了审计质量管理的重要领域，是审计质量管理的主要内容。审计机关应当围绕这些要素，并结合实际情况，建立具体的质量管理制度并开展质量管理工作。

审计质量管理的实现途径，具体包括以下方面：对审计质量的领导责任，主要通过建立完善有关规章制度和审计机关领导行为等途径实现；对审计职业道德，主要通过建立完善审计职业道德规范和守则、加强审计人员自身修养、进行典型示范、建立职业道德评价和教育体系等途径来实现；对审计任务安排，主要通过加强审计项目计划管理来实现；对人力资源，主要通过录用审计人员，开展继续教育，加强培训和实践锻炼，聘用外部专家，建立以质量为导向的业绩评价、考核和激励制度等途径来实现；对业务执行，主要通过审计过程、审计行为和审计结果控制等途径来实现；对质量监控，主要通过各种监督检查和质量责任追究等途径来实现。

审计项目计划管理已在本专题第四部分中进行了阐述，审计质量的领导责任、审计职业道德将分别在本研究课题"审计规范化"和"审计文化"专题中进行阐述，人力资源将在本专题第八部分中进行论述。本部分重点研究的是审计业务执行和审计质量监控的主要内容、具体实现途径。

（四）审计业务执行的质量管理

审计业务执行主要包括实施审计和形成审计结果两个阶段。这里主要阐述编制审计实施方案、收集审计证据和形成审计结果等环节质量控制的重点和管理措施。

1. 审计实施方案的质量管理

审计工作方案确定审计项目目标之后，审计实施方案主要应解决审计什么、怎么审计和由谁审计的问题，其质量控制的重点：

一是准确确定审计事项及其目标。一份指导性和操作性强的审计实施方案，应将审计的内容明确到具体的审计事项。审计事项越具体、越细化，审计的内容越清晰。这些审计事项可能是被审计单位的一项业务活动、一笔或几笔资金收支、可能存在的某一类问题等。同时，应逐项、逐笔明确审计的方向、要回答的问题和可能的结果，确定审计事项的目标。

二是选择适当的审计步骤和方法。审计事项确定之后，需要选择审计的路径和突破的方法。对某一审计事项，可能有多种实施的路径和方法，需要选择最有效、最便捷、最经济的路径和方法；对有些审计事项，常规的审计方法可能不适用，需要研究确定特定的突破方法。

三是合理分配审计组的资源。根据审计事项的特点和审计人员的知识、能力、经验，合理安排审计人员的分工。同时，统筹考虑审计项目的进展，以安排审计经费和审计时间。

落实上述审计实施方案质量控制的重点，主要采取以下管理措施：

（1）充分了解被审计单位有关情况。主要通过调查了解被审计单位的组织结构、业务活动、行业状况、财政财务管理体制和收支情况、执行相关法律法规和政策情况、以往接受审计和监管情况等，分析可能存在的问题，进而通过调查了解被审计单位相关的控制环境、风险评估、控制活动、信息与沟通、对控制的监督等内部控制制度及其执行情况、信息系统及电子数据情况，分析被审计单位内部控制是否足以预防可能产生的问题，为确定审计事项及其目标打下基础。对被审计单位调查了解越深入，确定的审计事项就越准确，审计实施方案就越具有指导性。

（2）评估可能存在的重要问题。针对调查了解分析被审计单位可能存在的问题，审计组需要进行集体讨论，必要时聘请专家，围绕项目审计目标，充分运用职业判断，从可能存在问题的性质、金额及其发生的具体环境等方面，评估重要性，据以明确审计的具体范围、审计的事项及其审计目标。

（3）确定审计应对措施。在确定审计事项及其目标之后，需要根据审计目标，考虑审计组和被审计单位实际情况，逐项确定审计的步骤和方法。对重要审计事项，分派有经验的审计人员承担，安排充足的审计时间，并可考虑聘请专家参与工作。对需要审计被审计单位信息系统和进行电子数据分析的，应安排有胜任能力的人员或专家参与，并确定具体的检查分析方法。对可能构成重大违法或涉嫌经济犯罪的问题，在检查范围、方法、人员分配和审计时间等方面需作出特别安排。

（4）适时调整审计实施方案。审计实施方案的质量取决于对被审计单位情况的了解程度。对规模较大、业务比较复杂的被审计单位或者审计人员不十分熟悉的业务领域，短期内往往难以做到深入的了解，需要通过实践——认识——再实践——再认识的过程。因此，对被审计单位的调查了解和认识往往贯穿于实施审计的全过程，随着认识的逐步深化，有可能需要更新、修正和细化原先确定的审计思路，调整审计实施方案。在审计实施方案的管理上，应赋予审计组组长相机抉择的权力，除重大项目的审计实施方案或方案的重大调整需经审计机关负责人审定外，审计组组长可根据调查了解的情况及时调整实施方案，并采取便利、有效的形式，对方案调整情况作出记录。

2. 审计证据的质量管理

收集审计证据是审计实施阶段的主要任务之一。审计人员执行审计实施方案，收集审计证据，据以得出审计结论，是形成审计报告的基础。审计证据质量控制的重点：

一是审计证据的充分性。充分性是对审计证据数量的衡量。审计证据的充分性，首先，要求每一审计结论必须有审计证据的支持，不能主观臆断；其次，收集的审计证据必须充分、完整，足以证明审计事项的全部要素，并得出正确的审计结论。

二是审计证据的适当性。适当性是对审计证据质量的衡量。适当性，一方面要求审计证据具有相关性，即审计证据与审计事项及其目标之间具有实质性的联系；另一方面，要求审计证据具有可靠性，即审计证据应当真实、可信。

落实上述审计证据质量控制的重点，主要采取以下管理措施：

（1）选择适当的取证模式和方法。对每一审计事项，审计人员可以根据实际情况，选取有效的取证方法，确保获得审计证据。同时，根据审计结论的需要，确定对审计事项中的全部项目、部分特定项目进行审查取证，或采取审计抽样的取证模式，获取充分的审计证据。

（2）紧紧围绕审计结论的要素收集审计证据。就一个具体问题得出审计结论，一般应具备四个要素：一是标准，即回答应当是什么；二是事实，即回答实际是什么，它与标准之间的差异则构成审计发现的问题；三是影响，即回答产生怎样的后果；四是原因，即回答为什么产生该问题。审计人员应围绕上述要素收集审计证据，确保审计证据与得出的审计结论紧密相关。

（3）对相互矛盾的审计证据采取进一步措施。收集的各项审计证据应当具有一致性并能相互印证。如果不同来源和不同形式的审计证据相互矛盾时，那么至少某一方面的证据是不符合客观实际的，对此审计人员必须保持高度警惕，采取进一步的措施，确保审计证据可靠。

（4）对审计取证和审计记录进行指导、复核和监督。审计人员在审计实施过程中，应持续评价审计证据的充分性和适当性。审计组组长应当对如何开展取证予以指导，对审计组成员已经取得的审计证据进行审查，组织审计组进行研究讨论，或向外部专家咨询。审计组组长应指导审计组成员及时、完整地编制审计工作底稿，记录实施审计的过程、获取的审计证据和得出的审计结论，并对审计工作底稿进行复核。

3. 审计结果的质量管理

审计结果是以审计报告等载体反映的审计结论。审计结果质量控制的重点：

一是审计事实的准确性。审计结论需要以事实为依据，应有事实作支撑。首先，审计结果所反映的事实和数据必须准确，与客观事实相符。其次，审计事实必须清楚、完整，必须把重要事项的主要环节交代清楚，并尽可能围绕标准、事实、影响、原因四个要素完整地反映相关事实。

二是审计结论的正确性。审计结论包括对审计事项的评价意见，对违法违规行为的定性、处理处罚意见或建议，对完善制度、加强管理和改善绩效的建议等。审计机关需要以事实为基础，以相关法律法规和标准为依据，根据实际情况，提出恰当的审计意见。

三是审计文书格式规范。审计文书是审计机关反映审计结果、表达审计结论的文书，对被审计单位具有约束力，会给被审计单位利益带来影响。规范的审计文书有利于被审计单位正确理解和执行。

落实上述审计结果质量控制的重点，主要采取以下管理措施：

（1）审计组集体讨论制度。现场审计结束后，审计组讨论实施审计的结果并提出审计意见，是形成审计结果的基础和提高审计结果质量的重要保障。审计组应评价审计目标实现情况，评价审计证据的充分性和适当性，评估审计发现问题的重要性，提出对审计发现问题的处理处罚意见，从审计项目整体上提出审计评价意见和审计建议，并据此形成审计报告等文书。

（2）业务部门复核制度。负责组成审计组或者说审计组所在的业务部门，指导和监督审计项目的现场实施工作，从总体和更高层次上把握审计结果的质量。审计组所在业务部门进行的复核应当是全面的，既包括审计文书各个要素和文书格式，也包括支持审计文书的审计证据、审计工作底稿、被审计单位反馈意见等。

（3）审计项目审理制度。根据党的十七大提出的建立健全决策权、执行权、监督权既相互制约又相互协调的权力结构和运行机制要求，《审计署2008至2012年审计工作发展规划》提出着力构建项目审计计划、实施与审理既相分离又相制约的审计业务管理体系，在总结经验的基础上，2010年建立起审计项目审理制度。《中华人民共和国审计法实施条例》和《中华人民共和国国家审计准则》已将审理制度作为审计质量管理的一项重要制度作出规定。实行审理制度，是指由独立于审计项目组织实施的专门审理机构，以审计实施方案为基础，重点关注审计实施的过程和结果，全面审查项目审计资料，听取项目审计实施单位的意见，独立作出判断，提出审计处理处罚等意见或建议。审计项目审理既是对审计实施过程的监督，也是形成审计结果的必经环节。审理机构不仅应审查审计程序执行情况、审计实施方案及其执行情况、收集的审计证据的充分性和适当性、审计记录的完整性、审计文书反映事实的准确性和适用法律法规的正确性等，提出审理意见，而且应直接提出或修改项目审计实施单位提出的处理处罚意见，直接修改并形成审计文书，报审计机关负责人审定。

（4）审计机关负责人审定审计结果的制度。审计机关负责人代表审计机关审定审计结果并签发审计文书。审计机关负责人根据审计结果的重要程度，可采取直接审定或提请召开审计业务会议的方式审定审计结果。

（五）审计质量监督检查和责任追究

除按业务流程对审计项目实施过程及其结果质量加强管理外，还应加强事后的外部监督检查，对审计发现的重大质量问题追究责任，以促进提高审计质量。

1. 审计机关内部的质量检查制度

国外许多国家审计机关都建立了同业复核制度，邀请其他审计机构或审计中介组织定期对本机关的审计质量管理情况进行监督检查。我国审计机关根据审计管理体制要求和实际情况，实行审计机关内部的质量检查制度，主要由不参与审计项目组织实施的审计质量管理部门，独立地对审计机关所属业务部门、派出审计机构和下级审计机关的审计业务质量进行检查，并提出检查意见和建议，由被检查单位进行纠正和整改，促进加强和改善审计质量管理。

审计质量检查的主要内容：一是检查审计质量管理制度的建立健全情况，反映审计机关在质量管理制度方面的重大缺陷和明显漏洞。二是检查审计质量管理制度的执行情况，反映未严格遵守法律法规、审计准则和审计机关内部规章制度中关于审计质量管理规定的重要问题，分析未严格遵守的原因和带来的影响。三是抽查已完成的审计项目，反映未执行审计实施方案、未取得充分适当的审计证据、未揭示被审计单位的突出问题、未依法作出处理处罚等重大问题，并提出纠正和处理的措施。

2．审计系统内部的层级监督制度

我国审计机关对下级审计机关的审计业务负有领导职责。审计法及其实施条例规定，上级审计机关对下级审计机关的审计业务依法进行监督，认为下级审计机关作出的审计决定违反国家有关规定的，可以责成下级审计机关予以变更或撤销，也可以直接予以变更或撤销。国务院《全面推进依法行政实施纲要》也要求：创新层级监督新机制，上级行政机关要建立健全经常性的监督制度，加强对下级行政机关具体行政行为的监督。上级审计机关可通过对下级审计机关的质量检查、被审计单位申请复议或提出的申诉、媒体的报道和公众的举报等渠道，发现下级审计机关审计处理处罚中存在的重大质量问题，并依法予以纠正，强化对下级审计机关的监督。

3．审计系统外部的监督制度

对审计质量的外部监督主要来自四个方面：一是人大和政府的监督，包括人大和政府等领导机关对加强审计质量管理的指示和要求，政府通过办理审计行政复议事项或裁决事项实施的监督。二是有关职能部门的监督，包括司法机关通过审理审计行政诉讼案件实施的监督，有关部门通过调查处理审计移送事项实施的监督等。三是被审计单位的监督，包括被审计单位通过对审计报告征求意见稿提出异议、对审计决定不服依法采取救济措施或提出申诉等方式实施的监督。四是社会公众的监督，包括通过群众举报、媒体批评性报道等实施的监督。

4．审计质量责任追究制度

对审计人员因故意或者重大过失，违反法律法规和审计准则等相关规定，造成重大质量事故的，依法追究其责任，是落实审计质量管理制度的重要保障，也是依法行政的必然要求。审计项目的实施和审计结果的形成往往是由许多审计人员共同参与完成的，因此实行审计质量责任追究制度，首先，应明确审计组成员、审计组组长、审计组所在业务部门人员、审理机构审理人员和审计机关负责人在审计项目管理中的职责；其次，应根据审计人员承担职责的情况，明确其应负的直接责任、审核责任和领导责任，并确定对责任人员的具体处理方式和处理程序；再次，对通过审计质量检查、审计行政复议、行政诉讼、政府裁决、群众举报，以及其他渠道发现的重大审计质量事故，应依法对负有责任的审计人员作出相应的处理处罚。

六、审计成果管理

审计成果是审计工作所产生的结果，是反映审计工作成效的具体体现。随着审计工作的深入开展，每年都会产生大量的审计成果。如何使审计成果发挥最大效用，是当前各级审计机关必须面对和迫切需要解决的问题。审计成果管理作为审计工作的延伸和整个审计管理工作的重要组成部分，是提升审计效率和审计成果的重要方法和手段。加强审计成果管理，对于防止审计成果流失，提高审计工作水平，增强审计监督效果具有十分重要的意义。

（一）审计成果的内涵

审计成果是审计工作所产生的效果或发挥的效益，即在审计中查明真实情况，发现存在问题，提出改进工作和完善制度的建议，促进解决问题，最终转化为行政力和生产力。从根本上讲，审计是保障国家经济社会健康运行的一个"免疫系统"，审计成果就是审计发挥"免疫系统"功能的反映和体现。这种反映和体现可分为三个方面：一是通过处理和纠正违法违规问题，促进增收节支、提高资金使用效益，直接体现出审计的经济效益；二是通过推动完善制度、加强管理，为经济发展创建良好的制度环境，间接体现出审计的经济效益；三是通过为政府和社会公众提供真实可靠的信息、公开政府改进工作和规范管理的情况，促进社会各界关注、参与和监督国家财政收支活动，推动依法行政和政务公开，推进提高政府部门的公信力和执行力，体现出审计的社会效益。

从管理的角度，审计成果通常有以下两种分类：(1) 按审计成果的内容划分。可分为两大类：一是问题类成果。即审计过程中发现的、需要引起有关方面重视或由有关方面解决的重要问题。包括：审计发现的被审计单位或事项存在的问题；影响审计工作正常开展的问题，如审计过程中遇到的阻力、审计力量不足、审计法规不配套、审计风险大等。问题类成果是审计工作过程中产生的最重要的成果，是审计业务成果的集中体现和反映。这类成果在揭示问题的同时，一般要分析原因，提出对策。二是经验做法类成果。即审计活动中产生或了解到的各种经验和做法。包括：审计工作自身取得的先进经验和好的做法；审计活动中了解到的被审计单位值得推广的经验和做法。(2) 按审计成果的载体划分。可分为四大类：一是决定类审计成果，如审计决定书等；二是报告类审计成果，如审计报告、审计调查报告、审计结果报告、审计工作报告、审计专题报告和审计结果公告等；三是建议类审计成果，如审计建议书、移送处理书等；四是信息类审计成果，如审计要情、重要信息要目、审计简报、信息转送函、审计工作通讯、审计工作动态等。

（二）审计成果管理的目标

审计成果是审计工作的产物，审计成果管理的目标必须充分体现审计工作的总体目标，并对审计工作总体目标的实现起到积极的促进和推动作用。同时，根据管理的效益最大化原则，还应实现审计成果最大化的目标。

第一，从实现审计工作总体目标角度来讲，审计成果管理的目标有六个方面：一是让上级机关和审计有关各方了解审计对象在财政财务管理等方面的总体情况和取得的成效；二是让上级机关和审计有关各方了解审计对象在财政财务管理等方面存在的突出问题及严重程度等；三是让上级机关和审计有关各方了解审计对象产生上述问题的各方面原因等；四是让上级机关和审计有关各方了解从根源上解决这些问题的方式方法；五是督促审计对象整改审计查出的问题；六是让社会公众了解审计对象财政财务管理状况，并形成强大的社会舆论监督，促使其强化责任、加强管理。

第二，从提高审计工作绩效角度来讲，审计成果管理的目标是实现审计成果最大化，即以较少的审计资源投入取得较大的审计成果。其具体做法是，把审计成果管理与审计项目组织实施结合起来：一是抓住重点，在分析研究审计对象总量、结构、特点的基础上，抓住那些数额大、危害大、影响大的问题。二是提升层次，发挥建设性和前瞻性作用。善于从微观入手，从宏观全局着眼，注重有针对性地从完善制度和政策的层面提出意见和建议，促进从根本上解决问题。三是提高效率，采用科学的管理组织方式和先进的技术方法，整合利用内外资源，重整改、促公开，实现审计资源和成果利用的最大化。

（三）审计成果管理的内容

审计成果管理是提升审计工作成效的一项重要工作，关乎审计工作的全局。通过审计成果管理，实现对审计成果的"深加工"，提供更多技术含量高的"精品"和满足各界需要的"高端产品"，审计工作就必须紧紧围绕经济社会发展中心，来确定预期审计成果的角度和着力点，不断提升审计成果的质量、时效和高度；必须注重加强宏观分析和综合分析，提升审计成果的宏观性、全局性和前瞻性，从而带动整个审计工作上层次、上水平。具体来讲，审计成果管理包括以下内容：

1. 规范审计成果载体

在现代社会中，信息既是管理活动的重要内容，又是管理活动的终极目的，即管理者的最终目的就是为了获取各种各样有价值的社会、政治、经济、科技、文化等方面的信息。目前，应努力搭建起以"两个报告"为核心，以审计报告和审计信息为基础的审计成果平台。应加强对统一组织审计项目的管理，全面深入把握审计对象的情况，这样做一方面有利于从全局上系统地掌握情况，反映普遍性问题；另一方面有利于提高审计报告的全面性和针对性，给政府决策提供大量的、全面的、系统的材料。这样，无须增加审计资源和力量，也能够从更高层次上、更加深入地发挥审计监督的作用。为此，要做到以下两点：一是着力提高审计报告的质量和水平。审计报告包括审计机关进行审计后出具的审计报告以及专项审计调查后出具的专项审计调查报告[1]。审计报告是审计成果的集中体现和重要载体。在审计工作中应高度重视审计报告的规范化工作，严格按照审计法实施条例、国家审计准则等相关规定来编制、审核审计报告，使之内容完整、事实清楚、结论正确、用词恰当、格式规范。专项审计调查报告还应当根据专项审计调查目标重点分析宏观性、普遍性、政策性或者体制、机制问题并提出解决改进的建议。此外，审计报告还应根据不同的审计目标，以审计认定的事实为基础，在防范审计风险的情况下，按照重要性原则，从真实性、合法性、效益性方面提出审计评价意见。二是强化审计信息工作。进一步改进和规范审计信息工作的组织管理，做好审计信息工作的统筹和规划，加强上下联动的信息传递和反馈，增强信息工作的系统性、主动性和时效性；认真落实信息工作责任制，认真把好信息质量关，使之事实清楚、定性准确、内容精练、格式规范、反映及时；加大综合分析力度，提升信息的宏观性、全面性，多出重要性强、质量高、影响大、效果好的信息。

2. 提高审计成果利用深度

审计成果有深度，成果的运用才有深度。目前，审计成果的运用还十分有限，其主要原因在于审计成果往往还停留在就事论事的层面，深度不

---

1 《中华人民共和国国家审计准则》，中华人民共和国审计署令第8号，2010年9月1日。

够。审计成果管理必须在审计成果的深度开发上下功夫：一是增强宏观意识，全面、系统、辩证地思考问题，通过归纳分析、综合提炼，综合运用审计成果。二是从具体的、微观的经济现象入手，总结提炼出带有共性的、规律性的东西，抓住倾向性、敏感性问题，为加强各项管理、弥补制度缺陷、化解社会矛盾及时提出有价值的建议。三是注重从横向和纵向两个方面扩大和深化对审计成果的利用，做到一审多果，一果多用；审计一个，规范一片；处理一个，教育一批；通过深入挖掘审计成果，提高审计服务经济社会大局的层次和水平。

3. 拓宽审计成果利用渠道

目前，审计成果主要以审计文书、信息简报为载体，成果的流通局限于上级政府部门和被审计单位，流动性弱，作用未能充分显示。进一步提高审计成果运用水平，拓宽审计成果运用渠道的主要途径有以下三个方面：一是扩大知情面，形成对被审计单位监督和管理的合力。在依法保守国家秘密和有关单位商业秘密的前提下，不仅把审计意见书、审计决定书等文件抄送被审计单位的主管部门，还应视情况向党委、纪检、监察等部门报送审计相关情况，使这些部门能及时了解有关情况，并结合自身的职责，加强对被审计单位和其他有关部门的管理与监督。二是坚决实行审计结果公告制度，逐步规范公告的形式、内容和程序。实行审计公告制度不仅是推进依法治国、促进依法行政的需要，也是审计工作自身发展的需要。应当对除涉及国家秘密、商业秘密及其他不宜对外披露信息外的所有审计和审计调查项目的结果进行公告，充分利用电视、报刊、网络等多种新闻媒体发布审计成果运用信息，引导公众对被审计单位开展间接监督，并借助强大的社会舆论力量，促进被审计单位落实审计决定，实现审计信息（成果）的社会共享和利用的最大化。三是加速实现审计成果资源的电子化、信息化，建立审计信息资源数据库，利用政务信息网建立信息共享平台，实现审计成果资源共享，通过更多层次和渠道，使审计成果的运用深入行政监督领域、法纪监督领域、干部管理领域和宏观管理领域，并探索将审计结果存入被审计单位领导干部的廉政档案和人事档案，将其作为领导干部考核、晋升、交流、改任和降职使用的依据。

4. 强化审计成果利用效果

提高审计成果利用效果的主要措施有三个方面：一是强化审计成果质量管理。审计成果质量是决定审计成果运用效果的基础和前提。审计机关应严格规范审计行为，加强审计质量控制，不断提高依法审计能力，确保审计成果事实清楚、定性准确、处理得当、便于执行和操作。二是建立审计结果跟踪检查制度，促进审计成果转化。再好的审计成果，如果不转化为行政力、生产力，不转化为领导的决策，那只不过是纸上谈兵，没有价值。审计工作的目的不仅是要揭露问题，更重要的是要解决问题。审计决定是否得到有效落实，关系到审计监督能否取得应有效果，关系到审计监督的严肃性和权威性能否得到维护。因此要强化审计成果转化工作，推动审计成果运用工作落到实处，应当对已下达的审计决定、审计意见（审计报告）、审计建议等审计文书的执行、落实、采纳情况进行督促检查，跟踪了解、分析评价审计成果运用和整改情况，必要时对有关单位进行后续审计，协助做好审计查出有关问题的纠正。三是加强组织领导，健全机制，明确职责，加强审计结果运用中有关部门的协作配合，建立审计成果运用报告制度、审计成果运用督促检查制度、审计成果运用问责制度和审计结果运用公开制度。探索建立审计成果运用协调机制和促进整改长效机制，提高审计成果的运用效率和效果，进一步发挥审计监督作用。

七、审计成本管理

近年来国家审计的审计面不断扩大、审计工作任务量逐渐加大，这与审计资源相对短缺之间的矛盾日益凸显。在审计资源有限的前提下，通过对审计成本的科学管理来降低审计成本、节约审计资源、实现审计效益和效果最大化，已成为审计工作科学发展的必然要求。

（一）审计成本的内涵

广义的成本是一个经济范畴，指人们在经济活动过程中，为达到特定目的而占用或耗用的资源。狭义的成本是一个价值范畴，指人们进行一项活动时发生的全部支出的对象化了的货币表现。审计成本也有广义与狭义之分。广义的审计成本是指审计机关行使审计职责而占用或耗用的资源，它涵盖了审计机关在一定时期内可控的和不可控的所有外部成本和内部成本。狭义的审计成本是审计机关全部支出的对象化了的货币表现，它是审计机关可控制或可施加影响的成本。以下所讲的审计成本是指狭义的审计成本，其内涵主要包括四方面：一是人力成本，主要由人员基本费用和人员培训相关的各项费用构成。二是日常公用支出，主要由审计机关办公经费，为维护正常办公的水、暖、电、卫经费，差旅费、会议费和其他费用构成。三是项目支出，主要是实施审计项目发生的各项支出。四是在特殊情况下所发生的其他资源占用和耗用，主要指审计机关遇到不可抗力因素，如事故、灾害等发生的费用。

（二）审计成本管理的目标

审计成本管理是指审计机关为更好地履行法律所赋予的审计职责和职能，降低审计成本所采取的一系列办法和措施。审计成本管理的最终目标是在提高审计质量和效率的前提下，降低审计成本，从而实现审计工作效能最大化。审计工作效能是审计成果的经济效益和社会效益之和与审计成本的比较。所谓审计工作效能最大化就是在取得最大的经济效益和社会效益的前提下，审计成本最小，或在相同审计成本的状况下，审计工作效能最大。

在确定具体的审计成本管理目标时，应注意把握以下两个方面：（1）审计成本管理不能以成本最小化为唯一目标。审计成本是审计工作达到预定目标所必需的资源占用和耗费，如果仅以审计成本最小化为唯一目标，可能会对审计工作产生不良影响。如有的审计机关和审计人员可能因此降低审计目标而增加审计风险；有的审计人员可能因此简化审计取证程序，而降低审计证据的相关性和充分性；有的审计人员可能因此采取不恰当的审计方法，而产生审计判断的错误。（2）审计成本管理的目标应与审计资源利用、审计技术方法创新、审计成果综合运用的目标相结合：一是促进审计资源整合，通过对不同特长的审计人员、不同的审计部门的优化组合，使审计资源效用最大化；二是促使审计机关采用更先进、更科学、更节约的审计方式和审计方法，提高审计工作效率；三是促使审计机关和审计人员综合利用审计成果，深度开发审计成果。

（三）审计成本管理的内容

审计成本管理的内容是由影响审计成本的因素决定的。按照工作性质的不同，审计工作可以分为两大类，即审计行政管理工作和审计业务工作。审计行政管理是指为保障审计业务工作任务的顺利完成，而对审计机关人、财、物进行的规划、组织、控制和分配的一系列活动。审计业务是作为国家政权的重要组成部分的审计机关具体履行其监督职能的行为。审计行政管理工作是审计业务工作的保障，其水平高低与审计业务工作完成程度和效果的优劣直接相关；审计业务工作则是发挥审计职能和作用的根本途径和体现。因此，审计成本管理的内容应主要包括审计行政管理工作的成本及效率管理和审计业务工作的成本及效率管理这两方面，其核心是提高审计机关履行监督职能的效率和效果。

1. 审计行政管理工作的成本和效率管理

审计行政管理工作的成本和效率管理的主要目标是通过行政事务管理工作，使审计机关高效有序运转，从而降低审计成本，提高审计效率，为审计机关更好地履行监督职能提供保障。前面提到过，审计行政管理具有层次性，即决策层、管理层和执行层。由于不同层次具有不同的特点、职责范围和管理目标，所以对各层次成本和效率的管理内容与方法也各不相同。

（1）高层组织的成本与效率管理。高层组织的效率主要表现为组织效率，也就是通过对整体工作的组织、协调，促进发挥整体效用，节约审计资源。高层组织成本与效率管理的主要内容：一是完善高层组织的领导和决策机制，确保高层决策的正确性、合理性和可行性，所作出的计划安排要体现明确目标、突出重点、统筹协调；二是建立高效畅通的信息传递制度，确保渠道畅通、途径最短、方式简捷明了、方法科学合理；三是建立确保下级理解和贯彻执行高层决策意图的机制，保证最终决策的落实。

(2) 中层组织的成本与效率管理。中层组织的效率也主要表现为组织效率。中层组织成本与效率管理的主要内容：一是保证自身工作计划的完整和科学；二是保证中层和执行层的措施与高层决策衔接；三是及时准确地为高层决策提供有用的信息和资料，包括对前期高层计划政策执行情况的信息反馈；四是及时准确地为执行层提供操作指导或协调服务；五是强化审计资源整合力度，通过资源优化配置，降低审计成本。

(3) 执行层的成本与效率管理。执行层的效率主要表现为机械效率。执行层成本与效率管理的主要内容：一是建立和完善有关操作规范和指南；二是严格和高效执行有关规范和指南；三是及时准确地为上层决策提供有用的信息和资料；四是发现问题要按照规定的程序上报或反馈，努力实现上层的目的和要求。

2. 审计业务工作的成本和效率管理

审计机关是通过特定的经济监督来满足社会需要的。审计组织建立以后，就开始了连续不断的业务活动。任何一项审计成果都是伴随着一定审计成本的投入而产生的。审计业务成果是审计机关履行其经济监督职能的集中体现，也是审计管理效果的综合体现。审计业务工作效益主要分为经济效益与社会效益两种。因此，审计业务工作的成本和效率管理也主要表现为审计工作经济效益管理和审计工作社会效益管理两方面。

(1) 审计工作经济效益管理。审计工作经济效益是指审计机关的时间、人员及经费等投入，与审计在挽回经济损失、维护经济健康运行中所发挥作用之间的配比关系。由于审计监督的任务和作用往往是定性的，同时审计效益又包含着很丰富的内容，因此，对审计的经济效益不能简单地以若干定量的指标，而必须采用定性与定量分析相结合的方法进行衡量。在审计实践中，通过计算并考核单位时间内完成的审计工作量，可以对审计工作效率作出基本评价，在此基础上，再分析每一个审计项目的投入与产出，就能够督促审计机关以尽可能少的人力、物力、财力和时间，取得尽可能好的审计效果和较高的审计效益。当前，审计工作应紧紧围绕经济工作的中心任务来进行，其经济效益管理的主要内容：一是按照重要性原则，把力量集中投入到重要的审计项目；二是按照效率原则，优化工作安排，节约工作时间，迅速、准确地处理审计活动中的各种问题，积极争取高效率、高质量的审计效果；三是注意整合审计技术方法，形成规范化的操作程序和技术方法，以提高审计业务工作效率。

（2）审计工作社会效益管理。审计的社会效益是指审计工作在推动科学技术进步，保护自然资源和生态环境，提高国防能力，保障国家和社会安全，改善人民物质、文化生活及健康水平等方面所起的作用，是审计项目实施后对社会和社会进步所产生的贡献。社会效益是一个更加难以量化的概念。国家审计的主要职能是监督，通过监督推动民主政治改革、促进社会经济发展、维护人民生活安定，这些都是审计工作社会效益的具体体现。因此，要促进审计监督的社会效益最大化，就要充分有效地发挥审计监督在社会政治和经济生活中的作用。审计监督社会效益管理的主要内容：一是注重发现大案要案线索，加大对重大违法违规问题的查处力度。这是发挥审计监督震慑作用的重要途径。这些年来，通过对一些重大违法违规问题，特别是大案要案的揭露和查处，审计监督的社会影响明显扩大，收到了较好成效。二是把揭露问题与完善制度结合起来，从机制上促进制度的建立和完善。揭露问题只可能治标，找出控制环节和制度上的缺陷和不足，促进建立和健全制度，才可能起到治本的作用，从根本上发挥审计工作的社会效益。三是确保审计执法的客观公正性。通过推进良好的审计职业道德建设，为推进其他职业道德起到良好的示范和促进作用；通过实事求是地揭露问题，客观公正地处理问题，推进被审计单位发扬奉公守法、诚实守信、清正廉洁的优良作风，从而更好地发挥审计工作的社会效益。

（四）强化审计成本管理的措施

1．强化审计技术与方法创新

科学技术是第一生产力，创新是事物发展的原动力。当前，各级审计机关应以审计信息化建设为依托，以创新审计方法和技术手段为基础，不断提高审计工作的技术含量和技术水平，提高在信息化条件下开展审计工作的能力，切实通过审计科学技术的创新，降低审计资源耗费，提高审计效率。主要措施有三：一是推进审计管理的数字化，把数字化技术应用到机关行政管理和审计质量控制的各个环节，并逐步建立和完善全国审计信息快速通道和共享平台，提高审计管理数字化的整体水平；二是提高审计业务实施的信息化，在大力推广计算机审计技术的同时，探索以在线审计、实时审计为特征的联网跟踪审计系统，加强对大项目的统一管理和现场审计的实时监控，提高在信息化条件下开展审计工作的能力；三是搞好审计数据库的建设和应用，按照"审中建、建中审"的原则，加快专业审计数据库的建设，并研究探索各专业审计数据之间的信息交换和共享。

2．强化制度建设与执行，从源头上控制审计成本

广义上的制度是指在一定条件下形成的政治、经济、文化等方面的制度体系；狭义上的制度是指一个系统或单位制定的要求，包括下属在内的全体成员共同遵守的办事规程或行动准则。制度是维持集体行为的准则，是所有成员共同遵守的办事规程和行动规范。审计工作好的管理制度及其实施，能更好地推进审计工作目标的实现。强化审计工作制度建设及执行的主要手段有：一是加强制度建设，建立长效机制。推进审计成本管理相关制度的"废、改、立"工作，建立起以审计决策、财务管理和业务规范为核心的比

较完善、简捷易行的管理制度体系，切实做到有法可依、有章可循、有据可查，并狠抓制度的执行和落实，加强监督检查，严格照章办事。二是积极推进科学决策和民主决策。对于重大财务事项、项目开支等决策，各级审计机关应坚持集体领导、民主集中、个别酝酿、会议决定的原则，严格执行议事规则和决策程序；基本建设工程按规定应实行招标的，必须实行招标；物资设备按规定应实行政府采购的，必须实行政府采购，属于自行采购的要增加公开透明度。三是切实加强财务管理，增强预算的约束力。要严格预算管理，努力做到科学编报预算，严格按照预算开支，加强项目规划和管理，避免预算资金闲置；要加强会计基础工作，努力做到严格收支审批手续，规范会计核算和资产管理；探索建立节约奖励制度，提高审计人员参与成本控制的积极性。

3. 强化审计组织工作，促进审计资源整合

审计成本控制是指通过合理配置资源，力求以最小的审计成本最有效地实现审计目标的一种手段[2]。对审计成本进行综合管理，目的在于提高成本效益。审计资源利用状况的优劣直接决定着审计成本的高低，所以，坚持全面审计、突出重点，加强审计工作的组织与管理，促进审计力量与审计对象的最佳配置，是审计成本控制的重要途径。当前，优化审计组织工作，促进审计资源整合的手段主要有五个方面：一是强化项目计划整合。搞好年度项目计划与长期发展规划之间的协调衔接，建立动态项目库，编制滚动项目计划。搞好年度各项目之间的整合，避免交叉重复和各自为战。二是强化审计内容整合。按照构建有中国特色的综合审计模式，每个审计项目都应探索从审计财政财务收支入手，以责任履行和责任追究为重点，将合规审计与绩效审计融为一体，从政策执行、资金使用、资源利用和行政效能等诸多方面综合考虑审计效益、效率和效果，以满足经济社会发展对审计的多方面需

2　汤云为：《现代审计管理》，立信会计出版社2001年版。

求。三是强化审计方式整合。根据项目特点，科学选择审计、审计调查和跟踪审计等方式，积极探索和推广多专业融合、多视角分析、多方式结合的管理模式。四是强化人力资源整合。以审计项目为中心，加大各专业人才的统一调配和综合使用力度，注重对外部审计力量的使用，优化人力资源配置，同时加强审计署专业司与审计署派出机构以及地方审计机关的协调配合，通过上下联动，充分发挥审计监督的整体优势。五是强化审计程序整合。在审计过程中，往往是审计程序越烦琐审计成本越高，所以，要降低审计成本，必须严格控制审计程序。应从审计工作整体发展要求出发研究和设计审计程序，避免重复交叉；应保证审计程序的计划性，促进程序的有效运行；应评估程序运行所需费用，简化审计程序。

4. 强化审计人员作风建设与能力培养

审计人员是实施审计成本管理并最终实现审计工作效能最大化目标的主体。要降低审计成本、构建节约型审计机关，就应培养审计人员的成本控制意识与勤俭节约的优良作风；要提升审计工作的效率和效果，就应提高审计人员履行审计职责的能力。强化审计人员作风建设与能力培养，其主要措施有三方面：一是大力提倡和发扬艰苦奋斗、勤俭节约的作风。当前，审计经费不足的问题在有些地方还比较突出。各级审计机关应按照中央提出的建设节约型社会的要求，努力节约经费和其他审计资源，坚决反对铺张浪费。二是培养和发扬求真务实、严谨细致的作风。坚持做到求真务实、严谨细致，确保审计质量。三是强化专业技能培训。切实提升审计人员专业知识水平和履职能力，提高审计质量与效率。

八、审计人力资源管理

人力资源管理与组织结构密不可分。组织效能的提升，首先要合理设岗，这需要通过组织机构的设计和优化来实现；然后要为每个岗位安排合适的人，这需要通过人力资源管理来实现。组织结构是为组织搭建的"硬环境"，而人力资源管理是为组织营造的"软环境"，二者相互依存，共同构成组织的运行体系。组织结构和人力资源管理又同时受到外部环境和组织发展战略的影响，需要根据环境的变化和组织的发展适时进行调整。组织结构作为人力资源管理的载体，是通过组织结构的要素和设计思路而直接影响人力资源管理效果的，因此离开组织结构去研究人力资源管理将毫无意义。

（一）审计机关人力资源管理的框架

审计机关的人力资源管理是指审计机关人事部门为了保证审计事业顺利发展，有效履行审计监督职责，充分发挥审计的"免疫系统"功能，依据相关法律、法规及规定，所实施的审计人员录用、配置、开发、考核评价、激励、保障等一系列管理过程的综合。由上述定义可知，人力资源管理包含录用、配置、开发、考核评价、激励和保障六个管理过程，它们之间既相互联系，又相互作用。人力资源配置是审计机关人力资源管理体系的核心，体现了人力资源管理的人员数量和人力资源结构要求，直接服务于审计工作目标，而其他管理过程都直接或间接地为人力资源的配置服务。其中，录用新公务员为人力资源配置提供了新的人力资源保障；考核评价为人力资源配置提供了人员衡量标准；激励机制为人力资源配置提供了动力源泉；开发为人力资源配置提供了优化手段；保障（包括薪酬保障、保险保障和健康保障等）为人力资源配置提供了稳定依赖。

图5是审计机关人力资源管理框架的示意图。

总体看，审计机关人力资源管理作为一项系统工程，是动态管理和静态管理的结合，是受内部环境和外部环境融合和交互所影响的，是内部多个管理过程相互影响、相互作用的有机组合。

1. 审计机关人力资源管理的动态性

图5中，时间轴意味着动态变化性，即随着时间的推移，审计机关所面临的外部环境以及内部环境都会发生变化，内部环境需根据外部环境的变化进行调整。因此，审计机关人力资源管理需要具有动态性和符合性，审计

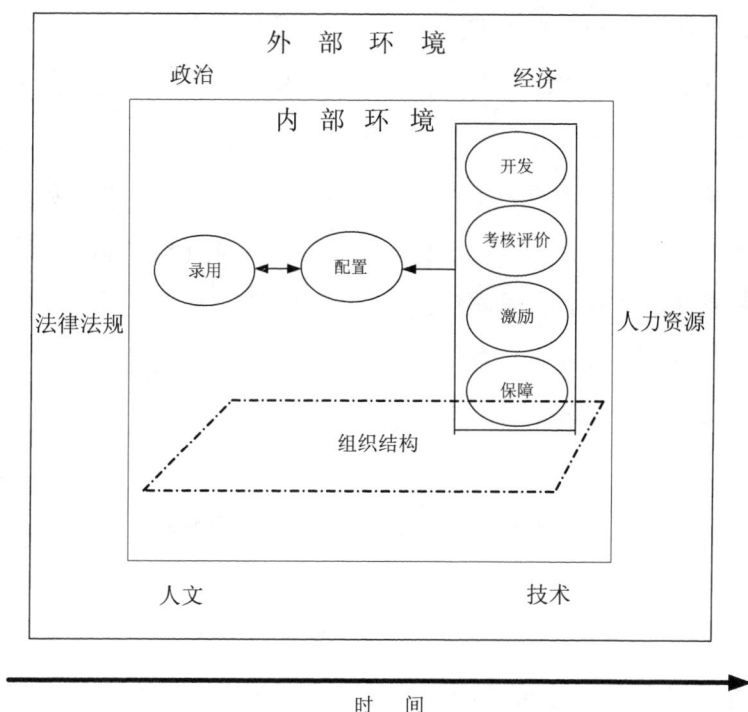

图5　审计机关人力资源管理框架

机关需要从审计事业长远发展和审计人员可持续发展的角度着眼，根据审计工作发展需要和外部环境变化，对组织结构内容和具体管理行为进行不断修正、调整甚至改变。

2．审计机关人力资源管理的静态性

动态由多个单阶段的静态组成。审计事业的环境在一段时期内具有相对稳定性。审计系统作为国家这个大系统的子系统之一，必然受外部环境和内部环境的影响。相应地，审计机关人力资源管理作为审计机关工作的组成部分，在具体实施过程中，既要立足于审计机关内部，也要考虑外部环境。外部环境中的政治、经济、人文、技术、人力资源、法律法规等因素对审计机关实施人力资源管理都具有一定影响。

在内部环境中，组织结构是人力资源管理的基础和平台，决定了一个组织的部门数量、层级结构和部门分工，也就决定了组织所需的人员数量、人员结构、职级分配和管理模式。就是说，审计机关人力资源管理的理想状态，首先是构建科学的组织结构。科学的组织结构应实现职能部门之间的权责明确、责权对等、各司其职、各负其责；上下级之间的政令畅通，信息互达；不同职能部门之间的便利协作、有效沟通、信息及时共享以及人员流动顺畅。其次是根据组织结构的要求科学配置存量人员（已有审计人员）和增量人员（新录用公务员）。当存量人员无法实现人力资源科学配置时，应按照科学的人力资源配置要求录用增量人员，也就是说，科学的人力资源配置会影响录用增量人员的数量和所应具备的条件。在科学配置状态下，审计人员所发挥的效能取决于对其开发、考核评价、激励和保障等管理过程。当科学的组织结构与科学的人力资源配置之间达到相对平衡时，审计工作才能有序高效开展。但随着社会的发展和变革，这种相对平衡状态很容易被打破，因此，必须不断完善组织结构与人力资源配置，使之建立新的基本平衡，这也要求录用、开发、考核评价、激励、保障这五个管理过程的内容随之改变。

（二）审计机关人力资源管理的策略

审计机关人力资源管理的策略主要包括以下七个方面：

1. 树立科学的人力资源理念

科学的人力资源理念包括以人为本、公平公正、动态配置、系统管理、优化组合、良性循环等。实施人力资源管理首先必须牢固树立科学的人力资源理念，以科学的人力资源理念为指导开展人力资源管理。

2. 优化组织结构的两项工作

依据组织结构理论中关于优化组织结构的原则，现有审计机关的组织结构需进一步强化人力资源质量评价工作和技术方法支持工作。具体说：一是应明晰人力资源质量评价职责，并建立量化的评价标准。职责明晰，有利于明确权责，做到责任到人，避免出现相互推诿的问题。量化的评价标准，可用以形成客观、公正的评价结果，有利于对评价结果进行比较。因此，审计机关的人事部门应根据人力资源质量评价的原则和要求，确定内部相应机构承担人力资源质量评价职责，并根据人力资源质量的内涵，细化评价量化标准。二是应在审计机关建立健全联席式的技术方法专家咨询机构。技术方法对审计工作的重要性不言而喻，先进的技术方法可以提高审计工作的针对性、有效性和质量，是审计人员从事审计工作的重要手段和工具。审计机关应为审计人员提供技术方法支持和保障，包括借助专家智慧指导审计人员工作。

3．逐步优化人力资源的配置

科学的组织结构是人力资源科学配置的基础。组织结构经过优化后在一定时期内相对稳定，而人力资源配置则需要根据明确的审计目标，遵照科学的流程，分阶段、分步骤地进行调整。在具体调整过程中，应创新多种配置方式，如实行领军人才和骨干人才合理搭配，不同专业背景人员合理配比；探索建立和施行审计人员职业准入制度；充分审慎地借助外部审计力量，等等。依据人力资源配置理论的要求，人力资源配置应达到以下目标：一是审计人力资源与审计任务相匹配；二是审计人员的能力要与所在岗位职责要求相适应；三是团队组合要实现优势互补；四是保持同一职级内合理的年龄结构梯次等，以保证干部队伍晋升平衡、干部队伍稳定，激发审计人员工作热情。

4．建立人力资源的评价机制

人力资源评价是实施人力资源管理的前提和基础。实施人力资源管理必须依赖于对现有人力资源的评价，通过评价，掌握审计机关人力资源的现状，从而明确人力资源管理的重点和方向。实施评价前必须建立包括个人人才评价指标体系和不同层级组织的人力资源评价指标体系在内的多层次评价指标体系，逐层评价，形成总体评价结果，并分析审计机关及其职能部门、处室人力资源的特征和存在的共性问题及个性问题，以此确定整体人力资源配置的薄弱环节，进而作出人力资源录用、配置、开发等决策。

5. 完善人力资源开发的途径

通过创新多种途径发挥存量审计人员和增量审计人员的潜能，提高审计人员的依法审计能力，着力培养一专多能的复合型、高层次审计人才。这些途径包括：制定审计人员的职业生涯规划、加大在实践中培养锻炼审计人员的力度、加大审计干部系统内外交流力度、结合审计工作和审计人员的发展需要开展培训、建立审计经验学习和共享机制、建立有效的复合人才培养模式等。

6. 建立良好的选人用人机制

选好用好各级领导干部是人力资源配置的关键环节。在实践中，需进一步深化干部人事制度改革，破除论资排辈、求全责备的陈旧观念，坚持和创新德才兼备、以德为先、群众认可、注重实绩的选人用人机制。完善竞争上岗制度，促使优秀人才脱颖而出。完善考评机制，强化考核结果运用，把考核结果的运用、反馈与干部选拔使用、培养教育、管理监督、激励约束有机结合起来，真正做到重用优秀者、培养有潜力者、鞭策后进者。完善干部晋升规定，统筹运用好领导职务人员和非领导职务人员的选拔，拓宽审计干部职业发展空间。

7. 营造良好的人文工作环境

组织管理理论研究表明，组织内部的人文环境和工作环境与组织成员对组织的满意度和忠诚度是正向影响的关系，这与提高组织成员的工作效率紧密相关。因此，审计机关应努力营造良好的内部人文环境和工作环境，使其成为文化内涵深厚、干部爱岗敬业、学习风气浓厚、干部身心健康、人际关系和谐的审计机关，从而激发审计人员的创新思维，不断提高专业素质和文化修养，努力工作，快速成长，在审计机关形成靠事业留人、靠感情留人的氛围。

参考文献

[1] 薄贵利. 论优化政府组织结构[J]. 中国行政管理, 2007 (5).

[2] 董大胜主编. 中国政府审计[M]. 北京: 中国时代经济出版社, 2005.

[3] 董大胜主编. 审计技术方法[M]. 北京: 中国时代经济出版社, 2005.

[4] 杜兴强. 审计全新思路: 战略系统审计模式[J]. 中国审计, 2003 (7).

[5] 高小平. 科学化: 公共部门人力资源管理创新[J]. 中国行政管理, 2004 (2).

[6] 郝俊才. 浅谈审计成果的价值[J]. 中州审计, 2002 (6).

[7] 郝志远. 建立适应科学发展要求的审计人力资源机制[J]. 审计与理财, 2008 (10).

[8] 郭群, 孙方江. 试论政府审计人力资源整合[J]. 审计文摘, 2008 (2).

[9] 侯文铿. 审计辞海[M]. 沈阳: 辽宁人民出版社, 1992.

[10] 胡仙芝, 余茜. 从政府雇员制到公务员聘任制——公共部门人力资源管理的制度完善与创新[J]. 江苏行政学院学报, 2009 (5).

[11] 刘洁. 从审计质量与审计效率之关系看审计效率的提高[J]. 北方经贸, 2004 (10).

[12] 廖洪, 白华. 美国注册会计师审计收费研究[J]. 中国注册会计师, 2001 (8).

[13] 刘英来. 审计计划管理和审计现场质量控制研讨会综述[J]. 审计研究, 2005 (6).

[14] 宋斌, 谢昕. 政府部门人力资源开发的理念与趋势[J]. 中国行政管理, 2002 (11).

[15] 宋宏印，丁泉阿，吴向荣. 对审计资源整合的思考[J]. 陕西审计，2003（S2）.

[16] 汤云为. 现代审计管理[M]. 上海：立信会计出版社，2001.

[17] 王谦华. 加强审计成果利用 发挥审计应有功效[J]. 中国审计，2002（5）.

[18] 王新光，于江宏. 关于整合审计资源的几点思考[J]. 山东审计，2003（7）.

[19] 萧英达，张继勋. 国际比较审计学[M]. 上海：立信会计出版社，2000.

[20] 许淑萍. 地方政府大部制改革的组织结构设计[J]. 行政论坛，2010（3）.

[21] 徐政旦，等. 审计研究前沿[M]. 上海：上海财经大学出版社，2002.

[22] 杨钰. 政府人力资源管理研究综述与展望[J]. 甘肃行政学院学报，2004（3）.

[23] 张洁. 我国审计人力资源的现状及整合方案探讨[J]. 审计月刊，2007（4）.

[24] 张鑫. 政府与企业人力资源管理比较研究综述[J]. 中国行政管理，2008（12）.

[25] 张远伦，加强审计成本的管理措施[J]. 中国审计信息与方法，2000（8）.

[26] 赵劲松. 对我国政府审计1990至2003年开展审计调查情况的统计分析与思考[J]. 审计研究，2004（3）.

[27] 周应良. 政府审计成本控制和绩效提高[J]. 中国审计，2005（14）.

[28] 朱艳莉. 谈如何加强审计成果的运用[J]. 中国审计，2003（20）.

［29］David N Ricchiute．Auditing Concepts and Standards．Southwestern Public Co.，1982．

［30］Financial Director．The Eight Annual FTSE350 Audit Fees Survey． 2005（1）．

［31］Michael Ramos．Section 404 Compliance in the Annual Report． Journal of accountancy，2004（10）．

第七专题 审计规范化研究

审计规范化理论是审计活动过程中应遵循规则的理论。从规则所规制事项的内容不同，审计规范可划分为两大类：一类是关于审计活动中审计机关及审计人员与外部关系的规则。这类规则主要是通过立法等外部规制来实现的。另一类是审计机关内部的业务运行规则，包括审计人员资格条件、职业要求、审计业务开展规则、审计质量控制规则等。这类规则主要是通过制定审计准则等内部规制来实现的。

一、审计规范化的含义和作用

（一）有关审计规范的几个基本概念

1. 审计规范

规范是指通过明文规定或约定俗成而确立起来、人们在社会生活中应当遵守的标准或规则。审计规范是指审计活动中应当遵守的行为规则，泛指规范审计行为的一系列法律、法规、准则、指南、办法等，是审计机关和审计人员从事审计业务的行为规范。

国家审计规范的体系结构包括：审计法律体系、国家审计法规体系、国家审计规章和审计准则体系以及审计职业道德规范。审计规范按照特性、内容和约束力不同，可分为审计法律规范和审计职业道德规范。审计法律规范是由国家规定或认可、具有法定约束力、由国家强制力保障其遵守执行的审计规范。审计职业道德规范是审计人员在长期审计实践中逐步形成的，以人们的内心信念和以社会舆论等手段维系并促进其遵守、规范其行为的审计规范。审计职业道德规范通常表现为一定的审计职业道德理想、观念、习惯、标准等。从我国国家审计准则制定的实践看，许多审计职业道德规范的要求已被融入审计准则，并以部门行政规章的形式发布，成为法律规范的组成部分。

2．审计准则

审计准则是指审计机关和审计人员履行法定审计职责的资格条件和职业要求；是执行审计业务应当遵循的基本要求，是实施审计过程中编制审计方案，收集和使用审计证据，编写审计工作底稿，评价和审理审计事项，编制和审定审计报告，出具审计报告和作出审计决定，公告审计结果时应当遵循的行为规范。审计准则是审计规范体系的重要组成部分。我国国家审计准则由审计署依据规定程序制定或者修订并予以发布。

3．审计指南

审计指南也称审计操作指南，是依据审计准则制定的，适用于国家审计业务的某些方面，是用以指导和规范具体审计操作的指导性文件。它是对专门审计领域提出的最佳审计工作方案和审计工作要求，具有很强的指导性、可操作性，但没有法律强制性，只是审计机关和审计人员在实施审计时的参照依据。

4．审计规范化

所谓审计规范化，主要是指审计工作的内部程序、质量标准、技术方法、工作管理等方面都要制定统一的可操作的规范要求，克服主观随意性，严格按照既定的规则开展审计，使整个审计工作逐步走向规范。审计工作的规范化就是指审计规范的建立完善并得到有效贯彻落实的过程。建立审计规范体系，完善审计监督的法律制度和审计准则体系，能够解决审计工作中的法律依据和行为守则问题，做到有法可依、有规可循。为全面正确地贯彻执行审计法律、法规和审计准则，审计机关要不断规范各项审计业务和管理工作，加强审计执法和审计质量监督检查。以上这些都有利于加强整个审计法制建设，促进审计工作实现法制化和规范化。

（二）审计规范化的意义

审计规范化的意义体现在以下几方面：

1. 审计规范化是坚持依法审计的重要前提

依法审计必须有法可依。通过开展审计立法工作，不断建立健全审计法律法规和审计准则，使审计监督有法可依，这是依法审计的基础，同时也为有效规范审计行为、提高审计质量提供制度保证。依法行使审计权力、规范审计行为，是审计工作质量的重要保证。实现审计工作规范化，就是要细化工作流程、统一工作程序和标准，使每一个审计项目都能按统一的模式展开，对其要达到的目标、审计的内容和范围、工作的流程和操作方式、审计结果的体现形式、审计结论的形成机制和表述、审计结论的发布、审计发现问题的处理处罚等都能按照统一标准和既定规范执行，减少审计行为的随意性。对审计人员来说，有了统一的规范，就能明确自己在项目中应该审计什么、如何审计、审计应达到什么标准、应承担什么责任，从而做到审计有依据、按程序、讲证据、有记录、可检查，对审计人员有奖惩。这样才能将依法审计落到实处。

2. 审计规范化是推动依法行政的重要途径

对于政府部门来讲，依法行政的第一要求是依法履行好自己的职责。审计机关作为政府的组成部门，贯彻落实依法行政、建设法治政府的要求，首要一条就是要按照宪法和审计法的规定，认真履行审计监督职责。审计规范明确了审计机关依法履行审计职责的具体方式，其中审计法确立了审计监督的基本原则，审计法实施条例将审计法规定的原则加以具体化，并提出贯彻实施的意见。整个审计立法工作的重点是明确审计机关的职责、权限和审计程序，规定被审计单位妨碍审计工作和违反财经法规行为应承担的责任等审计工作基本制度。通过制定国家审计准则等专业规范，进一步把审计法及其实施条例的规定落实到各项审计工作中，通过专业规范来明确每一个审计项目应如何计划、实施和报告，才能全面贯彻落实审计法，有力地推动审计机关和审计人员依法、有效地履行职责。建立包括以上法律法规规范在内的审计规范体系有利于全面贯彻落实审计法，促进审计立法工作的发展和审计监督制度的完善。

3. 审计规范化是提高审计质量的必然要求

审计质量是审计工作的生命线。按照法律规定的权限和程序，不断规范审计行为，提高审计质量，是审计机关履行职责、依法审计的内在要求，也是关系审计事业长远发展的客观需要。国家审计是一种行政监督行为，同时也是一种专业的公共服务。其服务质量的高低，难以按有形的方式进行判断。对审计质量的评价，主要是对审计人员和审计过程中专业行为的评价。审计规范，特别是审计准则提供了审计质量评价的尺度。制定职业规范，并据以监督检查审计机关和审计人员是否有效地遵守了职业规范，就可以对审计质量作出客观的评价，从而促进审计质量的不断提高。加强审计规范化建设，推动各项审计准则和审计质量控制办法的贯彻落实，促进提高审计质量，是审计法制建设的一项重要任务。

4. 审计规范化是审计机关领导体系的重要因素

审计机关的领导体系是审计管理的重要组成部分。审计目标的实现和审计作用发挥的最大化是审计机关领导活动的出发点和归宿。审计机关领导体系的结构主要包括核心价值观、管理哲学、独立性、战略规划、风险管理等要素。对这些要素在审计规范中都作出了相应的规定，因此通过制定并实施审计规范，可以更加健全审计机关领导体系，发挥审计机关领导体系的作用，主要是审计署对全国审计工作的领导作用。由于我国的审计机关属于国家行政序列，地方审计机关实行本级人民政府和上级审计机关双重领导的体制，通过由审计署制定审计准则等专业规范，地方各级审计机关执行这些规范，就可以充分发挥审计署对地方审计机关的领导作用。

5. 审计规范化是完善审计机关内部业务管理的基础

审计机关不断加强和完善内部管理，改善审计的质量与效率，必须以科学、合理、明确的审计规范为基础。通过制定和推进贯彻审计规范,为审计人员的行为提供指南,同时用以评价审计人员工作水平和业绩。以审计规范为依据制定审计机关各种审计业务管理制度,可以保证审计活动的规范性和合理性,从而提高审计机关内部的管理水平。

二、我国审计规范化建设历程

我国审计规范体系是在改革开放后,按照建设社会主义市场经济对审计监督的要求逐步建立和发展起来的。经过近三十年的发展,基本形成了具有中国特色的审计规范体系,基本实现了审计工作的规范化。我国国家审计规范化建设主要包括审计法律法规建设和审计准则体系建设两方面。

(一)我国审计法律法规建设过程

我国审计法律法规建设主要经历了三个阶段:

1. 审计法制建设的奠基阶段(1982—1988年)

1982年12月,第五届全国人民代表大会第五次会议通过的《中华人民共和国宪法》,规定了我国实行审计监督制度,确立了审计监督的法律地位,明确了审计体制、审计监督的基本原则、审计机关的基本职权和审计长的法律地位,为我国审计法制工作奠定了坚实的基础。1985年8月,国务院发布了关于审计工作的暂行规定;1988年11月,国务院发布了《中华人民共和国审计条例》。规定和条例将宪法关于审计监督的原则规定进一步具体化,使审计工作纳入法制化轨道。

2. 审计法制建设的初级阶段(1989—1994年)

1989年1月,审计条例正式实施。为配合和保证审计条例的贯彻执行,审计署陆续制定了《中华人民共和国审计条例实施细则》《审计署关于内部审计工作的规定》《审计署关于社会审计工作的规定》《审计署关于实施审计工作程序的若干规定》等规章。1994年8月31日,第八届全国人大常委会第九次会议审议通过了《中华人民共和国审计法》,自1995年1月1日起施行。

审计法总结了我国审计机关成立以来的经验和借鉴国外审计立法的有益内容，对包括我国审计监督的基本原则、审计机关和审计人员、审计机关职责和权限、审计程序、法律责任等在内的国家审计基本制度作了全面规定，确立了审计机关较高层次的法律地位。审计法的颁布实施，标志着我国国家审计步入法制化轨道。

3．审计法制建设的发展完善阶段（1995年以后）

审计法出台以来，审计法律规范体系不断完善，审计法制建设全面推进。审计法实施后，国家发布了《中央预算执行情况审计监督暂行办法》《中华人民共和国审计法实施条例》《县级以下党政领导干部任期经济责任审计暂行规定》和《国有企业及国有控股企业领导人员任期经济责任审计暂行规定》《财政违法行为处罚处分条例》等一系列法规。这些审计法律法规的制定实施，进一步完善了审计法律规范体系，保障了审计工作有法可依。

随着社会主义市场经济体制的逐步建立和完善，我国社会经济形势发生了深刻变化，对审计工作提出了许多新任务、新要求。2006年2月28日，第十届全国人大常委会第二十次会议通过了关于修改审计法的决定。之后，审计法实施条例也随之进行了修订。2010年12月8日，中共中央办公厅和国务院办公厅印发了《党政领导干部和国有企业领导人员经济责任审计规定》，为经济责任审计工作的规范提供了新的保障（原规定废止）。

（二）审计准则体系构建历程

我国国家审计准则的构建也大致经历了一个由起步到深化再到基本建成准则体系的不断完善的过程。从审计准则的载体形式上看，可划分为三个发展阶段：

1．审计准则与行政规定并存的阶段

我国审计机关成立之初，受当时国家审计发展的水平所限，审计工作的很多方面难以完全按科学的准则进行规范，而只能以行政规定来作出要求。这些规范性文件中有的具有审计准则的性质，有些则是工作制度、办法

和规定。1995年，审计署开始着手探索制定审计准则。自1996年年底，审计署先后发布了38个审计规范性文件，又称"38个规范"。这些规范的贯彻执行，对于推进审计工作基础建设、规范审计行为、保证审计质量、提高审计工作效率发挥了积极作用。

2．分层次审计准则与质量控制办法并行的阶段

从1999年起，审计署在制定和发布38个审计规范的基础上，开始构建审计准则体系。2000年以来，审计署陆续以4个审计署令发布了《中华人民共和国国家审计基本准则》等20个审计准则。这个准则体系由三个层次构成：第一个层次是国家审计基本准则。主要规定了审计机关和审计人员开展审计工作的基本原则，并就审计活动主要环节与要素提出了原则性要求。它对上承接审计法和其他有关法规的要求，对下统领具体审计准则。第二个层次是具体审计准则和专业审计准则。具体审计准则，是针对审计活动主要要素和主要行为进行规范的准则，包括审计方案准则、审计证据准则、审计工作底稿准则、审计报告准则、审计复核准则等。专业审计准则，是对专业审计活动进行规范的准则，如《国家建设项目审计准则》。第三个层次是审计指南。它是指导和规范国家审计业务某些方面的具体审计操作的指导性文件，主要包括《世界银行贷款项目审计操作指南》《商业银行审计操作指南》《中央部门预算执行审计指南》等。

为进一步提高审计质量，2004年2月，审计署发布了《审计机关审计项目质量控制办法（试行）》（审计署第6号令），对包括编制审计方案、收集审计证据、编写审计日记和审计工作底稿、出具审计报告、归集审计档案等在内的全过程质量控制作出了规定。至此，我国审计准则形成了分层次审计准则与质量控制办法并存的状况，而在其后实际执行过程中，质量控制办法事实上替代了审计准则。

3．单一审计准则阶段

近些年来，随着我国经济社会形势发生深刻变化，审计工作也有了深

入发展，这使审计准则修订的任务更加迫切。一是审计法和审计法实施条例修订后，原有审计准则须作相应修订，以便使其与审计法律法规相一致。二是各级审计机关深入贯彻落实科学发展观，树立科学审计理念，不断加大审计监督力度，创新审计监督方式方法，积累了许多经验，需要加以总结并通过制定准则固定下来。三是原有准则中的一些规定不能完全适应新形势下审计工作实践的发展要求，同时原有准则体系较庞杂，而且一些准则之间部分内容交叉重复，已不能适应审计工作要求，需要加以修订。

2008年7月15日，审计署印发了关于成立国家审计准则咨询专家组和修订工作组的通知（审法发〔2008〕78号），这标志新的审计准则的修订工作正式启动。经过两年的工作，《中华人民共和国国家审计准则》于2010年7月8日经审计长会议审议通过，以审计署第8号令予以公布，自2011年1月1日起施行。

目前，我国基本构建起了由宪法、审计法和审计法实施条例、审计准则和审计指南等不同级次规定组成的审计规范体系。

三、审计规范的体系结构与主要内容

审计规范是由不同层次的规范构成的一个有机联系的整体，这个整体就是审计规范体系。

（一）审计规范的体系结构

审计规范体系结构，可以有两种分类方法：一是根据其规范事项的不同进行划分，按这种方法划分出的由不同事项的规范所组成的审计规范体系，称为审计规范的内部结构体系；二是根据审计规范的表现形式不同划分，按这种方法划分出的由不同层次的规范所组成的审计规范体系，称为审计规范的外部结构体系。审计规范的内部结构体系主要体现为各类审计规范的内容，后面要作单独的论述，下面所讲的是审计规范的外部结构体系。

审计规范的外部结构体系是由国家立法机关和其他有权制定法规的机关按照一定的程序制定的、具有不同法律效力的规范所构成的。

我国的审计法律规范包含了审计职业道德规范。审计职业道德是审计人员履行国家审计监督公务时的基本职业要求，是由国家或审计机关根据审计实践和审计职业的内在要求加以确立的，要求审计机关和审计人员在履行职责时认真遵守，即审计职业道德与审计监督公务紧密联系。因此我国国家审计准则中也对审计机关及其审计人员的审计职业道德作了明确规定。

国家审计法律规范按照其制定主体和法律效力等级的不同，又可具体分为国家审计法律类规范、国家审计法规类规范和国家审计规章类规范（含审计准则类规范）。审计法律类规范是指全国人民代表大会及其常务委员会制定的宪法和各项法律中对国家审计的规定。审计法规类规范是指国务院制定的行政法规和地方人民代表大会及其常务委员会制定的地方性法规中对国家审计的规定。审计规章类规范是审计署颁布的审计规章以及国家审计准则，还包括国务院其他各部门和地方人民政府制定的行政规章中对国家审计的规定。

与我国立法体系和审计规范自身特点相适应，审计规范的外部结构体系主要由以下几类规范所组成：

1. 宪法

1982 年宪法明确了我国实行国家审计制度，并对审计监督的基本原则、审计机关的设置和领导体制、审计监督的基本职责、审计长的地位和任免等基本制度作了规定。这些规定是我国审计规范体系的基础。

2. 审计法和有关国家审计的其他法律

1994 年 8 月 31 日颁布、2006 年 2 月 8 日修订的审计法，是规范国家审计的专门法律，是审计规范体系的核心。审计法对审计监督的基本原则、审计机关和审计人员、审计机关职责、审计机关权限、审计程序、法律责任等作了全面规定。除审计法外，其他一些法律中也有关于国家审计的规定，如预算法、会计法、中国人民银行法、证券法、商业银行法等就审计机关对这些领域的审计都作出了规定。另外，有些关于国家行政监督管理方面的法律，如行政诉讼法、行政处罚法、国家赔偿法等也适用于国家审计。因此，这些法律也是审计规范体系的重要组成部分。

3．有关国家审计的行政法规

行政法规主要有两类：一类是国务院颁布的专门规定国家审计的行政法规，如2010年通过的新的《中华人民共和国审计法实施条例》、1995年颁布的中央预算执行情况审计监督暂行办法。另一类是国务院颁布的规定中有国家审计内容的或适用于国家审计的其他行政法规，如2004年11月30日颁布的《财政违法行为处罚处分条例》。

4．有关国家审计的地方性法规

主要包括地方人民代表大会及其常务委员会颁布的专门规定、地方性法规和规定中有国家审计内容的或适用于国家审计的其他地方性法规。另外，民族自治地方的人民代表大会制定的有关审计方面的自治条例、单行条例，报经批准生效后，也是在该地区进行审计监督时应当遵循的地方性法规，如《广西壮族自治区实施领导干部、企业领导人员任期经济责任审计条例》。

5．有关国家审计的部门规章

主要是审计署和国务院各部委依法发布的有关国家审计方面的命令、指示和规章等，如审计署发布的《审计署公告审计结果办法》、卫生部等部门发布的《关于进一步做好新型农村合作医疗试点工作指导意见》中有关审计的规定等。国家审计准则是一种特殊的行政规章，是由审计署制定颁布、对审计机关及其审计人员具有约束力、规范审计业务工作的行政规章性规范。

6．有关国家审计的地方政府规章

地方人民政府依法颁布的有关国家审计的地方性行政规章，包括专门规定国家审计的地方性行政规章，如《北京市国有企业及国有控股企业领导人任期经济责任审计暂行办法》，以及涉及国家审计的其他地方行政规章，如《陕西省国家建设项目审计办法》等。

7. 审计职业道德规范

审计职业道德是审计人员在长期审计实践中逐步形成的与审计职业密切联系的一种职业道德要求。这种"约定俗成"的职业道德要求，成为审计人员保持专业态度和职业风范的行为守则，即职业道德规范。审计职业道德规范主要依靠审计人员的信念、社会舆论等手段，促使审计人员自觉保持职业上应有的态度和风范。遵守审计职业道德规范，有利于审计机关和审计人员树立良好的职业形象，赢得社会对审计职业及其人员的尊重和信赖。

（二）审计规范体系的主要内容

1. 我国审计法律规范的主要内容

与审计相关的我国法律规范，对我国政府审计的组织制度、工作制度、报告制度等都作出了规定。从内容上看，它是由审计组织性规范、审计实体性规范和审计程序性规范三方面构成。其核心内容是与执行审计业务最直接相关的内容，包括审计机关的职责、权限和工作程序要求。

一是规定了我国审计机关的主要职责。确定审计机关职责的基本原则是，凡是使用国家财政资金、占有和使用国有资产、管理公共资金和其他公共资源的单位和个人都应当接受审计机关的监督。按照宪法和审计法的规定，国务院设立审计机关，对国务院各部门和地方各级政府的财政收支，对国家的财政金融机构和企业事业组织的财务收支，进行审计监督。国务院各部门和地方各级人民政府及其各部门的财政收支，国有的金融机构和企业事业组织的财务收支，以及其他依照审计法规定应当接受审计的财政收支、财务收支，依照审计法规定接受审计监督。由此确定了审计机关所具有的广泛的职责范围。

二是规定了我国政府审计的主要权限。我国的相关法律对审计机关履行职责、行使审计监督权规定了以下几项权限：要求报送资料权、进行检查权、调查取证权（含公款私款查询权）、提请协助权、处理处罚权、审计建议权、移送处理权、通报和公布审计结果权、行政强制措施权等。其中强制措施包括有制止权、封存权、通知暂停拨付款项权、要求扣缴款项权等。

三是规范了我国国家审计的法定程序。国家审计是一种行政行为，按照依法行政的要求，相关的法律规范对审计工作程序作出了严格的规定。

2．审计准则的主要内容

审计准则主要是对审计机关和审计人员应当具备的资格条件和职业要求作出的规定，是审计机关和审计人员制订年度项目计划、编制审计方案、获取审计证据、作出审计结论、进行审计业务管理所应当遵循的行为规范。其内容涵盖以下方面：

（1）对审计主体资格的规范。即对审计机关和审计人员的资格条件进行规范，主要规定审计机关和审计人员执行审计业务的基本条件和要求、基本审计职业道德原则、审计独立性、职业胜任能力、与被审计单位的职业关系等。

（2）对审计业务类别与工作目标的规范。主要是对我国审计机关法定职责内的业务活动进行科学分类，划分出业务类别，如审计、专项审计调查、经济责任审计，并对各类业务活动的工作目标作出明确规定。

（3）对审计计划的规范。审计计划的规范主要规定了年度审计项目计划的主要内容和编制程序，审计工作方案的主要内容和编制要求，对年度审计项目计划执行情况及执行结果的跟踪、检查和统计等。

（4）对审计业务执行过程的规范。即对审计项目的实施过程进行规范。主要内容包括：一是对审计实施方案的规范，主要规定审计实施方案的编制程序和主要内容等。二是对审计证据的规范，主要规定审计证据的含义，审计证据适当性和充分性的质量要求，获取审计证据的模式、方法和要求，利用专家意见和其他机构工作结果的要求等。三是对审计记录的规范，主要规定作出审计记录、编制审计工作底稿的事项范围、目标和质量要求，审计工作底稿的分类和内容，审计工作底稿的复核，审计工作底稿的利用等。四是对重大违法行为检查活动的规范，主要规定重大违法行为的特征，检查重大违法行为的特殊程序和应对措施等。

(5) 对审计成果的规范。对审计成果的规范内容主要包括五个方面：一是对审计报告的形式和内容的规范，主要规定审计报告、专项审计调查报告的基本要素和主要内容，经济责任审计报告的特殊要素和内容，审计决定书、审计移送处理书的主要内容等。二是对审计报告编审的规范，主要规定审计报告等文书的起草、征求意见、复核、审理、审定、签发等编审环节的要求，专项审计调查中发现重大违法违规问题的处置方式等。三是对专项报告与综合报告的规范，主要规定编写审计专项报告、信息简报、综合报告、经济责任审计结果报告、本级预算执行和其他财政收支情况审计结果报告以及审计工作报告等基本要求。四是对审计结果公布的规范，主要规定审计机关公布审计结果的信息种类及其中的内容范围、质量要求和审核批准程序等。五是对审计结果跟踪检查的规范，主要规定跟踪检查的事项，检查的时间、方式，检查结果的报告和处理措施等。

(6) 对审计质量控制与责任的规范。审计质量控制与责任的规范内容主要包括建立审计质量控制制度的目标，审计质量控制要素，针对"质量责任"要素确定的各级质量控制环节的职责和责任，审计档案的质量控制责任及归档材料的内容，针对"质量监控"要素建立的审计业务质量检查、年度业务考核和优秀审计项目评选制度等。

(7) 对信息技术环境下审计的规范。信息技术环境下实施的审计项目同样应遵守相关的规范。但信息技术环境对审计工作还有其特殊要求，主要包括：信息技术环境下审计组整体胜任能力的要求；编制年度审计项目计划过程中利用数据分析结果，使用技术装备等的要求；编制审计实施方案过程中调查了解被审计单位信息系统及其电子数据，检查信息系统有效性的要求；电子形式的审计证据、审计工作底稿和审计档案的特殊要求；审计人员关注信息系统中存在的舞弊功能、系统漏洞问题以及对审计发现这类问题的处理措施的要求；联网审计项目在审计工作方案编制和审计报告方面的特殊要求；公布审计结果对涉及信息系统安全控制、系统漏洞等技术细节方面的保密要求等。

(8) 对审计管理活动的规范。即对审计管理的体系结构和主要要素作出规范。审计管理规范的内容主要包括四方面：一是对审计资源调配和整合的规范，主要规定项目计划的制订方式、年度项目计划与长期发展规划之间的协调衔接、建立动态项目库，编制滚动项目计划，年度各项目之间的整合等。二是对审计模式的规范，主要规定每个项目都要探索从审计财政财务收支入手，以责任履行和责任追究为重点，将合规审计与绩效审计融为一体，从政策执行、资金使用、资源利用和行政效能等诸多方面综合考虑其效益、效率和效果，以满足经济社会发展对审计的多方面需求。三是对审计方式的规范，主要规定审计方式的选择依据和选择方法，明确要求根据项目特点，科学选择审计、审计调查和跟踪审计等方式，积极探索和推广多专业融合、多视角分析、多方式结合的管理模式。四是对如何处理好审计任务、审计力量和审计风险之间的关系的规范，明确"突出重点、量力而行、明确责任、防范风险"的原则。

3. 审计职业道德规范的主要内容

审计职业道德规范的主要内容涉及职业品德、职业胜任能力、职业责任等方面，其核心原则包括：正直坦诚、客观公正、勤勉尽责、保守秘密等。

正直坦诚是指审计人员要做到：崇尚国家利益和公共利益；坚持原则，不屈从于外部压力；不隐瞒审计发现的问题，不歪曲审计结论。

客观公正是指审计人员要做到：以适当、充分的审计证据支持审计结论；实事求是地评价和处理审计发现的问题；保持不偏不倚的立场和态度，避免偏见。

勤勉尽责是指审计人员要做到：敬业奉献，认真履行应尽的审计职责；严谨细致，保证审计工作的质量；勤勉高效，及时完成所承担的审计业务；廉洁自律，不利用职权谋取私利。

保守秘密是指审计人员要保守其在执行审计业务中知悉的国家秘密、商业秘密和工作秘密。审计人员执行审计业务取得的资料和形成的审计记录，未经批准不得对外提供和披露，不得用于与审计工作无关的目的。

审计职业道德规范的作用主要体现在三个方面：一是作为审计规范的重要组成部分，审计职业道德规范是加强审计职业管理，充分发挥审计职能作用的必要条件，是顺利完成审计任务的重要保障；二是作为树立良好的审计形象、保持信誉的重要措施，审计职业道德规范对培育形成良好的审计文化和行业道德风尚有积极作用；三是作为审计人员自身完善的推动力，审计职业道德规范对审计人员道德品质的形成、塑造审计精神有着重要影响。

四、我国审计规范化建设中存在的问题及其影响因素

我国国家审计的规范化建设虽已取得巨大成就，但由于受内外部各种因素的影响，还存在一些问题，从审计事业发展的客观要求看，还有一些需要加强和逐步完善的方面。

（一）规范化建设方面存在的问题

当前我国国家审计规范化建设存在的问题，主要有以下几方面：

1. 相关的规范建设还未完成，审计指南体系尚不健全

审计规范体系应当由法律、法规、审计准则、审计操作指南、职业道德规范等构成。当前我国审计规范体系建设已经完成了审计法律法规和准则的构建，但是审计操作指南的构建工作进展还相对滞后。在新的审计准则出台前虽已制定出台几个指南，但多数专业审计还没有操作指南。已有的指南在内容上还有与新准则不一致之处，需要加以修订。对审计指南的发布形式

和程序还不够明确。因此审计规范体系构建工作的下一步重点任务，应是大力加强审计操作指南的研究制定，按审计工作的主要业务类别分别制定操作指南，为广大审计人员规范审计操作提供依据。

2．审计计划的规范化程度和科学性还需要进一步提高

审计项目计划是国家审计机关开展审计活动的起点。审计计划规定审计什么项目，每个项目的审计目标是什么，计划的工作时间和资源投入是多少，等等。如果审计计划的科学性、针对性不强，审计目标不明确，就会导致在实际执行过程中统一性、规范程度受到影响。当前审计计划工作存在的主要问题有：一线审计人员对计划编制的参与度不够；计划对所需工作量的估计不准确，导致在规定的时间内难以按规范要求完成审计任务；计划变更较多；确立的审计目标过于抽象，难以在工作中落实。

3．编制的审计实施方案普遍不够具体，操作性不强

审计实施方案应该是指导审计人员现场工作的一个详细的工作计划书，它包括审计目标，审计范围，审计内容、重点及审计措施，审计工作要求，以及每一项审计内容所应采用的审计措施和审计方法，等等。实施方案不仅是现场工作，而且是审计记录和审理的依据。作为反映实施方案规定的每一项任务的落实和措施的执行情况的审计记录，其内容包括执行的过程、取得的资料、形成的结论等。目前多数审计机关的审计实施方案尚达不到准则的要求，特别是相关的应对措施和审计取证方法在方案中不够具体。这就会在很大程度上影响现场工作的规范，而且给审计记录和审计审理工作的规范造成困难。审计实施方案不具体、操作性不强的问题是今后一个时期我国审计规范化建设工作要解决的一个重点。

4．法制审理制度尚未全面形成，审计质量保证体系尚不完善

建立审计审理制度的主要目的，是为了促进业务部门依法、规范行使审计监督权，保证审计质量。审计准则规定的审理的主要内容是：审计实施方案确定的审计事项是否完成，审计发现的重要问题是否在审计报告中反

映，主要事实是否清楚，相关证据是否适当、充分，适用法律法规和标准是否适当，评价、定性、处理处罚意见是否恰当，审计程序是否符合规定等。目前审理制度还没有在全国普遍推行，已经实施审理的，还主要停留在对结果类文书上，而没有包括对现场工作特别是审计实施方案确定的审计事项是否完成。这一问题如不解决将影响审理作用的发挥。

（二）影响我国审计规范化的因素

影响我国审计规范化的因素是多方面的，既有来自审计系统外部的因素，也有审计系统内部的因素。主要有：

1. 巨大的审计需求与有限的审计资源的矛盾

我国以公有制为主体的经济制度决定了纳入审计监督范围的单位数量众多、规模巨大，加之社会对审计监督的要求也越来越高，而全国各级审计机关的总人数不足八万。由此造成的审计需求巨大与审计资源有限之间的矛盾将在我国政府审计发展过程中长期存在。因此，审计机关在开展业务时需要突出重点，将主要力量放在重点事项和重点环节上，突出对一些关键事项进行审查并作出结论，而难以完全像国外审计机关那样，对被审计单位总体的财务状况和经营成果发表意见，即我国审计规范的制定在目标和体系设计上与国外应当有所不同。

2. 业务类型的多样性和审计目标的多元化

审计法中规定的审计机关的业务类型有：预算执行情况审计、财务收支审计、资产负债损益审计、建设项目预算执行情况与决算审计、经济责任审计、专项审计调查等。在审计的总体目标上，审计法规定的是对有关财政财务收支的真实、合法和效益进行监督。在这些不同类型审计的每一次具体审计中，可能是侧重某一个或几个审计目标，或在同一类型审计的不同审计项目中，审计目标可能有不同。这些审计总括起来，体现出我国审计机关审计项目类型和目标的多样性。如预算执行情况审计，可能是以真实性为目标的审计，可能是对预算执行的效益进行的审计，也可能是重点关注预算执行合法性的审计，还可能是对预算执行的真实、合法和效益的全面审计。正因为如此，不可能像国外审计机关或我国注册会计师对财务报表发表意见的审计那样容易进行规范，很难用一个统一的标准来规范所有审计项目，而只能提出一些原则性的要求，这就增大了对我国国家审计进行规范的难度。

3．国家审计事业的快速发展对规范化建设提出新要求

当前我国审计工作处在一个快速发展的时期，国家审计已由以查错防弊为主要目标发展为保障经济社会健康运行的"免疫系统"，并在国家治理中发挥作用。"免疫系统"功能是审计的本质，要求在审计工作中注重关注体制机制问题，积极发挥建设性作用。在实际工作中，审计的组织方式已出现一些与之相适应的新变化，如跟踪审计、财政审计大格局、大项目管理平台等。对这些审计新方式的规范方法不同于对风险导向、内部控制导向等模式的审计规范方法，而需要重新设计新的审计业务运行体系和组织模式，并在此基础上构建审计业务规范和管理规范。这就对审计规范化建设提出了新要求。

4．审计队伍专业化水平与规范化的要求还不相适应

规范化的水平取决于审计队伍的专业水平。我国虽然实行了审计专业技术资格制度，但取得审计专业技术资格还没有成为进入审计机关的必要条件。审计队伍的专业化水平总体上还不能完全适应审计规范化的要求。只有在总体上提高审计队伍的专业水平与专业胜任能力，才能真正实现审计工作的规范化。

五、我国审计规范化建设的原则与途径

审计规范化建设是审计事业发展的一个永恒主题。规范化建设在审计事业发展的不同时期有不同要求。在国家审计建立的初期，主要任务是建立规范体系。当前，审计规范体系已基本形成，审计规范化建设的主要任务是规范的落实和规范体系的不断完善。一方面要通过认真落实相关的法律制度

和审计准则，来提高审计的规范化水平和审计质量；另一方面，要结合审计工作所处外部环境的变化和提高审计工作水平的要求，不断完善已有的审计规范，进一步提高审计规范化水平。

（一）我国审计规范化建设的原则

一是与中国特色社会主义的政治经济和社会特征相结合。审计是国家政治经济和社会生活的重要组成部分。要发挥审计在保障经济社会健康运行中的"免疫系统"功能，有效服务国家治理，必须构建与它所服务的政治、经济和社会环境相适应的规范体系。中国特色社会主义制度决定了我国审计的领导体制是在中国共产党领导下的行政型体制，中央与地方关系的中央集权制决定了地方审计机关的双重领导体制，公有制占主导地位的经济制度决定了政府审计具有广泛的职责范围，行政型体制赋予了审计机关履行职责时所拥有的包括处理处罚权在内的行政监督权，人民代表大会制度决定了审计机关向政府报告审计结果和受政府委托向人民代表大会报告审计工作的审计成果体现形式，等等。因此，实行审计规范化必须从我国审计工作的实际出发，实行与中国特色社会主义制度相适应的规范体系，才能真正发挥审计的"免疫系统"功能。

二是与我国政府审计实践相结合体现中国特色，增强规范的可操作性。规范化建设必须充分考虑我国国家审计的体制特征和具有行政处理处罚权、注重查处重大违法违规问题等特点，以及各级审计机关在人员、机构和执法环境等方面发展不平衡的现状。通过原则性规定与规则性规定相结合、形式要求与实质要求相结合、鼓励制定配套政策措施等方式，增强规范的可操作性。

三是坚持与审计队伍和审计文化建设相结合。长期的审计工作和特定的环境造就了特定的审计文化，而这种文化在一定程度上会影响审计人员的行为方式。崇尚独立、注重证据、职业谨慎与职业怀疑、关注责任等审计文化特征，都要求在审计职业规范中得以体现。而不同的审计文化，对审计业务开展的方式和质量要求也是有区别的。如西方审计文化中注重建立在职业判断基础上的审计意见，而我国国家审计文化中注重建立在审计证据基础上对违规行为的定性与处理。西方审计注重使用建立在抽样基础上的总体推断，而我国审计注重收集一一对应的具体证据。这种文化差异决定了我国审计在取证方法和判断上与西方审计的重大不同，要求我国审计相关的规范要体现出与西方的不同。

四是坚持与审计技术发展水平相结合。审计规范规定了审计人员以何种方式开展审计，采取何种方法来收集审计证据、进行审计判断、作出审计结论等，而这些环节都依赖一定的审计技术。因此必须考虑特定阶段审计发展的技术水平，从审计机关的总体上考虑审计技术的发展阶段及其在未来一个时期的发展趋势，以此来决定如何对审计活动进行规范。如果规范要求所使用的审计技术水平过高，可能在执行过程中难以实现这些规范要求，使规范的严肃性受到挑战；反之，如果规范要求所使用的审计技术过低，就不能促进先进审计技术的推广应用，从而阻碍审计技术的进步和审计效率的提高。

五是坚持审计规范的科学性与开放性。审计规范必须符合审计发展的规律和审计业务活动的规律。只有尊重科学，按科学的要求规范审计工作才能有效促进审计工作水平提高，才能最大限度地发挥审计作用。在满足当前审计工作需要的同时，也要考虑到审计环境的变化和审计工作的长远发展，比如审计实践的发展要求增加绩效审计、审计整改、信息技术环境下审计的准则等。这就要求审计准则必须具有一定的前瞻性，保持其开放性，借鉴国外审计和其他类型审计中成熟有效的经验，才能适应审计事业发展的需要，不断提高我国国家审计的规范化水平。

（二）审计规范化的建设路径与措施

审计规范化的建设路径主要有三个：一是从制度建设入手，依照审计工作流程，构建一个标准明确、结构合理、功能完备的审计制度体系。在审计法和审计法实施条例的基础上，要完善国家审计准则和经济责任审计的相关规定等，全面启动审计指南体系的构建工作，健全和完善一系列相关配套规定。各级审计机关在这些规定、指南出台后要组织认真学习和贯彻落实，在把握其基本精神和基本要求的基础上，从本地本单位实际出发，努力探索建立更加具体、更加符合自身特点的制度规范。二是从严格执行制度着眼，强化监督约束。要全面推行审计项目审理制度，建立健全审计项目目标责任制和重大审计质量问题责任追究制，把审计质量检查工作逐步制度化和经常化。三是切实做到依法审计、文明审计，注意加强与被审计单位和有关部门的沟通，认真听取各方面意见，深入分析研究，确保审计结果的真实可靠、实事求是和客观公正。

规范化建设是审计机关有效履行职责的重要前提和基础。当前加强审计规范化建设，首先要完善审计法规体系。其次要构建审计准则体系。要在全面总结以往经验的基础上，根据审计事业发展和外部环境的变化对现有审计准则进行完善，构建既符合我国审计工作实际，又与国际惯例接轨的国家审计准则体系。再次要构建审计指南体系。通过制定分专业的审计指南，为审计人员落实审计准则开展具体审计业务提供指导，全面提高审计业务的规范化水平。

具体地说，主要从以下几方面来加强规范化建设：

一是不断总结经验，从审计实践中提炼行之有效的做法，确保审计规范与我国审计实践相适应。我国审计机关成立近三十年来，积累了十分丰富的经验。如实行审计承诺制、审计质量责任追究制、分级复核制、审定审计结果的审计业务会议制度、审计结果公告制度，等等。这些经验做法，一方面，可以有效地提高工作效率和实现审计目标；另一方面，能够为被审计单位和社会所接受。因此要将这些经验做法进行提炼总结，归纳出共性的合理的原则，将其以法律、制度或准则形式确立下来，使其成为审计职业规范的组成部分。这种由审计实践中产生的职业规范符合实际情况，能够切实发挥对审计实践的指导作用，体现其从实践中来又到实践中去的特征。

　　二是加强有关规范的理论研究，借鉴先进经验，构建高水平的审计规范体系。审计规范体系的构建，需要有理论的支撑。只有在理论上对审计规范有一个清晰的认识，才能制定出科学的审计规范。而审计人员只有理解和掌握审计规范，才能在实践中有效地贯彻落实。审计规范应当是基于完整的审计理论体系而构建的，它主要从以下几方面体现审计理论的要求：(1) 审计理念、审计核心价值观、审计职业道德的确立，需要有系统的理论来指导，要在"免疫系统"论下构建起审计规范的一般原则；(2) 对审计机关和审计人员的审计行为进行规范，需要以审计主体理论做指导；(3) 审计项目计划、实施过程的规范需要有关审计技术方法的理论支撑；(4) 形成与提交审计成果的规范需要符合有关审计报告的要求；(5) 相关的审计管理活动的规范，要以管理理论，特别是公共管理理论做指导。此外，要构建科学的审计规范体系，必须借鉴国内外先进经验。国外审计机关和社会审计组织制定规范已经有近百年的历史，我国注册会计师职业规范化建设也很有进展，这些经验对于我国国家审计的规范化建设都具有参考和借鉴意义。

　　三是全面提高审计人员的专业胜任能力，提升审计实践的规范化水平。实现审计工作的规范化，首先要构建一个科学的规范体系，但更重要的是通过审计人员的实践去落实。审计人员的专业素养决定了其执行审计业务的能力和行为方式。比如一些审计技术方法的应用、保持应有的职业谨慎、进行职业判断、对所审计事项的了解、对内部控制和审计风险的评价、与被审计单位的沟通等，都需要审计人员具有专业胜任能力，才能达到职业规范的要求。如果审计队伍总体的专业胜任能力不强，一些重要的职业规范要求在实践中无法达到，就难以实现审计工作的规范化。当前要特别重视审计队伍的专业化建设，只有建立一支专业水准高、能够持续保持专业胜任能力的队伍，才能真正实现审计工作的规范化。

　　四是构建完善的质量管理体系，加大监督检查力度，确保审计规范得到有效贯彻。审计规范作为审计质量的标准和尺度，与审计质量之间的关系是相辅相成的。审计质量问题的出现，大都是违反审计职业规范所致。审计质量问题不但会侵害被审计单位和其他当事人的利益，而且还会对审计工作造成负面影响。因此，要实现审计工作的规范化，必须通过构建完善的质量管理体系，来保证各项职业规范得到有效执行。审计机关必须树立和增强审计质量是生命线的意识，采取多种措施，如树立正确的审计价值观，在审计质量观念、管理手段与方法、管理的要素与体系等方面进行革新，将质量管理模式与审计机关的绩效管理结合起来进行变革，对审计业务流程与管理手段进行创新等，以实现审计质量管理体系的转型，努力提高审计工作的规范化水平。

五是改革审计管理制度，全面提升审计规范化水平。审计管理体系包括计划管理、审计机关的绩效管理、审计项目成本管理、审计机关行政管理、审计机关外部关系管理等。这一管理体系是实现审计规范化的基础和保障。比如，要通过人力资源管理来保证审计主体资格相关规范的执行，通过质量管理来保证审计准则得到遵守，通过业绩管理来激励和规范审计人员行为，通过成本管理来促进审计人员提高工作效率，通过档案管理等管理措施来促进审计人员规范审计证据收集行为和工作记录行为，等等。要通过构建有效的管理体系，不断提高各项管理水平，提高审计机关的运行效率和工作水平，才能保障审计规范化建设目标的实现。

六是以创新推动审计规范化水平的不断提高。审计机关要随着形势的不断发展，改进和提高审计工作，以有效履行审计职责。这就需要通过不断创新工作方式和方法，对审计规范进行改进和变革。当前审计规范化创新的重点：(1) 审计报告制度，包括报告对象、报告内容、报告的路径与方式等；(2) 审计技术方法；(3) 审计管理方式和管理内容；(4) 审计机关和审计人员资格条件等。

参考文献

[1] 董大胜主编. 中国政府审计[M]. 北京：中国时代经济出版社，2007.

[2] 李金华主编. 审计理论体系研究[M]. 北京：中国时代经济出版社，2005.

[3] 项俊波. 国家审计法律制度研究[M]. 北京：中国时代经济出版社，2002.

第八专题　审计信息化研究

信息化是将传感、通信、计算机、控制等信息技术手段应用于某一领域，全面改造业务流程、建立并完善新的生产方式、提高经营管理能力和水平的转变过程；也是指信息技术被高度利用，信息资源被高度共享，传统经济被信息技术适度改造，社会结构被信息技术合理重塑的状态。审计信息化是通过一个转变过程，使审计工作以最大程度处于体现信息技术、运用信息技术的状态。

一、国家审计的信息化环境

审计机关成立近三十年来，信息技术飞快发展。信息技术的快速发展给国家审计带来了新的挑战和全新的外部环境。审计机关抓住机遇，应对挑战，提升审计工作的现代技术水平，营造了一个跨越式发展的良好内部环境。

（一）外部环境

1. 以个人电脑为标志的计算机应用普及

计算机是20世纪的"新四大发明"之一[1]。从1946年世界上第一台电子数字积分计算机在美国宾夕法尼亚大学莫尔学院诞生起，到目前已有四代计算机投入使用，运算速度快并具备人工智能的第五代计算机的研究正渐入佳境。1981年，IBM公司正式推出运行微软MS-DOS操作系统个人计算机是计算机应用的里程碑式的事件。超小型化、低廉成本，简便直观的图形操作界面，使计算机迅速应用于科学计算、数据处理、实时控制、计算机辅助设

1　另外三个发明是：原子能、半导体、激光器。

计、智能模拟等领域，成为生产、管理、生活中寻常的工具。美国IT（信息技术）业咨询公司高德纳（Gartner）统计显示，2011年全球个人电脑的销量为3.528亿台。改革开放以来，我国的信息产业一直保持着3倍于同期GDP的速度快速发展。2011年，我国生产计算机3.2亿台，产量居世界第一，出货量（指出厂数量）占全球的96.6%。2010年10月，由国防科技大学研制的每秒运算1206万亿次的"天河一号"超级计算机在天津投入使用，使我国成为继美国之后第二个能够生产每秒运算千万亿次计算机的国家。我国信息产业的发展为审计信息化奠定了坚实的物质基础。

2．互联网的发展促成信息化时代

一般认为，信息化时代由互联网的普及应用促成。因特网[2]是目前全球最大的计算机互联网络，它起始于1969年美国军方的阿帕网（ARPA），1973年开放给民用，1995年用于商业运营。IT业界公认互联网是信息化时代到来的标志，它与个人计算机一起，推动了一场信息革命。中国互联网络信息中心（CNNIC）2012年1月发布的第29次报告称，至2011年12月底，我国网民[3]达5.13亿，普及率升至38.3%，居发展中国家前列；家庭电脑使用宽带上网的占98.9%。我国网络基础设施的未来发展，将给远程审计、移动办公提供更加可用的通信资源环境。

3．新兴信息技术推动地球"数字化"

IPv6、物联网、云计算等新兴信息技术的运用推动了地球"数字化"。在现行IPv4所提供43亿个IP（互联网协议，Internet Protocol）地址告罄之后，下一代网际协议IPv6版本可以提供的IP地址达2^{128-1}个，"几乎可以为地球上每一粒沙子分配一个IPv6地址"。物联网通过射频识别、红外感应、激光扫描等技术，把标明IP的物体与互联网连接起来，进行信息交换和通信。云

2　1997年中国科学技术名词审定委员会按照音义结合的原则，将Internet定名为因特网。

3　网民：指过去半年内使用过互联网的6周岁及以上的中国公民。

计算则把网格[4]计算、分布式计算、并行计算、效用计算、网络存储、虚拟化、负载均衡等技术发展融合，应对海量数据及庞大运算。IPv6、云计算条件下的物联网，使得任何有特定形态的物体都可以在互联网上标明其内涵、形态和方位，建立与其他物体的联系。届时，地球上的活动和整个地球环境的时空变化均可能装入电脑中，实现在网络上的流通，并使之最大限度地为人类的生存、可持续发展和日常活动服务，从而把"数字化地球"的概念变为现实。新兴技术的应用，不但使审计对象复杂化程度提高，也使审计技术的提高有了更大的空间。

4．电子政务和电子商务快速发展

电子政务是政府通过信息通信等技术手段的密集性和战略性应用，组织公共管理的一种方式。它旨在提高效率，增强政府的透明度，强化财政约束、改进公共政策的质量和决策的科学性，在政府之间、政府与商业机构之间、政府与公民之间建立良好的关系，提高公共服务的质量，提高公众参与度[5]。电子政务作为信息技术与管理的有机结合，成为当代信息化最重要的领域之一。我国的电子政务建设20世纪80年代末起步；进入21世纪后，我国政府把电子政务建设作为信息化工作的重点，政府先行，带动国民经济和社会发展。"十二五"期间，国家将"大力推进国家电子政务建设，推动重要政务信息系统互联互通、信息共享和业务协同，建设和完善网络行政审批、信息公开、网上信访、电子监察和审计体系"[6]。电子商务是以交易的双方为主体，以银行电子支付为结算手段，以客户数据为依托，基于互联网的全新商务模式。推进电子商务不止是一种销售技术的变革，更重要的是，它借助网络跨越时空的特性和优势，将政府、企业以及贸易活动所需的其他环节，连接到网络信息系统上，从而扩大了贸易机会，降低了贸易成本，提高

4　网格：一种用于集成或共享各种分散的计算机、数据库、通信等资源，使之成为有机整体，共同完成各种所需任务的机制。

5　联合国经济与社会理事会，1999年。

6　《中华人民共和国国民经济和社会发展第十二个五年规划纲要》，人民出版社2011年版。

了贸易效率。电子商务已经成为各国经济实力较量的新领域。我国政府全面、积极、稳妥地推进中国电子商务的发展，《计算机世界》资讯数据显示，2009年年底国内使用第三方电子商务平台的中小企业用户达到1000万，我国电子商务用户达到1亿。2009年，我国电子商务交易额超过3.6万亿元，预测未来几年还将以35%以上的速度增长。电子政务和电子商务将成为新的审计对象。

5.IT治理成为重要的管理内容

信息化的发展使政府和企业不能漠视由于信息技术引入而带来的业务流程改变等方面的问题。而IT治理（IT Governance）通过衡量政府或者企业是否采用有效的机制，使得信息技术的应用能够在完成其应有的使命和达到预期目的的同时，平衡采用信息技术与改造原有流程的风险和收益，增加组织价值，从而确保政府或者企业战略目标的实现。特别是电子政务推行之后，出于改善公共管理、考核公共资金使用绩效的需要，政府势必越发重视IT治理，将IT治理作为重要的管理内容。

6.信息化是不可忽视的趋势

从国际情况看，无论是美国等发达国家，还是印度、巴西等发展中国家，都十分重视信息化的发展，积极制定战略规划、投入巨额资金，力争在信息化的竞争中占据有利位置。我国也把信息化建设作为推进经济社会发展的一项重要战略任务。党的十七大报告指出："发展现代产业体系，大力推进信息化与工业化融合。"[7]这是基于我国国情和科学技术发展的总趋势，为我国工业化和整个国家现代化发展道路作出的战略选择。2011年3月，全国人大通过的《中华人民共和国国民经济和社会发展第十二个五年规划纲要》则进一步明确，要加快建设宽带、融合、安全、泛在的下一代国家信息基础设施，加强云计算服务平台建设，实现三网融合，积极发展电子商务，

7　胡锦涛：《高举中国特色社会主义伟大旗帜　为夺取全面建设小康社会新胜利而奋斗》，
　　2007年10月15日。

大力推进国家电子政务，加强社会化综合开发利用，健全网络与信息安全法律法规，构建信息安全保密防护体系，推动信息化和工业化深度融合，推进经济社会各领域信息化。信息化是我国社会经济发展的必由之路，也是审计工作面临的最重要的外部环境。

7. 国外审计信息化的成功探索

随着信息化的发展，各国审计机关在建立审计网络、配置计算机装备、组织开发计算机应用软件、推广运用计算机辅助审计技术、制定计算机审计发展规划和规范性文件、培训计算机审计人员、引进计算机专业人才等方面进行了探索。1984年，法国审计法院利用计算机的终端机与财经部、统计部门联网；20世纪90年代，泰国审计长公署与财政部会计公署的预算支出系统实行联网，对其实行网上审计监督；意大利审计法院实现了与财政、国库统一支付系统的联网，可以对财政支出的每一笔资金做到及时掌握和有效监督。与此同时，信息系统审计取得了长足的进展。美国成立了信息系统审计与控制协会（ISACA），在全球发展会员——注册信息系统审计师（CISA），推介COBIT[8]等信息系统审计标准规范。世界审计组织（INTOSAI）大会，多次讨论计算机审计议题，还成立了专门的组织——IT审计委员会。我国审计代表团在对美国、巴基斯坦、荷兰、澳大利亚、印度等国家的考察和交流中，都涉及信息系统审计的内容。通过学习借鉴，我国审计机关积极融入国际潮流，探索计算机审计技术，在计算机审计领域也取得了令国际同行瞩目的成绩。

（二）内部环境

1. 具有决定意义的金审工程建设取得阶段性成果

金审工程是审计信息化系统的简称。审计署1998年开始筹划审计信息化，1999年年底正式向国务院提出建设审计信息化系统的请示。金审工

8　Control Objectives for Information and Related Technology（信息及相关技术的控制目标），信息系统审计与控制协会制定的IT项目建设标准，同时被IT审计界视为检查标准。

程一期2002年4月启动，经过三年多的建设，2005年11月通过国家发展改革委的验收；金审工程二期2008年7月启动，于2012年6月底完成；在国家"十二五"规划编制过程中，审计署向国家发展改革委提出金审工程三期的项目建议。1999年，审计署在给国务院的《报请审批审计信息化系统建设规划的请示》中，确定了审计信息化系统建设目标：适应国民经济管理信息化和会计信息电子化发展的要求，采用计算机、数据库、网络等现代信息技术，大胆改进传统的审计方式和手段，实现审计工作信息化，不断扩大审计覆盖面，规范审计行为，促进提高审计工作效率和质量，降低审计风险，更好地履行审计监督职责。在这一目标的指引下，金审工程一期建设突出了"规划、基础设施和基本应用"；金审工程二期建设突出了"初步建成国家审计信息系统""提升审计监督能力"。金审工程二期建设的完工，初步实现了中央和地方各级审计机关的业务协同、互联互通、资源共享，增强了政府预算执行审计的及时性和有效性，提高了审计工作效率、质量和水平，促进了财政资金使用的效果和效益，促进了政府行政的公开、廉洁和高效，并为国家电子政务和国家宏观调控决策提供了审计信息支持。金审工程一期、二期共投资近5亿元，其建成对改善审计职业的信息化内部环境发挥了决定意义的作用。

2. 同步实现计算机普及应用

"工欲善其事，必先利其器。"个人计算机的技术成熟、成本降低和普及使用，在工具进步方面给了审计职业以均等的机会。从20世纪80年代后期开始，从中央到地方的各级审计机关相继添置计算机设备。据20世纪末不完全统计，全国审计机关有微型计算机近万台；而据2009年年底的统计，全国审计机关已有计算机10万余台，其中笔记本计算机占半数，各类服务器5400余台。计算机已经成为审计人员日常使用的基准配置设备。与此同时，计算机软件应用也日趋普遍。文字处理软件、电子表格软件、电子幻灯演示软件已被审计人员广泛使用，成为日常办公的主要工具。《现场审计实施系统》（AO⁹）是金审工程一期计算机审计软件开发的重大成果。它总结了审计人员计算机审计思路，凝聚了广大审计人员的智慧，以简洁实用的风格和齐全的功能，受到审计人员的欢迎，得到广泛的应用。据了解，全国70%以上的审计用计算机安装了《现场审计实施系统》（AO）；截至2012年4月底，全国8万名审计人员已经有49%通过了审计署设立的AO培训认证考试。计算机和审计软件的使用，在很大程度上改变了审计人员以纸质账簿、凭证为伴的职业惯例。审计机关办公自动化程度的提高，使审计机关进入信息化的先进行列；审计软件的应用，使审计职业与财务、金融、税务等工作具有同等的信息技术水平，提升了审计机关和审计人员的外部形象。

3. 审计信息网络覆盖全国

审计机关局域网建设始于20世纪90年代后期，到目前，80%以上的审计机关建立了用于审计管理、日常办公的局域网，全国所有省级审计机关均开通了与地市、县区级审计机关的电子邮件。中央、省、地市、县区四级审计机关之间建立的非涉密四级互联审计网络，成为审计业务的协同管理和数据共享的主要通道。从传输角度衡量，上级审计机关传达精神、部署工作的行政公文，可以在一个工作日内传递至县级审计机关；下级审计人员汇报情况、请示工作的公文亦可迅速上报。审计署及其各特派办使用的安全客户端系统，则实现了在异地利用互联网资源登录局域网办公。省级以上审计机关建立的涉密网，有效地保守了国家秘密信息。各级审计机关建立的互联网接入网，保证了审计人员充分利用互联网资源；所建立的门户网站，及时向社会公告审计结果，宣传审计工作，接受公众的投诉和举报。网络及通信技术在审计机关的普遍应用，推动了审计效率的提高。

4. 数据信息资源得到重视

审计机关的数据库应用是从财经审计法规检索做起的，随后在办公自

9　《现场审计实施系统》的英文名称为Auditor Office，简称AO，意即审计师办公室。

动化软件的使用过程中逐步积累公文资料。1997年，审计署开始培训审计人员使用Excel制表，使用Access处理少量数据。随着审计软件的应用和联网审计的发展，被审计单位的数据资源利用进入新的阶段。审计管理、审计业务、政府预算执行审计、税收审计、金融审计、企业审计、投资项目审计、社会保险审计、外资审计、农业审计、领导干部经济责任审计、专项审计12类数据库的建立，使审计机关掌握并可在内部共享的数据日趋丰富。SQL Server等大型数据库投入使用和数据存储技术、磁盘阵列技术得以应用，为数据分析、数据挖掘奠定了基础，审计工作从技术上获得了新的支持。内部数据和外部数据、财务数据和业务数据的综合分析，使审计不再是以账论账，所揭示问题的深度和提出建议的高度，在取得被审计单位信服的同时，得到党委、政府的认同。审计职业在促进公共财政规范管理、提高绩效，维护国家经济安全方面，发挥了保障国家经济社会健康运行的"免疫系统"功能。

二、审计信息化的基本特征和核心目标

我国审计机关应用传感、通信、计算机、控制技术作用于信息的实质，与其他部门机构并无不同，均是履行公务职责的公文数据流。而审计工作形式、程序、内容的特性，则使审计信息化具有其固有的基本特征和核心目标。

（一）基本特征

1．以系统论为统领

系统是由若干要素以一定结构形式联结构成的具有某种功能的有机整体。系统论是研究系统的一般模式、结构和规律的学科。系统论的观点强调系统具有整体性、关联性、等级结构性、动态平衡性、时序性等基本特征，它不仅是反映客观规律的科学理论，而且具有科学方法论的含义。

信息化具有明显的系统性特征。信息化首先要对现有政府管理、企业

经营及其中的事务处理流程进行分析、重组和提升，明确需要实现的目标。而系统论要求高度重视并深刻反映事物之间的联系和相互作用，因此在信息化过程中体现这种要求，有助于对规模巨大、关系复杂、参数众多的复杂问题进行分析；重组必须体现系统论整体观念的核心思想，系统论认为，任何系统都是一个有机的整体，它不是各个部分的机械组合或简单相加，系统的整体功能是各要素在孤立状态下所没有的，即"整体大于部分之和"，成功的信息整合才会有助于加强管理、提高效率；提升一定是在既有基础上的提高，系统论认为，系统中每个要素在系统中都处于一定的位置上，起着特定的作用，信息化首先要准确地把握提升的方向和力度，优化各要素之间的相互关联，建立充分发挥作用的机制。综上，小到一个简单的事务处理软件，大到多个系统集成的应用平台，无不体现系统论的思想，所以要认识并利用系统的特点和规律，去控制、管理、改造或创造新的系统，使之发展合乎人的目的的需要。

审计信息化必须坚持以系统论为统领。系统论强调系统内部要素之间有规律的联系，相应要求人们的思维是立体多角度的，而不能是平面的。信息化条件下的审计已经具备突破纸质账簿环境下手工审计的局限性，因此审计信息化是系统论统领下的信息化。李金华说，信息化"要求我们转变传统的审计思维方式，用系统论来指导审计工作的开展。过去由于我们处在手工环境下，信息化程度低，信息不对称表现突出，工作上的相互联系性不强，所以就造成审计人员缺乏对被审计单位全面、系统的掌握"；审计信息化"要求改变这种状况，使广大审计人员能够从宏观的、全面的角度，用系统论的观点去认识审计对象，去分析审计当中遇到的各种问题"[10]。

以系统论统领审计信息化，就要把审计对象作为一个系统，使被审计单位的信息都在审计监督的范围内，审计人员通过审计信息化系统，"要把

10　李金华主编：《中国审计25年回顾与展望》，人民出版社2008年版，第116页。

整个资料都掌握住，通过系统分析、对照、比较，选择其中最薄弱的部分作为重点，找出核心问题在哪里，从总体上把握。""如果心里没底就先到现场，到底人家的情况怎么样，心里没数，总体上把握不住，叫做'瞎子摸象'"[11]。因此，要从系统论的角度来研究计算机审计、研究审计信息化。

2．以数字化为基础

从一定意义上讲，我国审计的根本出路在于信息化，信息化的关键在于数字化。所谓数字化，是指依照采样定理，将时间和幅度均为连续状态的函数转变为时间和幅度均为离散状态的序列进行信息记录的状态。由于构成序列的数值可以以二进制码的形式表示，因此所记录的信息能够被计算机处理。数字化是计算机应用的基础，数字计算机的一切运算和功能都是用数字来完成的，若没有数字化技术，就没有当今的计算机。数字化不但是多媒体技术、软件技术的基础，而且是信息社会的技术基础和传播媒介。尽管对公众来说，数字化看不见摸不着，但它却实实在在地改变着社会生活。对于政府的管理来说，管理对象的所有部件和事件信息，都有一个数字化的身份，把这些数字信息通过计算机和移动通信技术手段进行处理、分析，将在第一时间发现问题，对这些问题进行处理，必将有效地提升管理的水平和效率。

审计信息化要以数字化为基础，一是建立数字化审计业务模式。审计软件引入审计业务实施之后，被审计单位的电子账和其他管理数据，都以数字化的形式提供给计算机处理，所产生的数据分析结果、疑点、证据，以及审计人员编制的审计工作底稿，都是数字化的形式。审计业务数字化需要纸质审计资料、证据的数字化，如对其进行扫描、数码相机拍照。二是建立数字化审计管理模式。审计管理业务流程包括审计计划的制订、下发、分解，审计项目的准备、实施、报告，审计实施过程中项目组与机关的交互，审计结束之后统计、归档等。已经有一系列软件能够将这些业务流程全部覆盖，

---

11 李金华主编：《中国审计25年回顾与展望》，人民出版社2008年版，第119页。

即所需要的资料和所形成的结果，均可以数字化，供计算机进行处理、管理。审计管理数字化需要建立刚性的制度要求，坚持全线应用，同时淘汰落后手段，如废弃传真机，改用电子邮件传输图文资料。三是建立数字化机关运行模式。审计机关信息流的主体是履行审计监督职责所产生的公文，机关运行数字化主要围绕公文起草签批、办理、浏览查询来开展，其他事务管理，如财务管理、固定资产管理、培训课件管理等，应当尽可能采用数字化形式。机关运行数字化需要加强的重点，是涉及大多数机关工作人员的工作事项，如公文浏览查询，但也要注意公文起草签批的数字化。四是基于数字化进一步提升审计工作水平。"免疫系统"功能要得到真正的发挥，审计必须将预测纳入审计方法体系，这就需要大量的数学运算，而只有当事物之间的本质联系抽象为一个数学公式时，我们才可能说是把握了规律。马克思认为：一种科学只有成功地运用数学时，才算真正达到完善的程度[12]。审计机关的信息化发展到一定阶段，必须推行全线数字化，积累电子数据，以实现更高的审计目标，为全面提升审计水平奠定基础。

（二）核心目标

1. 消除审计职业风险

李金华指出：审计人员不掌握计算机技术将失去审计资格[13]，审计机关的综合管理人员不掌握计算机技术将失去任职的资格。同理，审计机关的领导干部不掌握计算机技术将失去指挥的资格。相对于纸质账簿环境，信息化环境从以下六个方面对审计工作提出了挑战。

一是传统的查错纠弊手段不再奏效，信息化条件下的审计难度增加。在纸质账簿环境下，审计人员可以运用传统的审计手段进行查证。在应用会计核算软件对会计数据进行自动控制、自动处理的情况下，由计算、过账、误用对方科目等造成的一般性错误大为减少，甚至不复存在，会计处理错

12　保尔·法拉格：《忆马克思》，人民出版社1973年版。

13　李金华主编：《中国审计25年回顾与展望》，人民出版社2008年版，第114页。

误出现新的聚合和离散规律，即利用软件进行会计领域计算机犯罪和舞弊。这对于只具有传统查错纠弊技能的审计人员来说是力所不能及的。具有"舞弊功能"的财会软件流入市场，加大了审计防范信息化条件下的经济犯罪和会计信息失真的难度。以上可以概括为"查错无错，纠弊无门"，是信息化环境对审计工作的巨大而现实的挑战，也是审计人员"失去审计资格"的主要原因。

二是审计对象管理方式的嬗变模糊审计取证切入点。纸质账簿环境下，账目基础审计将纸质账目作为切入点，制度基础审计将内部控制制度作为切入点，风险基础审计又将风险因素列为切入点，这些切入点的设计，都是基于纸质账簿环境的管理模式。信息化环境下，包括电子账在内的信息化管理系统的大量使用，数据大集中和分布式管理在不同领域的应用，电子商务、网上结算的产生，管理信息从单机走向网络，这些变化使得被审计单位对异地机构的管理可突破空间局限，实现即时远程处理与监控。除了反映审计对象财政财务收支及其经济活动的数据信息之外，作为输入信息、处理信息、输出信息载体的信息系统，必然也要纳入审计的视野。因此，审计人员所熟悉的作为审计取证切入点的反映经济业务的账务数据、内部控制制度和风险点，变得模糊，致使审计人员可能"进不了门，打不开账"，这就是审计对象管理方式发生嬗变给审计人员带来的挑战。

三是审计人员必须关注新的审计领域。审计是对财政财务收支的真实、合法、效益进行的监督。相对于纸质账簿环境，信息化环境下与财政财务收支的真实、合法、效益直接相关的事物更加丰富复杂，对此审计无法回避。会计领域计算机犯罪和舞弊，相对于涂改纸质账簿、销毁纸质凭证，性质相同但表现手法更为隐蔽，危害更大；会计核算软件和ERP系统的自身处理逻辑的正确性与财政财务收支的真实、合法、效益息息相关，因此不对信息系统进行全面有效的审查、测评，就无法防范和揭示经济犯罪、会计信息失真问题。另外，信息化带来国家经济安全、财政安全方面的许多问题，例如，互联网已经代替传统信用卡等媒介成为金融犯罪的主要途径。这些问题，都是纸质账簿环境中所不涉及而信息化环境下审计机关必须履责的范围，需要审计机关予以关注。

四是社会综合效率对审计工作效率提出新要求。信息化加快了信息流动的速度、事务处理的速度和工作生活节奏，使社会综合效率大为提高。据统计，美国政府处理日常事务而形成的文字数据，较三十年前增加100倍以上。我们可以预见，随着计算机处理能力的增强、数据的积累和信息存储成本的降低，文字数据增长趋势将更加明显。与此相对应，审计人员面对的审计资料不是仅仅依靠扩大人员编制、增加人员数量所能应对处理的。信息化环境下，政府和公众、管理者和被管理者、审计和审计对象，他们所使用的工具手段必须处于一个量级，才能相互适应，维持正常的制约关系。这就要求审计工作必须提高效率。

五是审计机关内部管理必须适应面临的新情况。从整体衡量，全国八万审计人员信息化的素养还有待进一步提高，这需要从调整审计队伍人员构成、改善审计人员知识结构两个方面着手，消除信息化环境下由于审计能力的不足以致"失去审计资格"的风险。通过学习借鉴国外经验和总结探索我国经验，审计机关多年来形成一套审计作业规范，在纸质账簿环境下它对于保证审计工作质量发挥了重要的作用。然而，信息化环境下的审计质量控制，是一个崭新的课题。进行审计质量控制不仅要保证数据审计程序合法、结论适当，而且还要关注信息系统，规避"假账真查"的风险。在纸质账簿环境下，审计机关的内部管理主要靠纪律、靠政治思想工作等来进行；在信息化环境下，除了原有的手段、途径外，又有许多新的技术手段可以保证管理目标的实现，保障审计作业的公正，促进审计流程的规范，降低发表错误意见的风险，协助审计人员恪守职业道德。因此，审计机关的运转方式，必须融入办公自动化的潮流，审计机关的综合管理人员，必须运用计算机技术，实现全业务流程的信息化。

六是审计机关的审计决策要适应信息化要求。审计机关的决策包括两方面：一是指挥审计工作的决策，二是作出审计结论的决策。

前者由审计机关主要负责人及领导班子作出。李金华曾经说，对于审计机关的领导干部来说，他虽然不用像一线审计人员那样去亲自查阅资料、分析数据，但也必须融入信息化发展的潮流；审计机关的领导干部不一定要求都是信息化方面的专家，但至少要了解、熟悉信息技术；身为审计队伍的指挥者，单单会"摇旗呐喊"是不够的，也得"排兵布阵"。如果不了解信息技术，不知道它有些什么功能，不知道它在审计中能起什么作用，怎么能用信息化的思维方式和手段去组织、管理、指挥审计人员[14]？

后者，特别是对问题定性和提出建议的决策，都要充分考虑信息化环境，在提出完善制度、堵塞管理漏洞时，要适应信息技术的要求，而不能简单要求被审计单位放弃信息技术的应用。

审计机关领导干部指挥审计项目实施、管理审计人员队伍、协调审计机关运转、联络相关部门关系等，都要积极运用信息技术，充分体现信息化特点。

2. 提升审计监督能力

审计能力得到提升，是审计信息化发挥作用的显著标志。这种提升表现在以下三方面。

一是领导干部决策指挥的能力。由于信息技术的支持，审计机关获取外部信息、数据的能力增强，可以更好地根据党委、政府工作的大局，社会关注的焦点，管理的薄弱环节科学制订审计计划，使有限的审计资源发挥更大的效益；审计机关与审计现场实现交互之后，领导干部可以对现场情况了解得更加及时、深入，指挥得更加到位、精准；领导干部可以获取更多的财务资料、业务资料和相关的外部资料，在研究讨论审计报告时，定性更加准确，提出的建议更加科学。

14　李金华主编：《中国审计25年回顾与展望》，人民出版社2008年版，第115页。

二是审计人员发现错弊的能力。审计软件的使用和计算机审计专家经验的推广、应用，能够把个别审计师的经验智慧转化为所有审计人员的实际操作，不仅使常规的错误难以躲避审计人员的视线，而且通过对大量数据特别是外部数据支持下的比对、分析、挖掘，可以使以往难以发现的问题揭示出来。

三是审计机关把握宏观的能力。信息技术的应用使审计效率大大提高，审计机关因此具备了同时审计多个同类被审计单位的能力，可以就某一领域的事项发表综合性的意见，如同时审计多个金融机构，可以综合全面情况就防范金融风险提出建议。同时，数据库的建立使大量数据积累成为现实，审计机关可以进行海量数据分析，进而使其分析、研究、把握宏观问题的能力进一步增强。

3. 建立高效审计机关

信息技术的应用，使审计机关与被审计单位、相关职能部门的沟通联系更加及时便捷。通过被审计单位的信息系统，审计机关可以透视其上下级单位，充分了解被审计单位的管理特点和运行情况。在审计系统内部，无论是对党委、政府的指示，上级审计机关的要求，还是对本级审计工作的安排，都可以利用网络通过电子邮件、视频会议系统快速传递，节省了时间，提高了履责的效率。审计机关通过开展审前的数据分析，可以对审计事项进行总体把握，增强现场审计的针对性，缩短现场审计时间，提高审计效率，更好地控制审计作业成本。应用信息化手段统管审计作业和机关事务流程，可以有效地避免手工操作下人情干扰、工作随意性强等各种弊端，约束腐败滋生，保持审计队伍的廉洁高效。

4. 法定领导体制能够更好地实现

根据审计法的规定，地方审计机关实行双重领导体制，即在本级政府主要负责人和上级审计机关的领导下开展审计工作。在纸质账簿环境下，由于沟通不畅，上情下达、下情上传不及时，致使上级审计机关的领导意图有时难以及时、完全得到贯彻。在信息化环境下，特别是审计机关"四级互联"实现之后，上下级审计机关之间的信息（包括指示、情况等）传递得以在最短时间内实现。由此，法定的审计领导体制能够更好地实行。

三、审计信息化建设的主要内容

审计机关的审计监督职责是法律赋予的。根据审计机关的职能和任务，审计信息化建设的主要内容包括审计机关管理信息化、审计作业实施信息化和建立信息化审计队伍三个方面。

（一）机关管理信息化

审计机关管理，是指审计机关按照法律确定的职责，行使法律赋予的权力，调动审计机关人力、财力等资源，执行审计监督任务，履行行政职能的全过程。审计机关管理信息化的重点，在于建立通畅的信息系统，实现信息共享，提高管理效率，为现场审计和领导决策提供有效、有力的支持。

1. 建立中国国家审计信息系统

对金审工程二期建设的中国国家审计信息系统（GAIS，Government Audit Information System），可以从以下三个角度解读。

一是系统拓扑。根据审计机关工作需要和国家保密管理、信息安全的相关规定，覆盖中央和地方审计机关的信息网络由三套网络组成：联通中央到县区之间四级审计机关的，是运行处理非涉密工作信息的审计专网；联通中央与省两级审计机关的，是运行处理涉密工作信息的审计内网；审计机关与公众之间进行联络的，是构建的互联网接入网。这三套网络各司其职，为不同涉密、安全等级信息的交流共享，提供各自不同的通道。

二是系统构成。所谓信息系统是计算机软件、硬件、技术和相关管理制度的集合，它不仅包括软、硬件的数量，还更多地体现其互补和共同实现目标的功能。完整有效的中国国家审计信息系统包括：（1）满足现场审计、联网审计要求的审计系统；（2）融合办公自动化、审计业务管理、领导决策需求的管理系统；（3）保障各级审计机关资源共享的网络支持系统；（4）适应海量数据存储和处理的数据中心；（5）确保系统持续运行和不断完善的服务系统；（6）既对内又对外的安全系统。

三是信息资源。中央至县区四级审计机关之间建立的非涉密四级互联审计专网，是审计信息资源的主要通道。在这个通道中，上级审计机关传达精神、部署工作的行政公文可以畅通无阻，以扁平化的态势迅速传递至下级审计机关及相关审计人员；审计人员汇报情况、请示工作的公文亦可迅速上报。审计专网上的审计管理、审计业务、政府预算执行审计、税收审计、金融审计、企业审计、投资项目审计、社会保险审计、外资审计、农业审计、领导干部经济责任审计、专项审计12类数据库，是审计机关协同管理的主要资源。以信息资源为基础的"信息共享是中国国家审计信息系统的最终目标，相对于领导重视、人员素质提高来说，信息共享将从更深层次消除审计工作向纵深发展的阻碍"[15]。

2. 对审计管理提供支持

根据法律规定，履行监督职责是审计机关的主业。对审计业务实施管理，是审计机关政务职责的第一要务，体现在以下五个环节：

一是审计计划。年度审计计划是审计机关对某一年度审计工作作出的统筹部署和安排。它是审计项目实施的前提，审计项目是审计计划实施的载体。审计机关在选择审计项目时，要充分利用网络和电子文件、数据，了解行政首长和领导机关的需求；要利用本单位审计资料数据库，计算管辖单位以前年度被审计频度、覆盖面，以提出可行的初选审计项目。在配置审计项目资源时，要适当考虑被审计单位信息系统及其电子数据情况，配备具有信息化素质的领导干部、审计人员和必须技术装备，还需要考虑审计提前介入的时间。在编制审计计划时，应使用审计计划管理软件，调整审计时间、分

---

15 石爱中：《在中央地方审计信息化情况沟通协调座谈会上的讲话》，2005年3月30日。

解审计项目、把握项目进度、提出指导意见。

二是审计实施。审计组实施现场审计后，审计机关综合部门要进行项目实施管理，包括：通过《审计管理系统》（OA）向审计组提供文件、数据、资料；对审计组通过《现场审计实施系统》（AO）向审计机关传递的现场资料，进行浏览、查阅、分析，反馈指导意见；审查审计组编制完成的审计报告稿，以审计机关名义征求被审计单位的意见等；还要综合分析各审计组的工作进度，促进审计项目的精细化管理。

三是审计结果复核和审理。审计机关业务部门复核审计报告稿、编制书面复核意见、将复核修改后的审计报告报送审理机构审理等，应在《审计管理系统》（OA）复核审理模块中按照规定的流程进行。复核审理模块可以解读《现场审计实施系统》（AO）生成的数据包，这就便于复核审理人员检查审计实施方案确定的审计事项是否完成，审计发现的重要问题是否在审计报告中反映，事实是否清楚，证据是否充分，适用法规是否适当，所提出的评价、定性、处理处罚意见是否恰当，审计程序是否符合规定等。

四是审计成果统计。审计统计是以数字形式反映审计成果的过程。《现场审计实施系统》（AO）的审计台账功能，可以保证审计项目结束后形成的数据符合国家统计局对"审计情况统计报表"的要求。针对每个审计项目专门设计制定的项目统计表，能够反映项目涉及的相关基本情况、查出问题的背景数据、问题金额的明细数据等，有利于较好地分析问题产生的原因，丰富审计报告的内容。审计统计软件的使用，可以保障统计报表的质量和上报时效。

五是项目资料归档。审计项目档案管理是收集、整理、保存、利用反映审计机关公文和机关事务办理轨迹相关文档的过程。档案管理的载体是案卷。《审计管理系统》（OA）、《现场审计实施系统》（AO）在研发过程中都考虑了支持立卷、归档的需要。档案管理软件则为档案的再利用提供了有效的工具。

3. 为审计机关运行提供支撑

审计机关作为政府的组成部门，要按照法律规定和规范，维持机关运转，保障行政职责的正常履行。信息化可以从三个方面为审计机关的行政运行提供支撑。

一是审计公文流转。审计公文是审计机关在行政管理和审计过程中形成的具有法定效力和规范体式的文书。办公自动化的发展和广泛应用，使公文的起草签批、收发和浏览查询更加便捷，审计人员应当掌握这些技能。

二是人力资源管理。人力资源管理包括动态记录审计机关工作人员自然状态、工作及培训经历、从业能力、业绩考核、职务和薪酬等情况。人力资源管理软件的使用，可以促进审计机关对工作人员进行有效的组织管理，为审计机关执行行政管理和审计业务实施提供合适人才，有利于审计机关组织目标的实现和审计人员自身的发展。人力资源管理软件中的信息，也构成了《审计管理系统》（OA）、《现场审计实施系统》（AO）的基础角色信息。

三是机关事务管理。机关事务管理是审计机关正常履行职责的必要保障。审计机关财务管理、固定资产管理、资讯传递、交流宣传等事务管理的信息化，可以提高管理的效率和精细水平，有助于树立高效廉洁的机关外在形象。

4. 保障信息资源的有效利用

为审计现场管理和审计机关的决策提供有效的支持，需要有效地积累和利用信息资源。审计信息资源包括审计机关行政管理和审计过程中形成的信息，审计机关根据需要从公开渠道收集的信息，以及其他部门提供给审计机关的信息等。审计信息资源是国家政务资源的组成部分。审计署以《国家审计数据中心基本规划》[16]的形式公布了审计信息资源目录体系，将审计信息资源分为审计管理、审计业务两大类，审计管理类又分为12个小类，审计

16　《计算机审计实务公告》第5号，审计署2007年6月13日印发。

业务类又分为11个小类。为了在审计过程中广泛收集财务数据和业务数据，并为今后的审计提供数据支持，审计署制定了数据规划，以保证数据的积累、利用和更好地发挥"免疫系统"功能。信息资源利用的指导思想是"充分挖掘、分层应用"。所谓充分挖掘，就是采用各种先进的技术方法，从丰富的信息资源中获取有益于审计工作的知识。所谓分层应用，就是在决策层、战略层和战术层三个层面应用获取的知识，最大限度地发挥信息资源的效用。决策层的开发利用，就是站在审计工作全局的高度，为审计工作发展的科学决策提供知识支持；战略层的开发利用，就是利用审计数字信息资源，进行全盘和未来的谋略和筹划；战术层的开发利用，就是从微观入手，着眼于具体的审计业务和管理事项，采取先进的技术和方法来解决工作中的具体问题[17]。

（二）作业实施信息化

审计作业实施，是指审计机关指派的审计人员组成审计组，按照审计工作方案要求的内容，对被审计单位进行检查，出具审计组审计报告的整个过程。审计作业实施的信息化，是指审计过程已经处于最大限度地全面应用信息技术的状态，既包括审计人员有能力对实现信息化的被审计单位实施审计，又包括在审计项目执行过程中实行信息技术管理。信息化的作业实施有五种形式，同时还要引入审计现场作业数字管理模式。

1. 电子账簿式审计

对会计账簿的检查，是审计职业传统的工作内容。电子账簿式审计仍然将账目作为审计取证的切入点，也可以说是信息化条件下的"簿记审计"。与传统账簿式审计一样，电子账簿式审计，也要进行外在形式的审查，即检查会计账套（会计电算化用语）的设置和使用是否符合规定，是否满足管理和核算的要求；也要进行会计资料真实性、合法性的审查，即检查

17　刘汝焯等著：《IT Audit in CHINA　中国计算机审计》，中国北京大学出版社、德国学习出版社2009年共同出版。

会计资料所反映的经济活动是否真实、合法，相关账项的记录是否相符，账户余额计算是否合理，账户余额反映的财物、债项是否确实存在等；也要进行经济活动合理性、有效性的审查，即通过检查会计账簿上的内容摘要，来判断所反映的有关经济活动是否合理和有效。在以上三项审查中，烦琐重复的查找、核对，在有了计算机软件以后，完全可以由计算机完成，审计思路完全可以由计算机辅助实现。因此，电子账簿式审计的效率比传统账簿式审计大为提高。

2. 数据式审计

数据式审计是信息化条件下应运而生的一种新的审计模式，它以信息系统内部控制测评为基础，通过对电子数据的收集、转换、整理、分析和验证，实现审计目标。相对于将反映经济业务的纸质账目作为审计取证切入点的账目基础审计、将控制经济业务及其记录的内部控制制度作为审计取证切入点的制度基础审计、将内部控制制度和风险因素同时纳入审计视野进行全过程风险分析的风险基础审计，数据式审计不仅将电子账目作为审计的客体，而且将计算机信息系统作为评价内部控制的直接因素；不仅针对会计核算数据，而且针对业务数据、管理数据等非财务数据；不再局限于内部数据，而是将外部数据也引入审计过程进行比较分析[18]。数据式审计中的"选、比、查"[19]再现了传统手工审计的方法，然而在信息化条件下其效率可以大大提高，因为只要给定标准，计算机就可以做到批量执行，而且"选、比、查"可以复合使用、同时进行。审计软件进行"选、比、查"采用的技术有三种：一是用于存取数据以及查询、更新和管理关系型数据系统的SQL（结构化查询语言，Structured Query Language）查询；二是以海量数据为基础的多维数据分析（也称为联机分析处理，OLAP，On-Line Analytical Processing）；三是从大量的、不完全的、有噪声的、模糊的、随机的实际

18　石爱中、孙简：《初释数据式审计模式》，《审计研究》2005年第4期。

19　张德山：《审计软件综述》，中国论文联盟网，www.lwlm.com。

应用数据中，提取隐含在其中的、人们事先不明确的、但又潜在有用的信息和知识的数据挖掘（Data Mining）[20]。

3．分析式审计

基于共享数据的分析式审计，是金审工程三期构划的审计方式，它建立在金审工程二期审计数据规划基本完成、数据有了一定积累的基础之上。其应用领域主要是两个方面：

一是对国家公共管理的审计监管。运用分析式审计，对国家公共管理进行审计监管，就是在占有充分数据的基础上，建立对政府公共财政和公共产品服务管理绩效、财政财务绩效的评价核心指标，建立与之相关的审计方法模型、准则规范和审计评价的计算机系统，之后利用这些指标等成果，以审计评价核心指标为基础进行审计，从而揭示国家公共管理存在的趋势性问题，从总体上促进公共财政管理规范和绩效提高。

二是对国家经济安全的审计监管。运用分析式审计，对国家经济安全进行审计监督，就是选择关乎国家经济安全的重要领域，建立各类经济安全审计评价指标，结合国家政策、外部共享数据、审计系统内部积累数据、国家经济运行和宏观调控信息，建立审计方法模型，总体研究分析国家经济安全，揭示潜在风险，提出宏观调控政策审计建议。

实施分析式审计的重要措施是建立审计仿真实验室。仿真是用项目模型将特定于某一具体层次的不确定性，转化为它们对目标的影响。审计仿真实验室是对金审工程二期建成并投入应用的审计模拟实验室的提升，其目标是为审计预测提供技术支持。审计仿真实验室的建立，将使审计进入数学应用阶段。利用审计仿真系统的软件首先要解决仿真模型的建立和进行仿真实验的方法问题，然后由计算机执行，运算相关数据，得出仿真结论。使用仿真技术是提高审计工作层次和水平，降低审计风险，增强审计建议和意见的

20　刘汝焯等编著：《审计数据的多维分析技术》，清华大学出版社2006年版，第124页。

可信度、可用度的新手段。

4. 联网审计

联网审计是相对于现场审计而言的，对国外与之形式相同的审计方式一般直译为在线审计（Online Auditing）。相对于现场审计，联网审计最主要的功能是远程实时或者亚实时获取被审计单位数据资料、动态预警、实时核查。审计人员与审计资料在空间上是分离的，但通过网络技术审计人员可以获取审计资料，在审计人员所在的审计机关就可以审计多个被审计单位，如果被审计单位采用集中处理会计业务，审计人员足不出户就可以审计被审计单位遍布在各地的下属单位，从而扩大审计的覆盖面。同时，审计人员获取的资料不再仅是已经过去的、某一个阶段的和相对静态的，而可以是刚刚发生的、相对鲜活的、动态的资料。这些资料来自于被审计单位经济管理、生产经营正在使用的信息系统，是在生产系统产生、运行而且持续运行中使用的数据。电子资料的可存储性和良好的再利用性，使得审计机关积累被审计单位资料更加容易和简便。虽然联网审计改变的不是审计内容而仅仅是获取审计数据的形式，然而正是因为获取数据形式的变化，可以促成审计工作由单一的现场审计转变为与远程审计相结合、由单一的静态审计转变为与动态审计相结合、由单一的事后审计变为与事中审计相结合。

5. 信息系统审计

信息系统审计是一个收集和评价审计证据，对信息系统是否能够保护资产的安全、维护数据的完整，使被审计单位的工作和经营等目标得以有效实现、资源得到高效的使用作出判断的过程。审计业界有的人认为，当今美国的信息系统审计基本上代表了国际信息系统审计的水平和发展趋势[21]。但其审计的内容与我们通常理解熟知的、国家法律规定的审计有相当大的差异，主要是美国的这种审计过于偏重计算机技术，而很少涉足财政财务收

21　李丹：《赴美国学习信息系统审计报告》，2006年12月。

支（包括财务会计管理软件）。同时，美国的这种审计主要是依据信息系统审计与控制协会制定的信息及相关技术的控制目标（Control Objectives for Information and Related Technology，简称COBIT）。从实质上讲，COBIT是一个用于指导信息系统建设和应用的管理标准，其目的是确保业务目标的实现，达到风险管理与收益间的有效平衡，对各类IT活动实施有效的管理和控制与IT相关的风险。美国信息系统审计人员就是将这个标准作为审计的参照物或者直接当成依据，去检查判断信息系统的得失成败[22]。

无论是从法律确定的审计职责任务、审计人员的现有知识结构，还是从公众对审计机关期望的角度看，我国审计机关都难以采用国外信息系统审计的做法。"在信息化、数字化环境下，关注信息系统是计算机审计的应有之义，也是我们一直亟待突破的'瓶颈'。信息系统审计要抓住三个关键点：一是安全性，二是有效性（可靠性），三是经济性。"从审计机关的职责任务和被审计单位信息化建设应用的现实情况看，开展信息系统审计要关注网络、设备、操作系统、数据库、环境等系统要素的"安全性"，关注规范管理、提高效率、共享信息、数据准确等功能要素的"有效性"，关注组织目标实现、投资收益、性价比、利用覆盖率等项目要素的"经济性"。审计机关在开展财政财务收支审计、经济效益审计的同时，应当对被审计单位的信息系统进行审计，目标是揭示由于信息系统缺陷而导致的信息安全风险、经济安全风险，促进被审计单位加强内部管理和控制，提高信息化建设项目的效益，同时保证审计所需数据的可靠性和可用性，防止新形势下的"假账真查"，降低审计风险，充分发挥审计保障国家经济社会健康运行的"免疫系统"功能。

6. 审计现场作业数字化管理

实行审计现场作业数字化管理是计算机应用发展到一定阶段现场审计

22　王智玉：《国外计算机审计概况》，《广东审计》2003年第3期。

作业应当达到的状态。在这种状态下，审计作业操作和现场作业管理过程中获取和形成的资料，均以数字化形式进行传输、交换、存储、处理和利用，从而最大限度地发挥计算机技术的优势。计算机审计开展初期，没有相应的数字化管理要求，致使审计作业现场不同程度地存在着与信息化审计方式不相适应的"手工作坊"式管理，审计资料收集缺乏统一规划，导致索要资料的重复和遗漏并存；致使资料取得后存放散落，难以共享，无法形成数据资源平台；致使审计人员各自为战，好思路不能及时推广，工作成果不能相互利用；致使审计组组长和主审对审计过程的控制力弱，其要求不能及时传达给审计人员。针对上述弊病，有必要强调推进审计现场作业的数字化。为此，审计组组长、主审要具有计算机审计的操作能力，能够很好管理信息化条件下的审计队伍；审计人员要具有计算机审计方面较强的操作能力，自觉并熟练使用《现场审计实施系统》（AO）进行审计，达到审计项目的管理要求；审计机关要部署采用与审计现场有数据交互功能的《审计管理系统》（OA）；在审计现场要严格并强力推行数字信息的内容规范和格式规范；审计文档特别是审计证据等非结构化资料以及项目审计档案要数字化；与审计项目有关的领导批示，电视、广播、报纸的报道，审计结果被利用之后的衍生成果以及网民的反映等资料，也都要及时数字化。

（三）建立适应信息化需要的审计队伍

建立适应信息化需要的审计队伍，是指通过对现有人员进行后续教育，使之系统学习信息化知识，改善知识结构；通过调入、招聘等方式，引进计算机专业人才。信息化审计队伍的标志是审计人员具备基本的信息化素质和信息化条件下的从业技能。

1. 提高审计信息化素质

审计信息化素质是审计人员在信息化环境中从事审计监督活动自身应当具备的基本条件。审计信息化条件下的从业技能是指审计人员在信息化环境中从事审计监督活动所需要掌握、运用信息技术的能力。审计人员应当具备的信息化素质可以归纳为四个方面：

一是了解必要的信息技术知识。主要包括：了解计算机软、硬件的基本构成和计算机运行环境条件，知晓当计算机作为客户端处理审计工作事务时，运行环境所提供的服务和保障；在了解个人计算机存储数据概念的基础上，了解存储介质、存储容量[23]的基本概念，了解采集、存储、检索、加工、变换和传输组成的数据处理过程，知晓与审计关系密切的数据库处理能力；分清信息安全和保密的概念，以及国家公安部门对于信息安全和国家机要部门对于信息保密的不同要求。必要的信息技术知识，不仅是审计人员使用计算机技术所必须掌握的，而且对于检查被审计单位信息化条件下的经营管理也是不可缺少的。

二是掌握基本的信息技术方法。主要包括：WPS文字处理、微软公司WORD等文字编辑软件的使用；WPS电子表格、微软公司Excel等电子表格软件的使用，尤其是涉及变量、公式、函数等元素以及数据动态管理、图表化等工具的应用；电子幻灯软件的使用；使用网络浏览、查询、下载信息，使用电子邮件、即时通信工具相互交流信息，传递资料；在使用Excel实现少量数据分析处理的基础上，掌握采集被审计单位数据的技能，运用《现场审计实施系统》（AO）进行分析、查询；能够编写计算机审计方法，或者采用审计署公布的计算机审计方法；了解信息系统审计的基本概念和思路，当审计中发现控制失当和数据规律性异常时，能够及时考虑信息系统缺陷的因素。

三是具有应用信息技术处理实际问题的能力。在了解必要的信息技术知识、掌握基本的信息技术方法的基础上，审计人员应当在工作中运用这些

23　计算机存储容量：依次用B、KB、MB、GB、TB、PB、EB、ZB、YB、BB表示，分别读作B、K、兆、吉、T、P、艾或奕、泽、尧，BB暂无约定读法。其中第一级次B等于8个二进制位，称1个大B；后一个级次是前一级次的1024倍，为简单起见，可约计为1000倍。PB已经是十分巨大的存储单位，1PB大约相当4000亿页文本，而全球最大的搜索引擎Google，只用到40亿页文本。

知识和技术方法，掌握机关办公自动化系统的全部功能；在审计工作中，按照职责分工，能够使用计算机软件，完成采集数据、分析数据、编制审计工作底稿、撰写审计报告等工作。审计机关的领导、审计组组长或者主审，还应当具备指挥调度信息化资源的能力，恰当地寻求信息技术专家的帮助。

四是树立科学思想，崇尚科学精神。树立科学思想、崇尚科学精神是公民科学素质的重要组成部分[24]。围绕信息化树立科学思想，就是要贯彻科学发展观的要求，推进信息化合理的发展度、协调度、持续度；就是要正确认识信息技术的作用，顺应科学技术发展的潮流，参与并推进计算机技术的应用。科学精神是人们在长期的科学实践活动中形成的共同信念、价值标准和行为规范，它是贯穿于科学活动之中的基本的精神状态和思维方式。围绕信息化崇尚科学精神，就是既要保持对经验、知识、启示或预见的信心，又要不断进取，善于学习新技术、新技能，坚决贯彻科学技术是第一生产力的科学论断，自觉地促进审计信息化的健康发展。

2．树立信息化思维方式

思维方式是人们大脑活动的内在程式，它对人们的语言行动及其对外部世界的影响起决定性作用。思维方式主要由文化、教育、生活环境影响所致，通过学习逐渐形成。思维方式是人们认识和构思的内在机制。

信息化思维方式形成于信息化审计环境。信息化条件下，审计人员通过掌握信息技术知识和方法，客观把握外界事物，通过主客体的相互作用，形成对审计对象的思考。当这些思考与包含信息化因素的文化背景、知识结构、风尚习惯、思考定式结合成有机统一体时，即形成审计人员的信息化思维方式。同时信息化思维方式又进一步成为认识信息化条件下审计工作规律、构思计算机审计工作模式，具有相对稳定性和独立性的内在机制。当审计人员积极而主动地运用信息化思维，从事机关事务管理、进行审计实施操

24　《全民科学素质行动计划纲要》，国务院2006年3月21日发布。

作、分析查询问题时，可以沿着信息化思维的方向及其侧重点，执行对信息的选择、组织和解释功能，发挥信息化思维的活力。

　　信息化思维方式是创新计算机审计方法的基础。先进的技术方法是提高审计工作质量和效率的重要因素。掌握和运用计算机先进技术的审计人员，其职业敏感性得以增强，全局性、宏观性、建设性、效益性明显提高，审计视野更加开阔，更利于在查处重大违法违规问题的同时，分析揭露深层次问题，着力促进体制和机制的改革和完善。信息化条件下错弊特征的发现是审计人员建立信息化思维方式的重要内容之一。通过特征发现，可以找到存在于电子数据或信息系统中的线索，进而进行分析取证，确定问题性质。错弊特征发现可以分为三类：一是已知事件的错弊特征发现。这种发现是指审计人员通过对历史案例、被审计单位业务处理逻辑的总结，列举出错弊特征，建立数据分析模型，筛选符合错弊特征的数据，提交取证证据。这与在纸质账簿环境条件下，审计人员从会计报表变化、各个账户之间钩稽关系进行分析，发现异常的做法异曲同工。二是未知事件的错弊特征发现。这种发现是指审计人员通过对数据的组合，采取筛选、挖掘等技术方法发现的不存在于已知舞弊之中但符合错弊特征的数据，提交取证证据。未知事件的错弊特征是信息化条件下使用计算机审计技术的创新。本福特法则[25]等数学工具的使用，则可进一步定位错弊线索。三是征兆发现。这种发现是指审计人员根据已经掌握的数据，按照事物发展的规律，推断出即将发生事件或者事物发展趋势。征兆发现错弊的数据基础是多个已知事件的积累。审计人员分析这些数据是事后审计，但所作判断是针对即将发生的错弊，因而带有一定程

25　本福特（Benford）法则，亦称本福特定律，揭示了数字统计的一种内在规律，即只要样本空间足够大，每一样本首位数字为1至9各数字的概率在一定范围内具有稳定性，公式为F（d）＝log[1＋（1/d）]（d为自然数，取值范围1～9。），其中1使用最多为30.1%，2为17.6%，3为12.5%，依次递减，9的频率是4.6%。参见：国家高技术研究发展计划（863计划）课题《计算机审计数据采集与处理技术研究报告》，清华大学出版社2006年版，第295页。

度的预警性质，它是实现"免疫系统"功能的重要体现。[26]

3．建立信息化知识技能培训体系

审计人员的信息化培训属于在职后续教育。这种培训是在国民教育的基础上以补充新知识、新技能为主要内容的教育培训形式，具有鲜明的与时俱进、及时更新、紧贴需求、跨多学科的特点。信息化知识技能培训体系由以下五个方面构成：

一是入门级培训。这种培训是全体审计人员参加的以学习基本软件使用为目标的普及型技能培训。从2008年起，《现场审计实施系统》（AO）培训成为全国审计人员入门级培训。为保证培训目标的实现，审计署设计《现场审计实施系统》（AO）培训认证考试制度，将其作为培训的重要环节和检验培训效果的手段，以促进审计人员掌握《现场审计实施系统》（AO）的基本操作，提高审计人员的信息化素养。

二是计算机审计中级培训。这种培训是一种跨学科的延展式专业知识培训。其培训对象是已经具备计算机基础知识、熟练掌握计算机操作技能的审计业务骨干。培训的内容是，从事计算机审计时所需要的网络、数据库、程序设计、信息系统、会计电算化等计算机专业知识。计算机审计中级培训作为针对部分审计人员的提高性培训，可以改善审计业务骨干的知识构成，提高审计的能力。

三是信息系统审计综合培训。这种培训是以介绍信息系统审计基本知识为主要内容的普及型培训。培训对象以审计机关司、处级业务部门领导为主，兼顾审计组组长、主审等审计项目负责人。培训目标是使业务部门领导和审计项目负责人树立信息系统审计意识和思维，掌握信息系统审计基本知识，在审计工作中能够关注信息系统，遇到信息系统的问题时明晰解决的途径。

26　刘汝焯：《审计线索的特征发现》，清华大学出版社2009年版，第3页。

　　四是IT（信息技术）类专项资格认证培训。这种培训是随着信息系统审计对专业人才的迫切需求而设计的，是某一领域特定深入方向型的精英式培训。培训目标是要形成一支能够担负起对信息系统的某个问题进行深入检查职责的IT技术团队，从整体上提高审计机关针对信息系统的审计能力。培训对象以具有计算机专业背景的人员为主，兼顾具有某种审计专长的审计人员。培训的内容包括系统架构、信息安全、网络系统、操作系统、应用系统、数据库、存储、机房环境等。这种培训以参加社会机构举办的认证、认可培训和考试为主。通过相关机构举办的考试的被培训者，可以取得如下认证资格：信息系统项目管理师，系统分析师，系统架构设计师，微软认证安全系统工程师（MCSE: Security），思科认证资深网络工程师（CCNP），红帽子Linux操作系统认证工程师（RHCE），IBM公司数据库管理员、机房规划设计认证工程师（DB2 DBA）等。

　　五是领导干部信息化素质培训。这种培训以各级审计机关领导和中层干部为培训对象，目标是使之认清审计面临的信息化环境、形势和任务，增强信息安全及防护意识，提高支持信息化、应用计算机技术的自觉性，掌握计算机基础知识，学会使用相关的审计软件，提高信息化条件下指挥审计项目实施、管理审计人员队伍、协调审计机关运转的能力。

第九专题　审计文化研究

党的十七届六中全会对于加强社会主义文化建设、促进社会主义文化大发展大繁荣作出了全面部署，提出了明确要求。党的十八大提出，全面建成小康社会，实现中华民族伟大复兴，必须推动社会主义文化大发展大繁荣，兴起社会主义文化建设新高潮，提高国家文化软实力，发挥文化引领风尚、教育人民、服务社会、推动发展的作用。审计文化作为社会主义文化的重要组成部分，在推动经济社会发展和文化繁荣方面肩负着重要职责，也是审计事业发展的重要力量源泉。审计文化是推动审计事业不断前进、审计队伍不断发展壮大、审计监督制度不断完善的道德基础、精神支柱和不竭动力，对于审计事业的发展具有不可替代的作用。深化对审计文化的认识，弘扬审计人员核心价值观，建设审计人员共有的精神家园，从而推动审计事业的科学发展，成为各级审计机关和广大审计人员肩负的一项重要任务。

一、审计文化的概念和功能

（一）文化的含义

文化作为人类社会的现实存在，具有与人类本身同样悠久的历史。据有关考证，"文化"是中国语言系统中古已有之的词汇。"文"的本义，是指各色交错的纹理，有文饰、文章之义，引申为包括语言文字在内的各种象征符号，以及文物典章、礼仪制度，等等。"化"的本义为变易、生成、造化，引申义则为改造、教化、培育等。西汉以后，"文"与"化"合成一个整词，刘向在《说苑·指武》中提道："圣人之治天下也，先文德而后武力。凡武之兴为不服也。文化不改，然后加诛。夫下愚不移，纯德之所不能化而后武力加焉。"这里的"文化"，意思是以礼乐典章制度为依据而教化臣民，它是与"武攻"相对应的"文治教化"，表示对人的性情的陶冶、品德的教养，属于精神范畴。现在所使用的"文化"，可追溯到在19世纪末我国学者将英文"culture"一词翻译为中文"文化"，其后便被普遍应用。在《美国传统词典》中，"culture"字源意义为：广泛传承的行为规范、信仰、制度和所有其他人类劳动及思想产品的总和。文化有广义、狭义之分，广义是指人类在社会实践过程中所创造的物质、精神财富的总和，狭义是指自然科学技术和社会意识形态等人类精神产品的社会意识形式。文化作为一种历史现象，有历史继承性；作为社会意识形态，反映着一定社会政治经济的水准。"文化"现已成为一个内涵丰富、外延宽广的多维概念。一般认为，文化是指人类在社会历史发展过程中所创造的物质财富和精神财富的总和，特指精神财富，它是一个群体（可以是国家，也可以是民族、企业、家庭）在一定时期内形成的思想、理念、行为、风俗、习惯、代表人物，以及由这个群体整体意识所辐射出来的一切活动。

文化作为一种历史现象，具有很强的历史传承性。文化的每一分支的起源、演进和发展都有着各自的轨迹和脉络。整个社会文化的形成是一个十分复杂的过程，是人类历史和经济社会发展过程中长期积淀、深化和延续的成果。同时，文化具有渗透性，其表现形式就是不断扩张和弥漫，并随时试图侵入周围的亚文化圈。作为亚文化圈的审计文化，就是文化扩张的结果[1]。

（二）审计文化的概念

关于审计文化的概念有多种不同表述，总的也有广义和狭义之分。广义的审计文化是指审计活动中形成的物质财富和精神财富的总和，由审计的物质文化、制度文化和精神文化构成，其中审计精神文化在审计文化中处于核心地位。狭义的审计文化仅指审计精神文化，即审计的精神要素，包含审

---

1 万继峰：《徜徉在审计与文化之间》，《审计与理财》2003年第6期。

计人员核心价值观、审计理念、审计精神、审计道德、审计心理、审计形象、审计作风等要素形态。

"由于审计文化的专属物质元素极少，因而审计文化是以精神元素为主"[2]。本课题研究的审计文化，侧重于审计实践中所体现出来的精神理念。故此，审计文化的概念可概括为：审计群体在长期审计实践活动中，逐步形成并被其共同认可、遵循的价值取向和精神追求。

对于上述审计文化概念，应从三方面把握：一是审计文化寓意、升华体现在审计实践之中，必须以审计实践为基础认识审计文化；二是审计文化是在长期审计实践中形成的，它包括目标使命、价值取向、道德操守、职业习惯等；三是审计文化的核心是审计人员核心价值观，它是审计机关凝聚力、生命力、影响力以及审计人员对审计机关和审计事业信任感、归属感、荣誉感的集中反映，是审计机关及审计人员所普遍认同并自觉践行的精神追求，是调动审计人员主动性和创造力、推动审计事业发展的动力源泉。

审计文化是在审计职业发展过程中，在审计机关和审计人员参与、与审计环境的相互作用下积淀衍生而形成的。可以说，审计文化是伴随着审计制度的产生、发展而不断积累沉淀、丰富发展的。同时，作为一般意义的文化在审计领域的延伸和体现，审计文化的形成和发展不可避免地会受到传统文化、一定时期经济基础、社会经济关系等多方面的影响，反映一种时代的精神[3]。审计文化又具有时间和空间的延续性，不同时代和不同地域的审计文化不是割裂的，而是在相互联系与借鉴传承中得到不断发展和完善。

（三）审计文化的功能

审计文化在审计实践中孕育、滋养和丰富，存在于审计工作的各个领域、层次和环节，全方位、多层面、全过程地渗透于审计工作中，影响着审计人员的思想、情绪和行为。审计文化具有导向、凝聚、激励、约束、塑造

2　石爱中：《寻绎审计文化》，《审计研究》2005年第1期，第6~9页。

3　赵刚：《构建新型审计文化》，《审计与经济研究》2001年第2期。

等功能和推动审计工作发展的积极作用。

1. 导向功能——引领审计事业的健康发展

审计文化的导向功能体现为对审计机关和审计人员的价值取向起到引导作用，通过发挥其熏陶、教化、规诫作用，可以将存在于审计环境中的各种不利因素加以转化和消解，使审计人员形成清正廉洁、无私奉献、诚实守信等积极的思想意识，从而保障审计工作的健康发展；可以将审计人员的个人目标统一到审计工作总体目标上来，使审计人员在潜移默化中自觉自愿地把促进审计事业的发展作为自己的理想和追求。

2. 凝聚功能——集聚审计人员的智慧和力量

审计文化的凝聚功能体现为有效地汇集审计人员的智慧和力量，增强审计人员对审计事业的认同感、归属感和荣誉感。它可以吸引广大审计人员将情感归宿、精神追求、前途命运与审计事业发展紧密有机地联系在一起，从而更加主动、积极地在推动审计事业发展中贡献自己的力量。它可以从各个方面、各个层次把审计人员团结起来，减少相互摩擦和内耗，促成审计人员相互认同、支持和合作，在实现审计目标过程中形成合力。

3. 激励功能——强化审计事业的内生动力

审计文化的激励功能体现为激发审计个体和审计群体的工作热情和潜能，发挥其主动性和创造性。它可以使审计人员的聪明才智充分地发挥出来，形成团队的战斗力和凝聚力，努力实现审计目标。它可以促使审计人员从内心深处萌生健康的情绪和进取的精神，形成积极向上的整体力量，并通过不断强化自我激励和相互激励，产生持久的驱动力，把实现个人价值融入服务审计工作大局中，不断推动审计事业发展。

4. 约束功能——规范审计机关及审计人员的行为

审计文化的约束功能体现为通过建立健全有形或无形的约束机制实现审计思想和行为的和谐一致。它可以通过职业道德规范、审计"八不准"纪律等道德准则和行为规范的执行这种"硬约束"，规范审计行为。它可以从

221

"履行责任、推崇审慎、遵循规范、坚守清廉、甘于奉献"等这些审计文化特质的各个层面上，对审计人员的心理和行为产生"软约束"，使之自觉端正言行、改进作风，形成自我控制的要求和习惯，缓冲由刚性制度引起的心理逆反、抵触情绪，从而产生持久的约束效果。

5. 塑造功能——树立审计机关及审计人员的形象

审计文化的塑造功能体现为展现审计的价值取向和精神追求，在审计对象和社会公众中树立起良好的形象。它可以通过塑造"敢于碰硬""严谨细致""坚持原则""肯说真话""甘于奉献"等审计形象，赢得社会各界对审计工作的理解、认同和尊重。它可以促进形成与其他职业文化、其他文化领域乃至整个社会文化的交流、碰撞和互动，使审计文化得到不断充实、完善和发展，不断提升审计机关和审计人员在社会公众心目中的形象。

二、审计文化的特征

审计文化作为一种职业文化，具有明显的审计职业特征，主要有以下七个方面：

（一）维护秩序和权益

根据审计法的规定，审计机关的职责是"维护国家财政经济秩序，提高财政资金使用效益，促进廉政建设，保障国民经济和社会健康发展"，审计监督财政财务收支的真实、合法、效益，维护政治、经济、管理等秩序，包括维护法律法规规定以及有关政策措施的严肃性和正确施行，维护财政经济领域的秩序，促进加强党风廉政建设等。审计将维护经济社会的安全性、效益性、公平性等放在重要位置，一方面通过合规性审计，维护国家财政经济秩序，维护国家经济安全，保护广大人民群众的利益不受侵害，并维护有关部门、单位的合法权益；另一方面，通过绩效审计，促进提高财政资金使用效益、提高被审计单位管理水平、减少损失浪费等，促进资金资产的合理增值。由此可见，维护秩序和权益是审计工作的法定职责和首要任务，是审计监督职能的主要内容，同时是审计机关和审计人员的重要使命，这表明维护秩序和权益是审计文化的一个重要特征。

审计工作开展近三十年来，审计机关和审计人员根据法律赋予的职责，以维护秩序和权益为目标，在捍卫法律法规的严肃性、维护财政经济秩序、提高财政资金使用的效益、促进有关部门和单位加强管理、保障人民群众根本利益等方面做了大量工作，取得了显著成效。审计工作的着力点从最初的"一审二帮三促进"，到后来的财务收支审计与效益审计并重，再到目前的一手抓严重违法违规问题、一手抓机制体制问题，使审计工作的层次不断提高，审计工作的领域不断拓宽。如近年来审计机关在揭露经济领域严重违法违规问题和查处大案要案线索等方面做了大量工作，扩大了社会影响，曾被媒体和公众赞誉为掀起了"审计风暴"。又如，审计机关充分发挥"免疫系统"功能，积极推动完善国家治理，保障国民经济和社会健康发展，在更高的层面上进一步全面地体现了审计工作维护秩序和权益的作用，审计机关又被称为"公共财政卫士""经济医生""经济警察"等。

（二）恪守独立和客观

独立性是审计文化最重要、最能反映审计本质特征的精神元素，是被广泛认知和接受的审计职业文化符号之一。1997年7月，美国注册会计师协会（AICPA）发布白皮书，将独立性作为注册会计师职业的价值核心。我国审计法、审计职业道德规范等对保持审计独立性作出明确规定。审计工作必须保持独立性，否则无法对审计事项作出公平、公正判断和评价，导致审计质量下降，影响审计工作目标实现。独立性要求审计机关和审计人员在从事审计业务活动中，必须保持客观、公正的态度，以及不偏不倚、不依赖和不屈从于外部压力和影响的精神状态，并且应切断与被审计单位在经费等方面的利益关系。在审计实践中，审计机关和审计人员将廉政建设视为生命线，将廉政纪律视为"高压线"，在严格执行党和国家有关廉政纪律规定的同时，颁布执行了广为人知的审计纪律"八不准"以及其他相关制度规定，大力开展审计廉政文化建设，积极倡导廉洁自律、文明审计的良好风气，有力地保证和促进了审计独立性的发挥。

客观性是审计工作的内在需要。审计过程中充满不确定性，很多时候需要审计人员作出经验判断和主观推测。这种判断和推测具有重要作用，但由于种种原因有时也可能产生偏差和失误。因此，要求审计人员必须按照客观性要求，切实做到尊重事实、尊重历史、全面判断，以客观、中立、实事求是的态度开展工作。

（三）崇尚理性和证据

要实现审计工作目标，必须采用科学的方法收集和取得真实可靠的证据，运用正确的逻辑思维进行判断、推理，并根据法定或公认的标准进行评价，从而得出审计结论，形成审计结果。也就是说，开展审计工作必须崇尚理性，反对随意性，不能随意判断、评价、定性等。审计署提出的审计工作"二十字方针"中的"求真务实"，就是对审计工作提出的理性要求。

在审计工作中，最为审计人员所熟知也最关键的是审计证据。审计具体操作层面的技术和方法基本都与审计证据相关：制订审计方案应围绕审计目标确定需要收集的证据类型和证据收集方法；审计报告阶段应围绕审计目标对审计证据进行整理归纳形成审计结论和意见；特别是现场审计，主要应查找、收集审计证据，分析和运用审计证据进行具体判断。审计的所有判断、评价和建议，都必须建立在证据的基础上，离开了证据，审计就没有发言权和公信力。

在长期的审计实践中，审计机关和审计人员秉承审计工作内在的理性要求，积极运用规范科学的审计技术和方法，以法律法规、政策规定和行业标准或惯例为准绳，利用包括事实和数据在内的审计证据得出审计结论，从而树立了审计机关和审计人员讲道理、重证据、公正客观的专业形象。

（四）保持严谨和审慎

在审计过程中，需要进行取证、推理、判断、评价等大量专业性、严密性、逻辑性很强的工作；审计结果对被审计单位、有关部门乃至利益相关方都会产生重大影响。因此，在审计工作中必须慎重、严谨、细致，做到实事求是、客观公正、准确无误，确保审计工作质量。由此可见，保持严谨和审慎，对于审计工作极端重要，也是对审计人员专业素养和职业技能的基本要求。

在审计实践中，审计机关大力倡导严谨细致的工作作风，如审计署2008年提出了"实""高""新""严""细"五字工作作风要求。各级审计机关对审计人员的职业行为、思维方式、工作态度等都作出了严格规范，建立和实行了审计质量控制、审理复核、审计业务责任追究等机制，使审计工作得以严谨、细致、谨慎地开展，有效地保障了审计工作的质量，同时也树立了审计机关和审计人员严谨审慎、严格自律、低调务实的审计职业形象。

（五）遵循规范和程序

审计工作是一项法定的监督工作，必须依据宪法和相关法律法规来开展；审计工作专业性强，有特定的规范和准则。因此，审计机关和审计人员应遵循有关法律、法规、规范和准则开展审计工作，才能够保证其顺利开展和取得成效。审计法及其实施条例、国家审计准则以及其他相关规范性文件，对审计机关的职责、权限以及审计工作的程序和方法等都作出了明确的规定，如将审计工作划分为审前计划、现场实施、审计报告三个阶段，对审计取证的方法和要求、审计报告的格式等作了规范。职业道德规范是审计人员从事审计职业应当遵守的道德规范和行为准则。遵循这些规定和要求能够约束审计机关和审计人员的审计职业行为，防止审计人员可能出现的疏忽或失职，降低审计风险，有效地保障了审计工作的质量和水平。

2007年年初，温家宝总理提出了"文明审计"的要求，即"依法、程序、质量、文明"，其核心和首要的是依法合规、按照程序。这充分体现了遵守规范和程序对于审计工作的重要性，是对审计人员遵守道德规范和行为准则提出的新要求。根据这一要求，各级审计机关和广大审计人员坚持依法审计，落实文明审计，在审计工作计划安排、审计方案制订、现场审计实施、审计结果形成和利用等一系列环节中，更加注重规范操作和过程控制，提升了审计人员"讲规范""按程序""文明有礼"的职业形象。

（六）鼓励创新和发展

经济社会在不断发展，审计环境在不断变化，对审计工作的要求不断提高，审计工作必须适应这些客观要求，不断创新和发展。如经济社会的高速发展、改革的不断深化和国际经济形势的复杂多变，对审计工作的目标、重点、方法等提出了新的更高的要求。又如，随着整个社会信息化水平的不断提高，很多被审计单位已经全面实现会计电算化，有些已经开始应用ERP系统、自动化办公平台、数据化管理系统等，为此必须全面提升审计工作的信息化和数字化水平，否则审计人员将面临"进不了门""打不开账""提不出数据"的尴尬局面，无法履行审计职责，更谈不上发挥审计职能作用。在审计实践中，审计机关和审计人员重视应变和发展，不断创新和探索，如审计工作在科学审计理念的指导下，自觉融入国家经济社会发展的大局，充分发挥审计的"免疫系统"功能，更加关注国家经济安全，推动完善国家治理。又如，积极探索新的审计组织方式以及技术方法和手段，强力推进审计信息化建设，积极探索构建财政审计"大格局"，深入探索跟踪审计的路子和方式，成功开展应对国际金融危机、汶川地震灾后恢复重建、北京奥运会、地方政府性债务、全国社会保障资金等重大审计项目，促进审计工作质量和水平的不断提高，以满足经济社会发展新形势下对审计工作的新要求。

注重创新和发展，既是审计机关不断提高履行职责能力、保障审计工作成效的必然要求，也是审计人员自身职业发展和价值实现的迫切需要。为此，各级审计机关高度重视、大力开展制度化的教育培训、理论研究、实务导师制等方面的工作。如近年来审计署积极推进设立了审计专业硕士学位，成立了审计干部教育学院，推广了审计案例教学，建立了计算机模拟实验室等。通过这些工作，促进了审计人员综合素质和审计业务能力不断提高。

（七）注重团结和协作

审计工作涉及面广、综合性强、专业要求高、业务分工细，任何一个审计项目都需要审计人员的相互配合和依靠团队力量才能完成。从审计制度安排角度看，出于增强客观性、实行审计质量控制以及遵守廉政纪律的需要，审计工作一般都在相关制度规范的要求下，以多人协同、多环节控制等形式开展：在审计实践中，由多名审计人员组成的审计组作为基本单位开展现场审计工作，需要经过多个环节进行复核、审理等工作，实行审计报告由审计业务会议审定、审计事项进行三级复核等。执行这些规定和采取这些做法，必须以发挥审计人员的团队精神为前提，同时通过执行这些规定和采取这些做法，又进一步促进审计人员发扬团队精神。在现阶段，现场审计仍是开展审计业务的主要方式，审计人员在很多时候需要远离审计机关，出差频繁，而同在一个审计组工作、生活，有利于激发同进退、共荣辱的观念。在这种情况下，审计人员更需要具有较强的团队意识，崇尚集体主义，注重团结和协作。在实践中，在审计组建立临时党组织，不仅是加强党的领导的需要，也是凝聚队伍，提振精神，全力做好审计工作，确保审计任务圆满完成的重要保障。

三、审计文化的核心

社会主义核心价值体系是社会主义文化的核心。党的十八大提出，加强社会主义核心价值体系建设，要倡导富强、民主、文明、和谐，倡导自由、平等、公正、法治，倡导爱国、敬业、诚信、友善，积极培育社会主义核心价值观。审计人员核心价值观是社会主义核心价值观在审计领域的具体反映，是审计文化的核心。

从审计文化的形成发展看，审计人员核心价值观是在审计实践中逐步积淀凝练而成的，又在不同历史阶段得到发展和深化。2008年12月，全国审计工作会议提出"以'责任、忠诚、清廉、依法、独立、奉献'的审计文化理念教育为中心";2009年7月，全国审计工作座谈会提出，"努力营造'责任、忠诚、清廉、依法、独立、奉献'的审计文化";2011年全国审计工作会议提出，"要大力弘扬'责任、忠诚、清廉、依法、独立、奉献'的审计人员核心价值观"。这十二个字从六个方面概括了审计人员的目标使命、价值取向、道德操守和职业习惯等方面的核心内容，在审计文化中起着决定性、关键性的作用。

"责任、忠诚、清廉、依法、独立、奉献"这一审计人员核心价值观，与中华传统文化一脉相承。马亚男（2009）在《审计文化建设主要内容的传统文化根源》一文中，对这十二字六个方面的传统文化根源一一进行了追溯："责任"源于"谨慎"和"诤谏"，"忠诚"源于"忠"和"诚"，"清廉"源于"廉"，"依法"源于"礼"，"独立"源于"慎独"，"奉献"源于"尽伦""尽责"[4]。

"责任、忠诚、清廉、依法、独立、奉献"这一审计人员核心价值观高度概括了审计工作长期以来的实践探索，体现了国家审计的职业特点，凝聚了审计机关和审计人员的精神追求和价值取向，能够感召和带动广大审计人员更好地从事工作、完善自我。可以认为，当前审计文化的精神内涵和理想追求就是"明确责任、秉承忠诚、坚守清廉、讲求依法、坚持独立、追求奉献"。

（一）责任

责任是指做好应当做的事情，包括完成任务、履行职责等；还指不做不应当做的事情，或者说为自己的不当行为承担后果。对审计工作而言，责任意味着切实履行宪法和有关法律所赋予的职责，全力投入审计工作，按照有关安排和要求完成工作任务，充分发挥审计"免疫系统"功能，当好公共

4　马亚男：《审计文化建设主要内容的传统文化根源》，《新会计》2010年第9期。

财政的"卫士"，切实维护人民利益和国家安全，推动完善国家治理，保障经济社会健康运行，并对审计工作中出现的失误和过错负责。刘家义2010年11月在审计署广州特派办调研时提出，"责任是一种爱，责任是一种孝，责任是一种义务，责任是一种理想，责任是一个人的奋斗目标……作为一名审计人员，责任就是要履行法律赋予我们的责任，法律赋予我们的责任就是对国家和人民的利益予以维护，对损害人民利益的行为予以查处"。在经济社会高速发展和对审计工作的要求日益提高的情况下，审计机关和审计人员应进一步增强责任感和使命感，努力实现对经济社会运行过程的有效监督，充分发挥审计的监督、批判、建设、促进等作用，保障经济社会实现科学发展。在审计工作中树立和增强责任意识，能为审计人员全身心投入工作、出色完成审计任务提供坚强的精神支撑，能为推动审计事业的科学发展提供强劲的动力。

（二）忠诚

忠诚是指对特定的对象真心实意、恭敬服从、诚实守信。对审计工作而言，忠诚意味着热爱祖国和人民，坚信共产主义远大理想，敬畏法律法规规范，坚持真理和正义，献身社会主义审计事业。当前国际敌对势力对我国进行西化、分化，我国处于经济转轨、社会转型的特殊时期，社会矛盾、危机多发、突发，一些腐朽思想和落后陈旧的观念还有着不容忽视的影响，这给审计人员带来严峻挑战。在这种情况下，倡导审计人员的忠诚有着重要意义。广大审计人员要秉承忠诚，在社会主义核心价值观的指引下，从对党、对国家、对人民、对历史、对社会、对审计事业负责的立场出发，激发斗志，振奋精神，尽心竭力地投入审计工作，为有效履行法律赋予的职责、为中国特色社会主义审计事业而努力奋斗。

（三）清廉

清廉是指在从事公务活动中不利用职权谋取个人或小集团各种利益。对审计工作而言，清廉意味着切实做到自警、自省、自律，牢固树立公务员、共产党员和审计人员意识，努力加强自身修养，自觉抵制各种利益诱惑，认真遵守审计"八不准"纪律和其他廉政规定，严格规范自己的思想和行为，秉公办事，不谋私利，清清白白、干干净净地做人、做事。审计人员并非生活在"真空"中，在审计工作中也会面临很多诱惑，唯有坚守清廉，方能真正做到无私无畏、客观公正、严谨审慎，才能切实履行好法定审计监督职责，推进审计工作的顺利开展和取得成效。同时，才能有效抵御各种诱惑，防范自身违法违规问题发生，维护审计机关和审计人员的良好形象。清廉要求审计人员必须做到两袖清风、一尘不染、高风亮节，在规范约束自身思想和行为的同时，发挥应有的带头和示范效应。

（四）依法

依法是指按照法律、法规和规章的规定办理事务。依法审计意味着审计机关和审计人员，根据法律的授权和规定开展审计工作，坚持"以事实为依据，以法律为准绳"的原则，按照法律法规规定对审计事项进行判断和处理，捍卫法律的尊严，做到有法必依、执法必严、违法必究。依法审计是贯彻落实依法治国基本方略的必然要求，是促进建设法治政府和构建社会主义和谐社会的重要途径，是贯彻落实科学审计理念、推动完善国家治理的迫切需要，是审计机关和审计人员从事审计工作的基本原则。依法是审计职业行为和审计实践活动的法理基础，深刻影响着审计人员的思维方式、评判标准和行为习惯。审计工作必须按照法律的规定和要求来进行，在法律授权的范围内运用法定的手段履行法定的审计监督职责。审计机关和审计人员应当崇尚法律、敬畏法律，注重依法、自觉规范和约束自身言行，成为遵纪守法的模范。

（五）独立

独立就是指不依附外力，不受外界束缚、干扰的状态。对审计工作而言，独立意味着审计机关和审计人员在审计工作过程中保持一种不受外力压迫、不受外部影响的公平公正，不偏不倚处理审计实务的精神状态，在机构、人员、经费等方面避免可能对审计工作产生的各种干扰，做到坚持原则、秉公办事，以公正、客观的态度开展工作。独立是审计职业道德规范的重要内容，被视为审计的灵魂和支柱。保持独立，就必须在审计工作过程中自觉克服外界因素的不良影响，抵制不当利益的诱惑等，敢于碰硬，不怕得罪人，始终使审计工作保持一种不受外来干扰、不受人为控制、不受私欲羁绊的状态，否则就无法切实履行审计监督职责，就无法保障审计工作的顺利开展和取得成效。在当前经济社会发展形势下，对审计工作创新和发展的要求进一步提高，审计独立被赋予了新的内涵。要真正独立行使审计监督权力、切实履行法律赋予的职责，应具备独立的人格，独立思考问题，不人云亦云，始终保持一种探索创新、开拓进取的精神状态，不断创新审计制度、审计理念、组织方式和审计技术方法等。

（六）奉献

奉献是指心甘情愿、不图回报地为特定对象服务和做出贡献。对审计工作而言，奉献就是以高度的历史使命感、强烈的社会责任感和高尚的职业精神全身心投入审计工作，做到勤勉敬业，恪尽职守，无怨无悔，充分发挥主观能动性，克服各种困难和压力，将自身的能力发挥到极致，在工作岗位上积极作为、取得成就，努力为审计事业发展贡献力量。倡导奉献，就是激励和感召审计人员内心的荣誉感、归宿感和成就感，通过情感注入与辛勤工作，努力实现审计工作目标和推动审计事业发展，把实现审计人员的个人价值和群体价值统一到实现审计工作对国家、对人民、对社会的贡献中。倡导奉献，要求审计人员不断提高政治思想水平，培养良好的道德品格，锤炼过硬的工作作风，并不断提高业务素质和工作能力，不断规范自身的行为，不断提高审计工作质量和成效。倡导奉献，不仅有助于审计人员在审计工作中奋发有为、建功立业，也有助于审计人员更好地实现个人的全面发展，成就精彩的人生。

由此可见，"责任、忠诚、清廉、依法、独立、奉献"这一审计人员核心价值观，准确反映了当前审计文化的目标使命、价值取向、道德操守和职业习惯，是广大审计人员的理想信念、行为规范和精神追求的高度概括。审计人员核心价值观与审计文化特征的内在联系十分紧密，如责任和忠诚是为"维护秩序和权益""保持严谨和审慎""鼓励创新和发展"提供的支持；依法是为"崇尚理性和证据""遵循规范和程序"建立的基础；清廉和独立是"恪守独立和客观""遵循规范和程序"的直接体现，是"保持严谨和谨慎"的内在要求；奉献是"恪守独立和客观""鼓励创新和发展"的升华和归宿等。可以说，审计人员核心价值观是以责任为统领，以忠诚为基石，以清廉为保障，以依法为前提，以独立为追求，以奉献为归宿。践行审计人员核心价值观贯穿于审计实践活动的全进程，并辐射到审计人员事业、人生、个人修养的方方面面。

四、审计文化建设

加强审计文化建设是推动审计事业科学发展的重要基础。当前，在党的十七届六中全会通过的关于深化文化体制改革、推动社会主义文化大发展大繁荣若干重要问题决定的指引下，进一步加强审计文化建设，是推动审计文化繁荣发展的必由之路，是牢固树立和践行科学审计理念、不断推动中国特色社会主义审计事业科学发展的强劲动力和重要保障。审计文化建设已得到各级审计机关和广大审计人员的高度重视，成为审计机关的一项重要基础工作。进一步加强审计文化建设应从讲政治、讲大局的战略高度，深入贯彻落实科学发展观，按照党的十七届六中全会和中央关于文化建设的要求，坚持社会主义先进文化的前进方向，坚持以人为本，密切联系审计实践，广泛开展内容丰富、形式多样、特色鲜明的审计文化活动，进一步树立和践行"责任、忠诚、清廉、依法、独立、奉献"的审计人员核心价值观，基本形成审计机关和审计人员认同并自觉为之奋斗的目标使命、价值取向、道德操守和职业习惯，为审计事业的科学发展提供思想基础、理论保证、精神动力、行为引领和人才支撑。

（一）审计文化建设的基本原则

1. 以社会主义核心价值观为指导的原则

社会主义核心价值观是社会主义意识形态的本质体现，基本内容包括马克思主义指导思想、中国特色社会主义共同理想、以爱国主义为核心的民族精神和以改革创新为核心的时代精神、社会主义荣辱观四个方面。我国的审计事业作为社会主义事业的一个组成部分，应始终以社会主义核心价值观为指导，坚持用中国特色社会主义理论体系武装头脑，引导审计人员掌握马克思主义立场、观点和方法，增强党员意识、公务员意识和审计人员意识，推动学习实践科学发展观向深度和广度拓展。把社会主义核心价值体系建设融入审计队伍建设、业务工作开展和机关党的建设全过程，促进审计人员弘扬核心价值观、提升职业素养、规范审计行为、塑造良好形象、陶冶高尚情操，巩固审计人员共同奋斗的思想基础。

2. 服务审计事业发展大局的原则

社会主义文化建设要服务于经济社会发展，审计文化建设要服务于审计事业发展大局。在当前形势下，审计文化建设应按照社会主义文化大发展大繁荣和审计事业科学发展的要求，以凝聚审计人员事业心、推动审计事业科学发展为目标，将审计文化建设与审计实践紧密结合，立足审计工作实际，把握审计工作特点，紧贴审计人员需求，将审计文化建设全面渗透到审计实践中，促进牢固树立科学审计理念，提升审计队伍整体素质，充分发挥审计"免疫系统"功能。应在审计实践中不断丰富审计文化的内涵，创新审计文化的表现形式，不断拓展审计文化建设的途径和空间。通过加强审计文化建设，使审计人员不断坚定职业信仰，弘扬审计人员核心价值观，提高审计职业素质，规范审计职业行为，提升审计职业形象。

3. 继承与创新的原则

文化的发展离不开历史的传承和延续。中华民族素有"礼仪之邦"的美誉，很多审计文化范畴都可以在中国传统文化中寻到根源。中国传统文化的内容包括忠孝、仁义、道德、诚信、宽容、务实、和谐等，可大致概括为三个方面：一是既强调奋发有为、自强不息，又崇尚厚德载物、和谐统一的民族精神；二是注重人的内在修养，推崇个人奋斗、个人修炼的奋发精神；三是重家族、重血缘的家庭伦理本位价值观。传统文化的内涵与审计人员核心价值观中"责任""忠诚""清廉""奉献"等有着千丝万缕的联系。了解审计文化的传统文化根源，可以更加清晰地认识审计文化的内涵和历史发展脉络，对审计文化建设的理论和实践都具有重要的意义。审计文化建设也要注意结合各地的经济、社会和文化特点来进行，体现地域特征。因此，在审计文化建设中，应坚持继承创新，兼容并蓄，大力弘扬中华民族优秀传统文化，学习借鉴国内外各行业的有益经验，紧贴经济社会发展，在继承中吸收，在借鉴中发展，不断创新工作思路、载体、机制，深入一线开展内容丰富、形式多样、讲求实效的审计文化创建活动，积极总结推广审计文化建设中的好做法、好经验，不断提高审计文化建设的科学化水平。

4．以人为本、突出审计人员主体地位的原则

人是文化建设中最重要、最积极的因素。审计文化建设需要对我国审计发展历程中的文化积淀进行认真梳理和研究，紧密结合审计实践，把握审计文化建设的基本规律、方法与途径，这当中离不开广大审计人员的积极参与。审计文化建设应以审计人员拥有崇高的事业和幸福的人生为目标，充分调动人的因素，使之以良好的精神状态投入审计工作，规范审计行为，增强审计能力；应从审计人员全面成长的需要出发，充分发挥审计人员的主体作用，以审计人员为本，以关心人、爱护人、理解人、尊重人、培养人、帮助人、成就人为出发点和着力点；应在为审计人员提供良好的工作环境和文化氛围的同时，充分尊重和满足审计人员自我发展的需求、参与的需求、个人成就感的需求，调动审计人员的积极性，激发审计人员的潜能。通过审计文化建设，使全体审计人员在良好的审计文化氛围中得到教育培养，具有正确的价值追求，切实提高审计队伍的凝聚力、创造力和战斗力，推动审计事业

的科学发展。

（二）把握审计文化建设的中心

"责任、忠诚、清廉、依法、独立、奉献"这一审计人员核心价值观体现了优秀的中华民族传统文化、鲜明的时代精神和国家审计的行为特征，得到了广大审计人员和社会各界的广泛认同，是审计文化的核心和灵魂。现阶段，审计文化建设的中心是大力弘扬和培育审计人员核心价值观。

树立和弘扬"责任、忠诚、清廉、依法、独立、奉献"的审计人员核心价值观，应结合审计工作的生动实践，进一步加强对审计人员核心价值观的研究，深刻阐述审计人员核心价值观的科学内涵、重要意义和实践要求，将其纳入审计人员教育培训内容，使广大审计人员将审计人员核心价值观"内化于心，外化于形"。

树立和弘扬"责任、忠诚、清廉、依法、独立、奉献"的审计人员核心价值观，应实现道德与法制的和谐统一。恩格斯曾经指出："道德是具有特殊规定的内心的法。"审计人员核心价值观"内化于心"意味着使其作为一种普遍的价值规范，成为每个审计人员内心的"法"。因此，必须牢牢把握道德精神和法制精神，树立道德和法制相统一的理念：一方面，认真贯彻"以德治国"方针，大力加强社会主义理想信念教育、审计职业道德教育以及社会公德和家庭美德教育，用先进的道德理念培育人、塑造人，使审计人员丰富精神内涵，提升思想道德境界；另一方面，认真贯彻"依法治国"方针，进一步完善社会主义市场经济条件下的依法审计、廉洁从审的行为规范，加强法制意识、民主意识和公民意识的宣传教育，用先进的法制观念武装审计人员的思想，指导审计人员的业务工作和思想行为。总之，将德治和法治紧密结合起来，全面推进审计文化建设。

（三）深化审计文化建设的内容

当前加强审计文化建设，应进一步深化审计文化建设的内容，采取灵活多样的形式和切实可行的措施，调动一切可以调动的积极因素，不断增强审计文化建设的渗透力、感染力。

1．加强审计人员思想道德建设

审计人员的思想道德建设是审计文化建设的首要任务。应大力推进社会主义核心价值体系建设，以树立和践行社会主义荣辱观为重点，开展形式多样的爱国主义、集体主义、社会主义教育活动，大力弘扬民族精神、传统道德和时代精神，提高审计队伍的政治思想素质。应牢固树立科学审计理念，不断深化对审计工作发展规律的认识，使广大审计人员充分认识国家审计的本质、根本目标、首要任务和基本方针等，切实增强政治责任感和历史使命感。应进一步完善职业道德规范体系，做好相关的教育、宣传和推广工作，强化对职业道德规范的执行要求，使之真正成为审计人员开展审计工作的指南。应以"责任、忠诚、清廉、依法、独立、奉献"的审计人员核心价值观为引领，大力发扬坚定信仰、崇尚法律、坚持原则、无私无畏、扎实苦干、求实创新的精神，坚守廉洁、质量、文明的职业操守，使审计人员做到严格依法、正直坦诚、客观公正、勤勉尽责、保守秘密，不断提高思想道德水平。

2．加强审计业务能力建设

审计人员的业务能力是依法履行审计监督职责、推动审计事业科学发展的关键性因素，也对审计文化的发展起到重要作用，因而成为审计文化建设的一个重点内容。应进一步加强学习型审计机关建设，大兴学习之风，建立长效学习机制，积极营造浓厚的学习氛围，引导广大审计人员树立主动学习、终身学习的理念，教育引导审计人员树立科学审计理念，切实履行岗位职责，不断提高履行审计法定职责的业务能力和专业水准。应进一步加强审计队伍专业化建设，建立具有审计特色的干部职业教育培训体系，注重教育培训和实践锻炼，着力提高审计人员的思维判断能力、学习实践能力、依法办事能力、科学管理能力和开拓创新能力等，努力打造一支能够适应新形势要求的专业化审计队伍。应建立健全具有审计工作特色、适应审计工作发展需要、保证审计队伍建设持续发展的人才队伍建设机制，完善有利于优秀人才脱颖而出、健康成长、发挥才干的环境，统筹抓好审计领导人才、审计专业人才和审计管理人才三支队伍建设，建设高素质的领军人才和骨干人才队伍，积极培养一批查核问题的能手、分析研究的高手、计算机应用的强手和内部管理的行家里手。通过建设一支过硬的专业化审计队伍，为更好地发挥审计"免疫系统"功能、当好公共财政"卫士"和推动完善国家治理提供智力支持和人才支撑。

3．加强审计纪律作风和廉政建设

加强纪律作风和廉政建设在审计文化建设中具有十分重要的意义。应充分发挥党员领导干部的模范带头作用，落实审计署所倡导的"实、高、新、严、细"的工作作风要求，切实把爱岗敬业、务实奉献的精神体现到各项工作中，积极营造全心投入、尽职尽责、争创一流的良好工作氛围。应以治理"庸懒散""娇骄暮"为重点，严明纪律、匡正风气、磨砺意志、提振精神。应秉持正确的政绩观和利益观，通过开展学习身边人身边事活动，形成向先进人物看齐、不看待遇看贡献、不比职务比业务的良好风气。应进一步加强廉政教育，把岗位廉政教育和职业道德教育贯穿于审计干部培养、管理和使用的全过程，广泛开展岗位廉政教育、纪律作风教育、家庭助廉等形式多样的廉政教育活动，筑牢审计人员拒腐防变、廉洁从审的思想防线。应以严格遵守"八不准"为核心的审计纪律和廉洁自律规定为中心，认真执行党风廉政建设责任制，建立健全有效的监督制约机制，加强审计项目廉政监督检查和日常的监督检查，进一步强化审计机关廉政风险防控工作机制，注重审计机关廉政文化建设的实效。

4．深入开展审计文化创建活动

审计文化创建活动是审计文化建设的重要组成部分。应结合审计工作实际，大力推进以基层党组织和审计组为单元的审计文化活动，充分发挥审计机关工青妇等组织的作用，积极开展体育、文娱、培训、讲座、征文、演讲、书法绘画等丰富多彩、健康有益、群众性强的文化活动，进一步提高审计队伍的向心力和凝聚力。应提倡审计人员利用业余时间积极参与各类文化活动，并为之积极创造条件，通过这些活动帮助他们提升思想和文化素养，努力培养良好的生活作风和健康的生活情趣，始终保持朝气蓬勃、奋发有为的精神状态。应进一步繁荣审计文艺创作，加强与文化界等方面的沟通联系，大力推进审计文艺精品建设，争取创作出一批主题鲜明、内涵深刻、表现形式新颖、感召力强的优秀审计文艺作品，如反映审计人员工作、学习、生活真情实感的诗歌、散文、小说、电影、电视剧等，努力实现以高尚的精神塑造人、以优秀的作品鼓舞人，大力弘扬审计文化的主旋律。

5. 努力提升审计形象

审计形象是审计文化特别是审计作风的外在表现，提升审计形象的根本途径是搞好审计文化建设，特别是加强审计作风建设。为此应注重在审计机关内部形成良好的文化氛围，如加强对审计工作有关历史资料的搜集、整理、积累、研究和利用，通过设立宣传栏、制作专题节目、建立审计荣誉室、编辑审计志等途径加以反映，展现审计工作的成效和审计人员精神风貌、审计文化建设的成果、经验和审计文化的深厚底蕴及文化传承，激发审计人员的职业使命感、荣誉感和归属感。应坚持依法审计、文明审计，严格规范审计行为，敢于坚持原则，敢于讲真话、报实情，努力做到依法律、按程序、重质量，客观公正地处理问题；坚持以道理服人、用事实说话，待人平等，说话和气，不讲大话、空话、过头话，言行举止规范文明。应保持谦虚谨慎的态度，关注网络民意，密切跟踪舆情，尊重并虚心听取包括被审计单位在内的社会各界对审计工作的意见和建议，进一步建立和巩固对审计工作的信任基础，树立和维护公正廉明、独立客观、依法规范、专业可靠的审计形象。

（四）加强审计文化建设的组织领导和机制建设

1. 加强统筹规划和组织领导

审计文化建设是一项综合性很强的工作，涉及审计工作的方方面面，需要切实做好组织、领导、规划等工作。一是做好统筹规划，切实把审计文化建设纳入包括审计工作发展规划和年度计划在内的审计工作整体部署，做到审计文化建设与审计业务工作同部署、同落实、同检查，切实落实责任制，形成领导带头、全员参与、职责明晰、齐抓共管的工作格局。二是加强对审计文化建设的组织领导，明确审计文化建设的目标、内容、重点以及具体步骤，避免审计文化建设成为"空中楼阁"或"一盘散沙"，切实将审计文化建设融入审计工作实践中，确保取得实效。三是将审计文化建设与精神文明建设、政治思想教育、日常文化体育活动等工作充分结合，形成审计文化建设的合力。

2．完善机制和制度建设

审计文化建设需要坚强有力的机制和制度做保障。为此，应明确审计文化建设主管机构及其职能划分，落实好相关的责、权、利，制定审计文化建设规划、计划，明确任务和要求，从而将审计文化建设纳入正常工作轨道。应在加强审计机关内部管理的同时，建立完善审计文化建设有关工作机制，积极探索审计文化建设的新内容、新形式和新方法，使之真正成为一项有实质性内容的工作，避免"空对空"。应建立高效、顺畅的信息沟通渠道，建立、落实领导干部与审计人员的联系和日常交流谈心等制度，及时掌握审计人员的思想动态，注重人文关怀，帮助解决审计人员工作和生活中遇到的实际困难，加强审计人员的心理健康教育和疏导，积极营造和谐健康的人际关系和工作氛围。应建立健全目标管理、考核评价和激励约束等制度，对审计文化建设活动进行评价、考核，检验目标实现情况，总结经验、鼓励先进，使审计文化建设实现把握规律性、富于创造性、体现时代性，从而促进审计文化建设活动不断深入开展。

3．强化在审计文化建设中的队伍建设

强化在审计文化建设中的队伍建设是加强审计文化建设的基础，它包括三方面：一是充分调动广大审计人员在加强审计文化建设中的积极性和创

造性，形成审计机关全员参与审计文化建设的宏大局面。二是通过加强对审计报社、出版社、院校、培训基地、博物馆等审计文化单位的管理，不断提高这些单位干部职工队伍素质、能力建设，使之成为传播审计文化、弘扬审计精神的重要力量。三是挖掘和充分利用本系统、本部门、本单位的审计文化资源，组织有审计文化专长的人员积极投身审计文化建设。要努力把这三方面队伍建设好，凝聚成合力，共同推动审计文化事业繁荣发展。

参考文献

[1] 陈尘肇. 科学发展观与政府审计[J]. 审计研究，2007（5）.

[2] 桂建平，倪爱国. 审计文化理论与实践[M]. 北京：中国时代经济出版社，2006.

[3] 国际内部审计师协会. 内部审计实务标准——专业实务框架[M]. 北京：中国时代经济出版社，2004.

[4] 刘英来. 审计文化建设研讨会综述[J]. 审计研究，2005（1）.

[5] 马亚男. 审计文化建设主要内容的传统文化根源[J]. 新会计，2010（9）.

[6] 石爱中. 寻绎审计文化[J]. 审计研究，2005（1）.

[7] 万继峰. 徜徉在审计与文化之间[J]. 审计与理财，2003（6）.

[8] 徐彦夫. 审计文化简论[J]. 审计研究，2005（5）.

[9] 张以宽. 论道德与审计职业道德[J]. 广东审计，2002（2）.

[10] 曾俊. 职业道德规范：国家审计文化建设的良好载体[J]. 审计文摘，2009（12）.

[11] 赵刚. 构建新型审计文化[J]. 审计与经济研究，2001（2）.